ZHINENG YIDONG ZHONGDUAN ZHICHENGXIA DE FEIXIANCHANG JINGJI

● “按需分配”不切合实际，“按资分配”显失公平，“按劳分配”又不能包含所有的群体。这个才是新时代里，我们要解决的问题。

● 尝试的是新经济现象研究的平民化之路，期盼的是能再次燃起平民的希望之火。

智能移动终端支撑下的

非现场经济

ZHINENG YIDONG ZHONGDUAN ZHICHENGXIA DE FEIXIANCHANG JINGJI

◉张为志 著

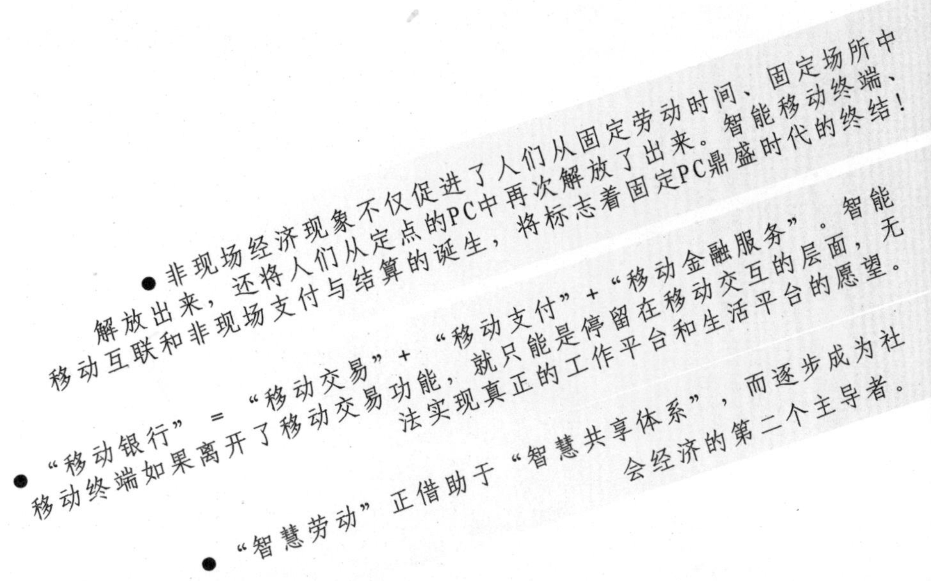

ZHEJIANG UNIVERSITY PRESS
浙江大学出版社

图书在版编目（CIP）数据

智能移动终端支撑下的非现场经济 / 张为志著. —
杭州：浙江大学出版社，2011. 3
ISBN 978-7-308-08476-5

Ⅰ. ①智… Ⅱ. ①张… Ⅲ. ①信息经济学—研究
Ⅳ. ①F062. 5

中国版本图书馆 CIP 数据核字（2011）第 035750 号

智能移动终端支撑下的非现场经济

张为志 著

责任编辑 邹小宁
出版发行 浙江大学出版社
（杭州市天目山路 148 号 邮政编码 310007）
（网址：http://www.zjupress.com）
排 版 杭州中大图文设计有限公司
印 刷 德清县第二印刷厂
开 本 710mm×1000mm 1/16
印 张 13.75
字 数 262 千
版 印 次 2011 年 3 月第 1 版 2011 年 3 月第 1 次印刷
书 号 ISBN 978-7-308-08476-5
定 价 38.00 元

浙江大学出版社发行部邮购电话 （0571）88925591

序

邹东涛[①]

1964 年春，毛泽东填了一首词《贺新郎·读史》，开句写道："人猿相揖别。只几个石头磨过，小儿时节。"那么，人是怎样"揖别"猿的。对此，恩格斯于 1876 年所著《劳动在从猿到人转变过程中的作用》一文中，明确提出并全面论证了"劳动创造了人本身"，这就是说，"劳动"既是"人猿相揖别"的根本动力，又是基本过程。这一结论不断地为考古学和古人类学的大量发现和事实所证实，是历史唯物主义的重要原理。

既然肯定了"劳动创造了人本身"，那么劳动是怎样进行的？自人类社会产生以来，所有的劳动都是人、时间和空间直接结合的"现场劳动"，即人们的劳动与劳动工具、劳动对象（如耕地、厂房、机器）等，在时空上是直接结合一起的。"现场劳动"基础上的经济，则是"现场经济"。迄今为止的人类劳动史和经济史，绝大部分时间都是"现场劳动"史和"现场经济"史。资本主义生产方式的产生和工场手工业的发展，使劳动从个体、家庭和个体家庭协作劳动发展为工场手工业的群体劳动，但劳动的基本形态仍是"现场劳动"。

当人类社会发展到 20 世纪后期的八九十年代，知识经济时代轰然到来。知识经济的基本特征是知识和智慧的大爆炸。而知识和智慧大爆炸与互联网大发展的结合，尤其是互联网终端即智能移

---

① 邹东涛，经济学教授，博士生导师，国务院特殊津贴享受者，世界生产力科学院院士，中央人才工作局专家。历任国家体改委经济体制改革研究院副院长、中国社会科学院研究生院常务副院长、社会科学文献出版社总编，特聘中央财经大学中国发展和改革研究院院长。

动终端的多元无限延长，其直接结果之一是推进了劳动方式的深刻变革，即人类的“现场劳动”向“非现场劳动”转变，“现场经济”向“非现场经济”转变。包括生产、交易等活动的方式发生了很大的变化，越来越多的劳动及各项经济活动发生了空间和时间的分离：劳动、交易等无须都到某个特定的现场进行，而是通过网络，虚拟而又实际的连接起来。人们只要在网上开户了，可以步不出户，仅打开电脑通过互联网，就可以购买到全球任何地方的任何商品，也可以购买任何交易所的股票，可以与任何金融机构进行结算。通过上网，可以联系到全球任何国家和地区旅游。同样，作为商家，可以通过互联网向全球推销自己的商品服务。用一个调侃的话语可以说：人们的各项活动，除了爱和生育必须“亲自”和“现场”，其他都可以“不亲自”和“不现场”。人类社会“非现场劳动”、“非现场经济”、“非现场生活”的时代已经到来。

具有国内外生活和工作阅历，并担任着中央财经大学中国发展和改革研究院支付与结算研究中心常务副主任和浙江大学浙大圆正移动智能技术应用研究中心主任的张为志同志敏感地看到了当代劳动方式的这一重大变化，写了《智能移动终端支撑下的非现场经济》一书，对当代世界非现场劳动和非现场经济现象进行了归纳和分析。他道出了智慧经济时代将呈现出的一个新时代特征：智能移动终端支撑下非现场经济。他给非现场经济（off-site economy）下了这样的定义：在智慧经济时代以智能化程度为时间节点，由智慧劳动引起的，相对于质能经济，反映当今社会由非现场活动的加剧而带来的社会经济变化，以及随之的社会结构变化相关的一系列经济现象和经济活动。他也给非现场经济学下了这样的定义：对非现场活动引起的非现场经济现象的本身及其内在运行规律的研究。它是在智慧化的智能时代，以经济学的思维方式，研究和分析非现场经济对当今社会变革和当今社会协作的综合影响力及其经济评价。

非现场经济和非现场经济学既奠基于知识经济和智慧经济，又超越知识经济和智慧经济。围绕非现场经济和非现场经济学这个核心话题，张为志同志以广博的思维探讨了非现场经济研究方式与路径、非现场经济学的时间界定、非现场经济的智能终端、非现场安全经济学、非现场经济的要素和特征、非现场经济要素的分值设计、非现场经济环境下的新就业理论的思考、非现场经济的内在逻辑等大量相关问题。这充分体现了张为志同志思维的鲜明时代特征和创新意识。

非现场劳动和非现场经济的出现是人类社会发展的必然,这首先是人类科学技术高度发展之必然,二是地球越来越拥挤、人类生活和工作环境越来越紧张之必然。非现场劳动可以让越来越多的劳动者不用急急忙忙拥塞道路赶某个共同场地集体办公,可以节省很多"在途"时间从而增加有效劳动时间。这一切,都有利于提高效率和产出,增加GDP。可以说,非现场劳动大大解放了劳动者,大大解放了人本身,使人不再成为办公室的附庸,这更加体现了以人为本。非现场劳动本身就是十分经济的,当然又叫非现场经济。进一步说,非现场经济更深刻更广泛的意义则在于其对经济管理、经济运行、经济核算、经济理论,对宏观经济的影响,以及对社会、人文和国家治理等一系列更加复杂问题的影响。它不仅具有广泛的经济意义,也具有广泛的社会和政治意义。因此,非现场劳动对人类经济社会的影响是十分深刻而广阔的,全世界都应该加强对非现场劳动和非现场经济的研究。

非现场劳动和非现场经济意义如此之大,全社会、全世界都应当积极推广和完善。但传统的研究思路又太僵硬、太直线化了。因为非现场劳动和非现场经济涉及的是人、是社会,而不是动物,更不是物。人是多面体,社会是多棱镜。人与动物的重要区别在于人的广泛社会性,人有思想、有感情、有家庭、有团队、有组织,需合作、需交流。中美两国可以"非现场交流",美国总统与中国主席可以打打电话,可以在互联网上聊聊天,何必要相互浩浩荡荡亲临访问,劳民伤财。每年的人大、政协"两会",完全可以通过互联网终端接通每个代表,何必浩浩荡荡云集首都北京。逢年过节,亲戚朋友家人都可以发发短信、打打电话、上网QQ,尤其是视频聊天与见面无异,何必全国交通动脉大调动、大紧张、大堵塞、大花钱。单位人员都可以非现场办公、非现场联系,何必要定期或不定期的开开会、见见面、说说话,再来个元旦春节大联欢。因为人的社会,包括家庭、团队、单位、朋友圈、国家工作人员等,都有现场见面之情,现场见面的意义是直观的，又是深涵的、不可言喻的，可以释放疑虑，滋润感情，加强沟通，增进了解和友谊，增加单位、组织、国家的影响力和凝聚力。因此，我们说，非现场劳动和非现场经济固然是社会发展的必然，需要研究、总结、完善。但绝不能机械化。应当多侧面、多角度地分析我们这个世界之事，也要多侧面、多角度地分析我们这个世界之人，还要多侧面、多角度地分析由群体人构成的社会。既要促进经济的全面增长和发展，也要促进人和社会的全面发展与和谐。如果说科技、经济的持续发展需要无限的智慧，互联网的终端需要无限的空间。那么，人的社会则需要永恒地保留着很多原始生态和原始传统。这就是人与自然、人与社会的辩证法。

张为志以如火如荼的热情分析着当代世界新现象非现场劳动和非现场经济，但又怀着一颗普通的心。他自我评价道："我不是经济学家，也不是ICT的工程师，更不是什么社会精英，只是一个游历世界的普通社会观察者，一个跌跌忡忡地跟着中国改革开放路径而摸索多年的中国普通平民。"一个普通平民着眼和分析着一个世界和社会大问题，就不是一般的普通平民了，而是一个"为着自己的志向"而全面深刻的思想者、探索者了。

当我读完张为志的书稿，看了他最后的"附记"："本书交付出版社之际，正值老父亲99岁仙驾之时，敬献给与我父亲一样平凡地生活在中国大地上的平民百姓。"这使我眼为之一润，心为之一振。每个人都有自己的父亲，而当他把自己第一部重要著作落笔竣工之时首先献给刚刚高寿仙逝的父亲，感觉到他感情的升华和寄托。我当即写道：

上承祖德后积行，乘鹤西去九九龄；一部大作献尊父，长寄孝子不了情。

是为序。

自序

哈耶克(1974年的诺贝尔经济学奖得主)曾强调:"我们不仅应当是合格的科学家和学者,而且应当是个很有阅历的人,从一定意义上说:应当是个哲学家。"

我想我成不了伟大的哲学家和经济学家,但至少也应该是一个具有主动哲学意识,且很有阅历的社会现象观察者和研究者。

我不是经济学家,也不是ICT的工程师,更不是什么社会精英,只是一个游历世界的普通社会观察者,一个跌跌忡忡地跟着中国改革开放路径而摸索多年的中国普通平民。

我出生于贫穷加动荡的60年代,成长于拨乱反正的70年代,摸索于改革起步的80年代,成熟于腾飞的90年代,再创业于智慧时代的21世纪。

是一代"走过贫穷"又"到访过华尔街"的转型期中国人。

这是一个高反差的急变时代,一个令人"晕头转向"的探索时代,一个容不得"让人过多思考"的跟进时代,一个"催人奋进"的激动时代。

从卖一个鸡蛋就是对抗"人民公社"到"私营资本也是社会主义组成部分"的思维转变;从"藤帽铁棍,砸烂公检法"到"依法治国"的方略变迁;从"飞机大炮打死美国佬"到"中美关系正朝着战略合作伙伴关系发展"的国际观改变;从解决"饥饿、吃饭"问题到"GDP总量超日本成为世界第二大经济体"的急速跨越;从穿牛仔裤就是"资本主义自由化"到中国正在成为世界最大名牌消费品市场的思想冲击……

中国从贫穷动荡的社会形态,一路狂奔到了当今讲究品质生活的智慧经济时代。

这就是公元20世纪后叶、21世纪初，一个沉睡了多年的文明古国，一个由自供自给的封闭型社会转变为全方位、全球性和平崛起的中国，所呈现给世人的一个转型期特征，它也是伴我成长的特定历史时段。

●“摸着石头过河”

杭州，一座用美丽传说和鲜花堆建而成的中国东南沿海名城。

东临浩瀚的太平洋西岸；南傍澎湃的钱塘江；西依群山环抱的西子湖；北靠经济发达的长江经济发展区。

大自然的造化，依山傍水、一马平川，使之集小伙的胸怀、姑娘的娇嫩，商人的财富、文人的墨笔和东方智慧于一身。

大自然的恩赐和人类的福音总是一次又一次地在这里惠顾，让世人足足妒忌了上千年。

她悠然地踩着自己的历史方步，飘逸着说不尽道不完的故事和美丽传说。

1962年的夏天，我就出生于这座中国东南沿海的历史文化名城：杭州。8个兄弟姐妹，我排行最小。

少年时期的我，伴随着“极度贫困”的生活，似懂非懂地在朦胧的“革命情节”和“革命正义精神”中，逐步演变形成我“勇于革新的大胆”和“穷得要有志气的坚强”的性格。

童年、青少年时候跟随父母一起生活在父亲工作的大学校园里，校园生活的浓重文化氛围，又奠定了我自幼的求知信念。

20世纪80年代初，我的儿时玩伴“蚂蚁”，被选上公派留学德国。异国的通信往来和每次他回国的探亲时，我们一起在校园散步（我们同是校园的家属，都住父母在校园的家里）的交流，使我的思维逐步跨越了地域的障碍，为日后游历世界和国际观的形成打下了原始的基础。

70年代末、80年代初，“千军万马过独木桥”的传统教育模式，为了分担父亲的生活压力（父亲是校工，我们有8个兄弟姐妹，当时的生活是相当艰苦），我进入了铁路部门工作，成了一名铁路学徒工。学徒的快届满，加深了改变“命运”的欲望。

我再一次加入了高考的行列，进入了当地的一所法律学校学习。我在学习法律专业的同时，又加入汉语言专业的学习。毕业后，以两张文凭、大专的文化程度进入了市级政府机关，从事法律事务工作，成为了一名正式的政府雇员（按当时的说法是正式国家干部了，行政级别最后级）。

二十八岁那年，我结婚了，小老虎（我的小名，家里最小又属虎因此得此小名）终于变成了大老虎。婚后的生活，特别是儿子的出世，使我体会到了前所未有的经济压力，这种压力和一份作为父亲的责任，促使了我离开了国家干部的行列，开始了"下海"探索，改革的大潮无情地冲击着我们这些毫无"游泳知识的下海者"（当时称离开固定单位加入经商行业的行为为"下海"）。

由于当时的青年普遍均未受过有关经济方面的基本教育，社会上的市场经济模式也正在探索，个人和社会群体均处于摸索之状态。

正如邓小平先生指出的"摸着石头过河"，整个社会和下海的个人均在各显神通，"摸着石头过河"。

我这一摸，就摸了 25 年：

从贸易摸到实业，又从实业摸到投资业；从旅游经济摸到跨国金融，又从金融摸到智慧经济。我摸过工厂的制造工具、摸过金融的产品工具；摸过世界顶级的超五星级总裁权力棒，也摸过巨额资本的签章；摸过皇家高级参谋的御笔，更摸过监狱的笼板。

从大陆到两岸三地，又从东南亚摸到欧洲，更从美洲摸到中东和非洲。

当然这期间也没忘了继续深造而摸大学的门，摸了几个不同国家的大学门，现在又摸回了浙江大学的校门。

● "A QUESTION OF THE BALANCE."

20 世纪 90 年代初，为了业务我来到意大利的米兰市，我的意大利朋友既是一位商人也是一名直升机飞行教练。

一天，他带我来到他的飞行中心(FSC)。

我俩一起登上了一架直升机，我被安排在副驾驶的座位，全副武装(飞行的头盔和全套的驾驶操作系统)，他则坐在正驾驶的座位。

当我们飞越在阿尔卑斯山区时，他告诉我："控制好操纵杆，稳住脚踏板，慢慢地、轻轻地修正飞行状态。"

刹那间，飞机朝左下方掉去，我马上意识到，他已放开飞行操作，改由我来控制。

我紧张地试图控制住飞行。

此时，耳边不断传来："轻轻的、慢慢的，放松放松，再放松。"

"好，好，你已控制住了飞行，你会成为一名很好的飞行员。"

"我的天啊!"我在自我飞行了像鸟一样飞翔了。

……

返回飞行基地，我们并肩站在停机坪上，他对我说了一句："A question of the balance."(一个平衡的问题)。

这次飞行的美妙无比的感觉配以阿尔卑斯山的美景，让我终生难忘，也使得我在日后成为了一名业余飞行爱好者。

这也注定了我这摸索了的近30年，练就了鹰的视野，成为了一个没人受封的社会观察员：虽然我没金钱，但我并不以此而屈服于"利欲熏心"的世俗，司马迁曾说的"天下熙熙，皆为利来；天下攘攘，皆为利往。"

我可以用鹰的视野俯瞰那些"利来利往"。

因为我坚信：鹰的视野一定不同于爬行动物的官能感觉。

"我的灵魂劝导我，注视着丑的东西，直到看出美来!"

——纪伯伦

……

我的耳边又响起了：

"轻轻的、慢慢的，放松放松，再放松。"

"A question of the balance."(一个平衡的问题)。

不是吗?

我们的社会生活和社会经济的发展历程，不就是在不断地寻找一个平衡点吗?

如今，我们的社会开始迈入了智慧经济的时代，这个新的智慧时代又将带给我们怎样的新社会现象?

这个新时期的新平衡点又会是在哪里呢?

《智能移动终端支撑下的非现场经济》一书的写作，就是希望开启对这个新时期的新平衡的探索之门。

本书的写作是基于：1. 我国正处在经济结构转型的关键期；2. 我国ICT产业已经形成了国际同步的态势；3. 我国ICT研究领域基本上停留在工程技术人员群体，我国经济学界涉入该领域较浅或较少；4. 综观世界近十年来诺贝尔经济学奖得主，其理论成果基本都是集中在信息经济相关的经济学理论；5. 笔者率先提出"非常经济概念"，是采取交叉学科研究的方式，意图填补我国"非现场经济"研究的空白；6. 高等教学的学科内容应该始终走在社会发展实际的前沿；7. 经济学研究和应用分析的平民化趋势。

在本书的实际写作过程中，笔者深深感受到自身专业水平的不足，清晰地认识到：一个新时代的新学科体系的形成和完善，单靠一个的一本书或一个人的发现，是很难成功的。

因此，该书的匆忙出版仅仅是为了起个头，以表示笔者对于新时代的新经济现象和与之相关的新学科理论体系研究的重视。在此，笔者诚邀相关专业或相近相临各专业的专家学者们，一起来创建和完善该学科理论体系。

笔者意图通过大家的不断努力来完善该学科的研究，以及希望其研究成果的发表(非现场经济系列丛书)，能为高等教学增添新的前沿性学科内容，进而为推动我国社会经济的再发展作出微薄的贡献，试图通过大家的努力使之成为中国人在世界范围内社会科学领域的优秀学术成果，从而为中国人争光！

张为志

2010年10月20日于中国杭州

目　录

第一章

引　言

第一节　“水滴石穿”的启示

中国有句古老的成语:“水滴石穿”。

柔软的水,只要不停地滴在坚硬的岩石板上,经过几年、十年或许上百年、上千年,终有滴穿石板的那一天。

这句成语,也让我想起了我的飞行教练,曾对我说的一句话:

“高速飞行的飞机,非常害怕迎面飞来的小鸟。

一旦撞上飞机,不亚于一颗炸弹,往往造成机毁人亡的惨剧。”

这就是“冲量定律”的一个具体表现。

根据这一定律,同样是水,只要使其高速运动,增加其内在的动能,当水的运动形成了具有足够速度时(也就是其动能增加值到一定程度),我们用这样的水束去冲击石板,石板很快就会被穿透。

也就是这束柔软的水,当运动速度达到一定的高速标准时,我们再用这样的原本看似柔性的水束来切割岩石板,也许就像切豆腐一般了。

同样是柔软的水,效能却是大相径庭的。

人的效能何尝又不是这样呢?

现今旨在激发人们潜能的各类成功学书籍十分畅销,目的都是想通过单一的自我激发潜能来提高人的效能,可我本人却并不以为然。

因为我以为人的潜能终究是有限的,就像水要切割石板一样,单靠水本身的潜能开发是不够的,还必须是依靠外力补充,不断地增加其实质的动能。也就是说我们光靠开发人的潜能是不够的,还必须借助于我们劳动者单体本身以外的外界加速器。

这里,我并不排斥现有的各类成功学书籍的科学性和实用性,只是看问题的目标和角度的不同罢了。

如果依据这样的"冲量定律"原理，而设计的一个拟人化"能量加速器"，一旦被广泛地运用到经济行为中，使我们普通平民仅有的一点劳动力资本（或少量的原始资本）趋于一致，并得到了倍增的加速效果，这就可使普通平民产生无比的财富创造力，继而奔向新富豪的殿堂。

如今，这个拟人化的"能量加速器"已经出现，那就是："智慧共享体系"。

随着信息经济高级阶段智慧经济时代的来临，人们的潜能以"智慧劳动"的表现形式而出现，且正在被日益成熟的"智慧共享体系"这个社会化的"能量加速器"所增速。

这个日益完善的智慧共享体系，导致了我们的劳动效益和劳动形态发生了重大变革，一个高效的新"智慧劳动"形态已经诞生了，且开始展现出了无比的新时代特性。

这个新时代特征就是：资本不再是经济的单一主导者，"智慧劳动"正借助于"智慧共享体系"，逐步成为社会经济的第二个主导者。

社会经济第二个主导者的出现，不仅促进了智慧经济里非现场经济现象的快速普及，还将对整个社会经济现象产生革命性的影响。

第二节 "让一部分人先富起来"的再认识

邓小平先生"让一部分人先富起来"的思想，激发了中国平民空前的致富热情，中国社会从此发生了"翻天覆地"的变化。

短短的30年里，"北京共识"、"世界工厂"、"中国模式"等绚丽的名词相继地加在了中国人的头上，更有些中国平民还直接奔向了全球性的"财富榜"，在全球性财富竞争行列里，大有异军突起之势。

今天，我们不仅看到中国经济在高速运转；也看到"让一部分人先富起来"的思想已成为了振奋人心的画面：中国人确实富裕起来了！

可是，我们也不得不看到少数"先富起来的" 的那小部分人，不但先富起来了，而且还越来越富了，以至于独自走进了世界级富豪榜的行列。

我们也切实地看到了另个社会现实景象：一部分人是先富起来了，但是没有带动大多数人也富起来，社会贫富的差距被一再地拉大了。

景象一 世界排名的福布斯2010年富豪榜中国内地上榜富豪名单

宗庆后 大陆 64岁 70亿美元

张近东 大陆 47岁 45亿美元

王传福 大陆 44岁 44亿美元

许家印 大陆 51岁 40亿美元

梁文根	大陆	53岁	36亿美元
马化腾	大陆	38岁	36亿美元
李彦宏	大陆	41岁	35亿美元
刘忠田	大陆	46岁	32亿美元
吕向阳	大陆	48岁	31亿美元
周成建	大陆	44岁	31亿美元
王建林	大陆	56岁	30亿美元

景象二　2元女子宿舍——背景资料

吉林省吉林市电视台记者戚小光偶然中走进了一个一天2元住宿费的女子宿舍，20多个女人挤在一间屋子里。

2元女子宿舍的绝大部分女人是没有出路的，她们被亲人抛弃、无房无地、年老色衰、没有技能、没有社会保障，有的出现精神问题，她们仅剩的是，日渐稀薄的力气。

她们在劳动力市场找工作，她们每天不足2美元的生活费，她们的病、残，甚至动刀打架……

我们的社会却漠视着她们，没有给她们应有的回报和关爱，甚至连起码的生存保障都没有给予，只有任其年老体弱的她们在城市的某个角落悄悄地消亡。

……

“先富起来的”那小部分人与“后富起来”和“未富起来”的多数中国平民之间的差距变化值，也让世人感到震惊了。(注：据有关部门统计：收入4元人民币/天以上的人数，全国约在1亿人左右)

于是，有人会问：是不是“让一部分人先富起来”的思想存在问题？

笔者以为：邓小平先生“让一部分人先富起来，再带动共同富裕”的思想是正确的，是符合中国实情的，是解决中国问题的“良药”。

问题是在于我们的社会政策制定者和执行者们的实际工作，却将“让一部分人先富起来”的思想，演变成了“让一部分人的富上加富”。

这让我联想到了“火箭”和“自动扶梯”的区别。

我们希望社会政策制定者和执行者们去想一个基本的问题，在实际的执行情况里你们是充当服务于少数人的“运载火箭”角色，还是帮助多数人上一个台阶的“自动扶梯”角色?!

邓小平先生“让一部分人先富起来”思想原本意图是递进式的，他老人家最终是想带动多数人的共同富裕。

可是，我们的某些社会政策制定者和执行者们“让一部分人先富起来”了，接着更是为了出政绩或树榜样，锦上添花地加大力度地对“先富起来”那部分人，继续加大力度地一直扶持下去，使得这部分人富上加富，直达“世界之巅”不罢休。

我想其实依照邓小平先生的本意是：我们的社会政策制定者和执行者们的工作形态，应该是“过程式”、“搬运式”，而不是单一的“垂直提升式”。

不是锦上添花，而是满园春色。应该放弃对已经富裕起来的那些特定的少部分人的再扶持，转而扶持另一小部分平民再富起来！

我们不是“仇富心理”的支持者，我也希望更多的中国人登上世界级富豪的宝座，可我更期盼的是多数人的共同致富。

由于我们的社会力量有限，且其基本职能是“为人民服务”的谋取大众利益。同时，也因为那些先富起来的部分人，已经具备了一定的抗风险能力和自身的再发展能力，而还有更广大的这部分人却还处在贫困线的边缘。

在改革开放的头30年，被长期禁锢的创富热情，在“鼓励一部分人先富裕起来”精神释放下，少数的平民创业的成功实绩，让我们的广大平民看到了富裕的希望。那些靠自我奋斗积聚财富的最早成功者们，成为了广大平民学习的楷模，他们的成功经验，也就理所当然地被当作成人激励以及教育子女的活教材。

可是30年后，当多数平民通过各种学习和尝试，逐步发现成为富裕阶层的事与自己越来越不相关，这种致富期望热情逐渐地被日益拉大的贫富差距所灭杀时，众多的国人心理也开始发生重大的转变。

昔日的崇拜对象和学习楷模，逐渐演变成了今日的泄愤和仇恨的对象，国人的“仇富心理”现象开始蔓延。

这种被快速拉大的贫富差距和“仇富心理”的加剧，使得中国的社会仇视心理得以再次抬头，逐步演变成为社会进步和社会稳定的隐患。

这种隐患在信息经济的初级阶段，在“资本主导”、“社会工作偏离”和“被放大的数字鸿沟”这新三座大山的共同作用下，不仅不被减弱地继续客观存在，且开始呈现出了相反的急剧恶化的不良趋势。

这种反向趋势的发展，在当今社会保障体系匮乏之下的中国，就显得尤为危险了。因此，在社会经济持续地繁荣的同时，我们也更应关注国民心理和创业教育观的转变，特别警惕“仇富心理”的加剧，防止进而转向社会化的仇视。

于是，中国现实的国情迫切需要我们警惕数字鸿沟的再扩大，并着手搭建众多的“自动扶梯”和采取弱化“发热的资本主导”的相应措施，多通道地帮助一批又一批的广大平民上一个新台阶。（关于“发热的资本主导”在后续章节我们再讨论）

今天，在“发热的资本主导”下的三驾马车（投资、出口、消费）出现了严重的失衡，我们不得不去思考一个现实问题，中国经济的未来还能持续地主要依靠投资来拉动？我们在的内需市场是靠一小部分富豪来支撑，还是靠广大的脱贫的大众？答案也是肯定的：就是“水涨船高”。

我们应当集中有限的资源和力量不停地一小部分一小部分地搬运尚未致富的平民们，使多数的脱贫人群具有消费能力，这样的结果必定是：我们的社会经济是一个可持续发展轨迹，必定是一个走向共同富裕的进程。

也许，这就是“自动扶梯”与“运载火箭”在社会学中的区别。

我的曲折经历和丰富的联想告诉我：假设我们普通的平民，能搭载“自动扶梯”，并借助于一种个人力量以外的“外力加速器”，充分发挥个体行动效能的一致性，其效果是领人吃惊的。

“自动扶梯”和加速器，终将会把一批一批的小部分平民，不断地被送往致富之路。总有一天，我们的广大平民能真正地实现共同的脱贫致富，真正培育出了占中国总人口多数的中产阶级，真正诞生了的我国内需市场的支撑力量。

只有到此时，扩大内需也就不再是口号，而是有了坚实的社会基础，我们的整个社会经济也将真正的可持续地繁荣。

笔者认为平民不仅能脱贫，“平民也能产生富豪”。

平民也能在较短的时间内不单靠资本积累而脱贫，这是否是一个“天方夜谭”的故事呢？

我的回答：不，这不是“天方夜谭”。而是因为新时代的到来，使得我们平民劳动者的智慧劳动效能发生了根本转变，且这个新智慧劳动的“能量加速器”也已经出现，这就是智慧经济里即将完善的“智慧共享体系”。

伴随着智慧经济的脚步，一个能快速产生平民富豪，具生命现象特征的新经济形态正在到来。

这一新经济形态的到来，使得资本不再是唯一的市场主导者，“智慧劳动”正借助于智慧的共享体系，逐步与资本一起分享着社会经济的主导地位。

这种经济主导因素的变革，势必会引起我们的社会经济重大革命。

它将促使我们的社会财富创造和再分配规则的修正，也会推动我们社会政策的制定者和执行者们的功能，由“运载火箭式”逐步转向“自动扶梯式”，使得正在逐步熄灭的平民希望，再一次地被点燃。

正是由于随着智慧经济时代的到来，“智慧共享体系”这个“能量加速器”

把我们平民的智慧劳动效能成倍成倍地放大，并促使了智慧劳动开始成为经济的新主导者，使得我们的平民再次燃起了“不靠资本而创业致富”的新希望。

别抹杀了平民的希望，一旦这种希望被泯灭，昔日崇拜的创业成功者，将被演变成大众仇富的对象，社会仇恨和社会动荡也就离我们不远了。

我们平民要的不多，要的仅仅是稳定的生活和希望值。于是：

社会和谐的基础＝生活保障＋希望＝和谐经济的终极目标

这个经济主导地位的演变和重新燃起的希望，使得我们的创业思想和教育观再次得到转变，从原始的拜金主义开始转向了可持续的对“智慧创造力”的崇敬。

《智能移动终端下的非现场经济》研究，就是希望通过观察和分析智慧经济及其特有的社会表现形式——非现场活动所带来的非现场经济现象，尝试性地去找到、并开启这扇“天方夜谭”的新窗户。

第三节　这是一本“非现场经济”平民化分析的书

这是一本关于智慧经济时代的“非现场经济”现象的探讨性书籍。

是对转型期中国在智慧经济时代里所展现出来的特有现象的观察与分析。

它是对当今智慧经济起始时代的特定环境里的非现场活动的“起步、发展和渗透”等所作的经济观察、经济分析以及发展方向的预测性尝试。

分析的是由各种非现场活动带来的非现场经济现象，尝试的是“非现场经济学”及“非现场经济指数”的设想，实验的是非现场经济及其相关领域的交互组合，进而实现的是对智慧劳动的崇拜。

工业革命把劳动者从繁重的体力劳动中解放了出来；信息经济则启动了把劳动者从固定劳动时间和固定场所的逐步解放工程；而智慧经济则是深入地把劳动者从固定劳动时间和固定场所中真实地解放出来，并逐步实现了从固定 PC 向智能移动终端的过度，又把劳动者从定点的电脑索缚中再度解放出来，实现了真正意义上的非现场经济行为。

智慧经济的非现场经济现象真正实现了劳动者的固定劳动时间和固定场所的再解放，实现的是劳动者更大的自由生活。

它是一本关于“劳动者自由”和“劳动者再解放”的分析专著，揭示了劳动者再解放的轨迹及随之而来的社会经济的变革趋势。

有人问我：我们越来越受环境的制约，越来越“身不由己”；劳动力成本越来越高，原材料价格不断上扬，全球汇率战又硝烟四起，该怎样去面对这样恶劣的经济环境，自我主张的自由业务会在哪里？

我想：这是因为很多人一直未分清“时代”与“自由”、“时代”与“竞争性商机”的关联问题。

我以为：“身不由己”是我们未能跟上时代的脚步，是我们还没能有效地利用“智慧共享体系”这个轻松便捷的工具；“在智慧共享体系里，即使在最恶劣的环境下，仍然存在着竞争性商机”。

由于我们已经开始迈进智慧经济的时代，智慧技术和智慧共享体系改变了劳动的形态。新劳动形态下的“智慧劳动”极大地提升了劳动的自由度和劳动的综合效能，导致了“智慧劳动”逐步开始起到主导经济的作用，使得“资本”不再是唯一的经济主导者。

信息经济发展到了智能化这个高级阶段，智慧劳动将运用智慧共享平台，逐步开始主导新时代社会经济的变迁。

这种新经济的主导作用，不仅带来了智慧经济时代的“非现场经济”现象的新繁荣。还将给我们整个社会经济的形态、社会经济的结构，以及社会财富分配及再分配的规则等，带来具有深远意义的变革性影响。

这是一本新经济思维下平民化经济研究的书籍（以平民视角看待经济学术理论，意图改变学术论文与平民阅读脱节的现象），是对转型期中国在智慧经济时代所展现出来的特有现象的观察与分析，是关于“智慧劳动与新社会经济关系”以及“智慧经济时代的非现场经济现象”探讨的专门书籍。

观察的是：智慧时代里“智慧劳动”的新地位和新作用，借助于“移动互联”和“智慧共享体系”的智能移动终端支撑下的“非现场经济现象”，以及随之产生的局部“无人化经济”现象。

它不是ICT技术研究的书籍，而是社会经济学研究的延伸，尝试的是新经济现象研究的平民化之路，期盼的是能再次燃起平民的希望之火。

笔者希望回归到哲学层面的道，从“东方之道”的再认识开始，进而再分析信息经济的高级阶段（智慧经济时代）所产生的新社会现象和新经济现象。

采用的是：经济学研究与智慧技术应用性研究相结合的交叉学科研究方式。

实践的是：哲学的“道”与科学的“术”相结合的非现场经济学的思维路线。

意图推动非现场经济环境下就业理论的讨论和倡导“有形网络”与“无形网络”的快速融合。

第二章

非现场经济的兴起

第一节　世界越来越像了

曾经的摸着石头过河之路，让我游遍了大半个地球，一幕一幕世界各地的影画不时地交替着浮现在眼前。

时空的穿梭，感受到的却是“这个世界越来越像了”。

城市化的进程，加之全球经济一体化，不可避免地将我们不同的种族文化融入了一个“地球村”的概念。

随着全球一体化进程的加速，以及信息技术的不断推进，劳动产品及劳动服务也实现了全球性的输出。

当我们走在世界各地不同的城市或生活区里，有时会使得我们分不清你自己身处何处。

到处可见的麦当劳、肯德基、必胜客、CAFFE、辛巴克、沃尔玛、家乐福、波音、空中客车、奔驰、宝马、希尔登、万豪、微软、苹果、互联网和中国制造等的“衣食住行”相关的产品与服务全球化。

甚至谈论的话题不是世界杯、奥运会、世界大片，就是数码产品、数字技术，再就是全球股市、失业与金融危机。

一样的生活形态，一样的生活内容，使你不论新到世界上哪个地方的哪个大街小巷，都不会产生陌生感。

同样，在中国的诸多城市间，由于城市形态和建筑风格的趋同，特别是生活小区更是相互间越来越像，有时甚至会连自己的家都搞错。

也许，当你在杭州住的是假日公寓，到家乐福超市去采购生活必需品，带着孩子到麦当劳用餐或与朋友到真功夫用中餐，到……

当你到沈阳很有可能你还是住的是假日公寓，到家乐福超市去采购生活必需品，带着孩子到麦当劳用餐或与朋友到真功夫用中餐，到……

当你到南宁、到西安也一样，你还是住的是假日公寓，到家乐福超市去采购生活必需品，带着孩子到麦当劳用餐或与朋友到真功夫用中餐，到……

既使你到美国、到欧洲、到中东、到非洲大洋洲都一样，你还是住的是假日公寓，到家乐福超市去采购生活必需品，带着孩子到麦当劳用餐或与朋友到真功夫用中餐，到……五大洲或大江南北，一样的生活设施、一样的服务标准、一样的休闲，甚至是一样的服装店、药店、文具店、茶楼、咖啡屋、网吧、娱乐场所、银行、保险、交通和谈论基本相同关心的话题，等等。

这些外观一致、内容一致的有形连锁网络经营和生活模式，加之国际资本跨地区的频繁窜动，以及互联网和传感网的应用普及，让我们真正切身体会到了地球村的真实含义。

当然，这里主要是指人们日常生活、工作和学习方面的内容，不包括差异的自然地理现象和差异的人文特征。

也许，这种流行某种程度上有悖于人文，但由于它的便捷与自由，以及巨额经济利益的驱使，终将成为全球的主流社会现象。

这一切反映在市场经济层面，就展示出了“网络规模经济”这个鲜明的时代特征。这是一种不同于传统经济“高、大、全”的发展模式，最初出现的是劳动产品及劳动服务的网络化大区域性输出，是全球（或全国）规模上的跨区域紧密结合，诞生的是有形网络经济的模型，孕育着的是地球村的商机，也是后工业时代有形网络经济新贵们产生霸气的基础。

1998 年的夏季，某大型购物广场项目底楼餐厅的招商活动，使我感受到了这种有形网络经济模式的魅力，也进一步了解了类似麦当劳之类有形网络大品牌的“霸气”。

当时我以兼任某购物广场首任总经理的身份参与了谈判。

麦当劳方面，开出了一系列关于位置、面积、价格、后勤设施等条件，总之是最好的，否则不干，特别是营业时间的冲突和场地的产权等事宜谈得非常艰苦。

麦当劳除了要满足面积和最好的位置等外，还必须是营业时间不受整个购物广场的限制，场地是购买的，而非租赁的。

作为购物广场的一个整体，我们则希望统一的营业时间，统一的物业管理，以便合理安排水、电、汽供给和保安服务，同时还要低价格地分割一小部分的建筑物的产权也非易事。

可是，无论我们怎样解说，麦当劳的代表就是“雷打不动”，“Only yes or no”（只能是接受或放弃）。

由此可见一斑，麦当劳之类的有形网络形品牌在当时的商业主动权底气之足。然而，多数新有形网络型模式的参与者，要获得类似麦当劳那样的底气和成功，单依据传统的方法也是相当困难的。

特别是随着跨区域的有形网络经济规模扩大到一定程度，想再发展或日益扩充阵地，管理手段和管理成本往往成为网络型商业模式新贵们的瓶颈。

伴随着这种瓶颈的出现，一批新贵不是得到再发展，而是连续地倒下，只有个别的继续前进者。

跨区域的有形网络型经济模式、连锁经营是优势竞争的一个方向，可是又能有几家能可持续地发展？又有几家能在较短的时间内获得或接近类似麦当劳这样的底气？

理论上讲：管理手段可以通过学习获取，管理成本控制也可以通过财务工具实现，为什么还是会出现这样的局面？

笔者以为：这是因为在全球一体化的背景下的有形网络经济模式里，除了产品质量、作业流程、管理机制这些差异性外，主要还是属于资本主导的市场经济一个表现形态。是属于资本主导下的差异性商业竞争，资本这个主导者无时无刻地以各种身份和各种形态影响着社会经济的方方面面，当然也不会放过有形网络型经济。

我们知道：经济全球化是世界范围内市场经济发展到一定程度的必然结果。

它是以经济的市场化、贸易自由化、生产和投资跨国化为基础的，由市场力量所推动的、超越民族国家和地区界限的全球经济的发展态势，市场经济的发展要求资金、技术、劳务等各种生产要素在全球范围内自由流通和配置。

可是，由于当今的全球经济一体化还是建立在资本主导下经济基础之上，发达资本主义国家依靠资本(特别是国际资本)成为全球化的推动者和先行者，也就成为全球经济一体化的游戏规则制定者，并大力推行其自身的经济和文化殖民、政治霸权主义以及资本主义的发展模式及价值观。

这种单由资本主导下的经济基础，加上游戏规则掌控者的实际也是资本化，这就造成了经济全球一体化实际上是个别发达资本主义的全球化，不可能实现每个民族或每个国家在全球化中的地位都是平等的，也就代表不了全人类的利益。

面对这样在全球经济一体化的进程，恰正逢中国在以前所未有的速度转型。

我们该如何顺应这样的全球经济一体化趋势，并能快速地占领跨区域网络型经济模式的一席之地，且能稳固地拥有一定的底气？

看来传统简单的方法已无法解决，我们的企业即使是拥有麦当劳的经验和整套经营文本，也无法在短期内将一个新行业、新内容获得麦当劳式的底气。

因为这其中还有经济全球化的资本主导和游戏规则在妨碍着弱势民族和弱势国家。

现在我们该思考的是:有无可能突破这一经济全球化推进的瓶颈,真正实现各民族的利益共享和受益平等?

答案是有的,这就是第二种网络化大区域性渗透开始了。

随着信息经济的深入和全球一体化进程的加速,由智慧劳动推动的一种跨区域的新网络经济形态正在全球范围内崛起。

这个由智慧技术支撑的跨区域的无形网络模式,以及无形网络模式与有形网络模式的交融模式正在崛起。

它标志着信息经济高级阶段的智慧经济新时代的正式来临,标志着全球经济一体化进程中的主导者正在发生变化,预示着全球经济一体化进程的游戏规则即将改写。

正是由于无形网络或无形与有形结合(线上与线下结合)的网络经济模式,借助于智慧技术和共享型智慧体系的贡献,使得我们的"智慧劳动"正开始逐步地、部分地或大部分地替代原有的市场经济唯一的主导者——"资本",而成为社会经济新的第二个主导者。

这个第二主导者的出现,实际的经济主导因素的变动,触动了整个社会经济的中枢神经,将引起整个全球性的社会经济系列的连锁反应。

智慧型经济成为新时代经济全球化活动的主角,"智慧劳动"主导地位的崛起和资本主导地位的削弱,突破了传统市场经济和有形网络经济模型各民族和平民参与性的瓶颈,使得我们的弱势民族和普通人士在不一定拥有"资本"的条件下,通过智慧劳动和共享智慧的途径,同样具有"在较短的时间内获得或接近类似麦当劳这样的底气"的可能性。

智慧型经济使得自由的市场经济,开始逐步摆脱被"资本的绑架",使得自由的市场经济再次得到自由的解放,全球的市场经济不再是资本家的俱乐部,而是成为了各民族以及普通大众淘金的乐园!

同时,智慧经济通过智慧劳动真正实现了劳动者的固定劳动时间和固定场所的再解放,实现的是劳动者更大的自由生活,展现出了真正意义上的非现场经济的兴起。

第二节　进入智慧经济时代

当年哥伦布航海的历史壮举,使得当时的人们突然发觉世界变得很大。

可是,当今的人们在高科技和智能化的支撑下,又突然感觉世界变得很小了，小到就像一个村庄、部落或者一个社区。

科技的进步，特别是重大科技成果的社会化应用，改变着我们人类社会生活的基本形态，从而将引起我们整个社会经济形态发生变化。

如今，信息技术正改变着我们社会生活的基本形态，数字生活方式已经成为我们品质生活的代名词。随着信息化进程的不断深入，世界范围的计算机联网以及传感件的智能联网，将使越来越多的领域，以数据流通取代产品流通。特别是信息经济的高级阶段，智慧经济时代的来临，不仅拉近了我们人与人、物与物、人与物之间的距离，也更快速地将单纯的生产演变成了综合服务，将工业劳动演变成了智慧劳动。

这种智慧劳动在3G、4G、物联网、云计算等ICT及其他系列数字科学技术的应用推动下，将承托起的一个更便捷、更舒适、更安全的高品质生活模式。

这个高品质的生活模式就是智慧生活。

这是科技的进步，智慧的进步，更是我们人类文明的进步。

这时，传统意义上的劳动越来越与人们投入的工作时间无关，而取决于他的智慧性、原创性、创造性。

我们的工作仍然存在，但不再是单一的稳定“工作岗位”，越来越多的人将在非固定工作岗位上，把劳动和知识产品转化成数据、转化为智能服务产品。

智慧的数据产品能够通过智慧共享体系被大量复制和分配，而不需要额外增加费用。它们不需要离开它的原始占有者就能够被买卖和交换，其价值的增加是通过知识或知识应用来实现，而不是直接的劳动时间长短来实现。

这种不直接挂钩劳动时间的价值体现，依靠的是敏锐发现新问题、创造性地解决问题和借助于共享智慧体系灵活应用等的综合能力，这个新能力就是新时代人们的智慧劳动。

此时，工业社会劳动文化的两大基本支柱：固定劳动时间和固定工作岗位，将退居次要地位。也就是说：智慧劳动的智慧经济效益与劳动的工作地点、工作时间的直接关联度越来越松散。

这种直接关联度向间接关联度的转变结果是：各种非现场劳动的基础面成熟了。即智能生活模式极大地拓展了人们非现场的活动时空，人们的非现场办公、非现场交流、非现场交易等行为的实施，在时间和空间上都成为可能。

智能生活的到来，是在已有的信息经济成就基础上，营造和滋养了一个更自由、更便捷的非现场活动社会环境。

“智能生活”环境加剧了人们的非现场活动，而非现场活动也带来与之对应的非现场经济现象。这种新生活情形和新经济现象的出现，将极大地改变我们的生活形态和生活习惯。

它不仅影响到我们的生活品质，也激发起民众对社会经济、民主政治、公共政策及精神文化的更高期望。

此时，常规的信息经济学理论和部分传统的经济学理论，将随着新时代的新现象的出现，而得到新内容的补充。对传统的城市化经济概念也将起到变革性的影响，诸如都市圈理论、市场营销理论、管理学理论、劳动力市场理论、资本理论、信息经济和知识经济理论等都将受到不同程度的无情冲击。

科学技术突飞猛进的脚步，正改变着我们的生活形态。这种以智慧技术应用为表象的经济结构变化，从根本上加快了我国经济结构调整与经济再发展的步伐，也为经济学的研究增添了新的内容。

不久前，电视台报道了一则新闻："某科学家用电脑编写 DNA 程序，依照这个程序而在试验室里人工合成了新 DNA，并把它移植到一个无核细胞里，该细胞尽然成活，自我复制 DNA 且细胞自动分裂成长了。"

这则新闻提示着人们：科学技术已经发展到人工可以随意编写 DNA 了，不单靠上一代的遗传或复制也可以产生出新生命体了。

这样，单靠人工编写与合成不同的 DNA，不就能不断产生出不同的新物种了?! 真不知道我们的科学家们以后会给我们捣鼓出个什么样的新生物体出来呢，是祸是福，只有我们的后代去检验了。

我们现在无法实际地去畅想那些新生物物种的到来，会给我们的地球和未来人类生活的带来什么。

但我们可以意识到，人们在解读人类遗传基因时证实了一个真理，那就是：生命是一部用生物信息语言编写的信息系统，人类进化的实质是基因的进化，是信息的进化。

今天，我们暂时不去畅想子孙后代可能面临的事态，可是我们却已经真实地感受到了新科技的发展，也感受到了信息的更深层次的含义。

随着科学技术的进步和实际的应用，以及人们对信息的深层次认知，信息型经济正逐步取代传统的物质型经济。于是，信息经济学、知识经济学、新经济学、数字经济学等，都在这短短的几十年的时间里相继地被逐一提出。

当我们进入智慧经济时代，由于 ICT 和智慧技术以超乎人们想象的速度在发展，使得人们的智慧劳动具有前所未有的低成本、高速率的劳动效能，催生了智慧共享体系的建立，推动了非现场经济的活跃，并开始逐步地成为新经济的主导者。

智能化同时促使了科技、教育、文化、艺术等部门越来越快地与各基础产业整合，改变了我们人类社会生活的基本形态，影响着我们的社会经济，导致了我们原有的经济结构的重大转革，催生了一些新的经济现象。

信息革命、智慧革命，特别是智慧劳动的核心地位的改变，使得信息经济高级阶段的智慧型经济正在快速地向整个经济体系的渗透，逐步成为整个社会经济的核心。

这种新经济现象的快速发展，不仅影响了整个社会经济结构，也为我们经济学的研究增添了新的内容。

当今，我们面对初级信息经济快速转向智慧经济的态势，发觉我们还是沿用“信息经济、知识经济、新经济、数字经济”等概念，均已经无法全面、完整地表述智慧经济的新时代特征。我们必须面对这样一个问题：

什么才是智慧经济最主要的特征？

怎样去观察和研究新时代的新经济现象？

第三节　智慧经济诞生的社会经济环境

2010 年 8 月 16 日，日本政府公布的经济统计数据显示，二季度日本经济总量少于中国，这标志着中国经济总量开始超过日本，成为全世界第二大经济体。

据世界银行等多家机构的报告预计，如果中国经济增长顺利转型，中国经济将在未来 20 年内超过美国。

报告还指出：在成为全球第二大经济体后，中国将面临着经济结构调整和重新均衡的挑战。

这就给我们提出了以下问题：中国经济增长是否能顺利转型？主要靠什么力量来实现？

结合当今全球经济的运行环境和整体发展趋势，笔者以为：我国这个经济结构调整是否成功，将在很大程度上取决于我们的智慧经济的发展程度，取决于智慧经济在整个经济结构中所占的比重和影响力。

我们在展开智慧经济相关问题的正式探讨前，先让我们一起来查看一下，刚起步的中国智慧经济所处的社会经济环境。

我们通过阅读一些最近官方发表的资料，可大致了解下中国智慧经济所处的基本背景情况：

资料 1　全球制造业增长放缓（来源：《经济参考报》2010 年 8 月）

全球工业复苏仍然参差不齐，并可能正在失去动力。

美国、欧元区、英国和亚洲各地公布的制造业采购经理人调查显示，虽然工业产出继续扩张，但先前几个月的快速增长步伐已有所放缓。

欧元区 7 月份采购经理人指数从初步估计值略微修正上调。然而，报告虽然并未显示出多少复苏停滞的迹象，却揭示出欧元区的增长严重依赖于德国由出口驱动的制造业。其他地区的增长前景依然疲弱，法国的指数跌至 10

个月最低水平。编制PMI调查报告的研究公司Markit的首席经济学家克里斯·威廉森表示:“这显然是一场十分不均衡的复苏”。

资料2 我国工业增长平稳回落(来源:中经网2010年8月)

受房地产调控政策及欧债危机蔓延的冲击,二季度中国经济增速平稳回落,但并未改变良好运行态势。

宏观调控政策效应逐渐显现,作为下半年的首月,7月份经济数据走势成为大家关注的焦点。

(一)工业增速继续平稳回落

6月份,工业增加值同比增长13.7%,较之5月份回落了2.8个百分点。7月份,政府宏观调控力度不减,加之去年“前低后高”走势影响,预计工业增速将继续回落。考虑到上述多重因素影响,预计7月份规模以上工业增加值同比增速约为13.2%,1—7月份累计增速为16.9%。

(二)投资增速受基数影响较6月略微上升

6月份,城镇固定资产投资完成额为30689亿元,同比增长24.9%。预计7月份城镇固定资产投资额将达到22426亿元,同比增长25.7%,增幅同比回落4.2个百分点。预计1—7月份城镇固定资产累计完成120473亿元,比上年同期增长25.6%,增幅同比回落7.4个百分点。

(三)消费品零售总额继续保持平稳较快增长

6月份,社会消费品零售总额为12330亿元,同比增长18.3%,比5月份回落0.2个百分点,继续保持平稳较快增长。7月份,由于刺激消费的各项政策维持不变,消费增长将依然保持稳健势头。考虑到蔬菜、小麦等食品价格新上涨因素将会推动零售价格上涨,预计7月份社会消费品零售总额为12343亿元,比上年同期增长18.5%。

(四)贸易顺差小幅减少

6月份,出口增速为44%,进口增速为34.7%,贸易顺差200亿美元,创今年新高。预计7月出口额为1457亿美元,同比增长38.2%,比6月份下降5.8个百分点。预计7月进口额为1266亿美元,比上年同期增长33.6%,比上个月回落1.1个百分点。7月贸易顺差约为191亿美元,比6月份减少9亿美元。

(五)CPI和PPI上涨幅度呈反向变化

6月份,受蔬菜价格大幅下跌的影响,居民消费价格指数(CPI)同比上涨2.9%,低于此前人们的普遍预期。综合看来,预计新降价因素与上涨因素影响基本相当,7月的PPI环比与6月持平,同比上涨6.1%。

(六)财政收入增速继续放缓

6月份,国家财政收入达到7879.4亿元,同比增长14.7%,增幅比5月下降 5.8 个百分点，主要是受去年 6 月收入基数提高的影响。7 月份，由于工业增速逐步放缓、消费税翘尾增收因素消失、房地产营业税回落影响，财政收入增长存在减速压力。但考虑到去年 7 月份基数较低，7 月份国家财政收入增速依旧会大幅度回调，预计当月财政收入约 8139 亿元，同比增长 21.5%。

（七）人民币新增贷款基本与 6 月持平

1—6 月份金融机构人民币贷款累计新增 46367 亿元，接近全年目标的 62%，略超既定的上半年 60% 的投放节奏要求。3 季度，按照月均计算，单月新增额度为 5000 亿元左右，考虑到 7 月为 3 季度首月，投放量可能高于后两个月，但由于对地方融资平台清理等信贷控制政策力度不减，7 月份信贷投放量不会超过 6 月份，预计约为 6000 亿元。7 月，金融机构人民币贷款余额预计为 452052 亿元，同比增长 18.6%，广义货币供应量 681048 亿元，同比增长 18.8%。

（八）附表：主要宏观经济指标预测

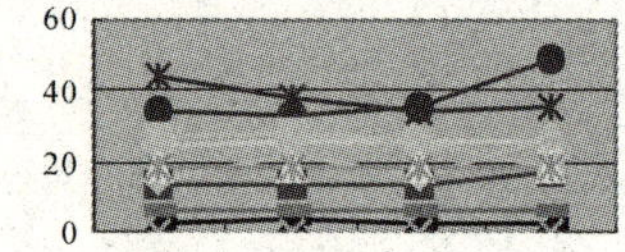	6月（实际值）		7月（预测值）		8月（预测值）		1—7月累计（预测值）	
	绝对量	增速%	绝对量	增速%	绝对量	增速%	绝对量	增速%
工业增加值（可比价）	—	13.7	—	13.2	—	13.0	—	16.9
城镇固定资产投资完成额（亿元）	30689	24.9	22426	25.7	21430	25.7	120473	25.6
社会消费品零售总额（亿元）	12330	18.3	12333	18.5	12531	18.4	85002	18.2
出口额（亿美元）	1374	44.0	1457	38.2	1397	34.7	8509	35.7
进口额（亿美元）	1174	34.7	1266	33.6	1187	34.9	7760	49.5
贸易顺差（亿美元，逆差为负）	200	—	191	—	210	—	749	—
居民消费价格指数（上年同期＝100）	102.9	2.9	103.1	3.1	103.0	3.0	102.6	2.6
工业品出厂价格指数（上年同期＝100）	106.4	6.4	106.1	6.1	105.6	5.6	106.0	6.0
国家财政收入（亿元）	7879	14.7	8139	21.5	6051	15.5	51489	26.6
国家财政支出（亿元）	8119	26.8	6404	28.4	5981	26.3	40215	18.7
金融机构各项贷款余额（亿元）	446052	18.2	452052	18.6	457352	18.7	452052	18.6
金融机构新增贷款（亿元）	6133	—	6000	—	5300	—	52367	—
货币和准货币（M2）（亿元）	673922	18.5	681048	18.8	683965	18.6	681048	18.8

备注：①中所有预测指标的绝对量数据均为当年价数据；②本数据表基于“月度宏观经济模型”的预测结果；③预测数据来源：中经网统计数据库。

资料3　发改委报告显示今年上半年全球IT市场复苏强劲(来源:新华网2010年8月)

美国国际数据公司(IDC)3日发布报告说,受需求上涨等因素推动,今年上半年全球信息技术(IT)市场呈现出强劲的复苏势头。

IDC的报告指出,今年上半年全球IT开支出现快速反弹,很多厂商业绩同比大幅增长。其中部分原因在于去年同期市场状况过于糟糕,不少厂商的业绩相比之下更显亮丽。随着经济状况相对稳定,企业、政府和消费者在经济衰退期间被抑制的需求得到释放,在对电脑、网络设备等硬件进行更新和升级方面的投资加大,这一点在今年上半年的IT市场上明显体现出来。

IDC的专家说,有鉴于此,他们已上调对全球IT市场今年全年增长率的预期。根据最新预测,全球IT开支今年将达到1.51万亿美元,按固定币值计算同比增长6%。其中,中国等新兴市场国家增长步伐最为有力,增长率都有望保持在两位数以上。IDC展望说,中国的IT开支今年将增长21%。

但该公司专家也指出,一些经济学家仍担心世界经济未来会出现二次探底,因此有必要对IT市场下一步走向持谨慎看法。IDC的调查发现,由于企业担心存在经济二次探底的可能性,它们在是否加大对新的IT项目进行长期投资方面仍然小心翼翼。IDC的专家认为,虽然目前市场需求依然比较强劲,但由于IT投资的实际水平很大程度上受宏观经济因素决定,世界经济未来几个月形势如何,对于IT业未来一两年的走向可能会产生至关重要的影响。

资料4　我国电信业务总量同比增长25.9%(来源:工业和信息化部2008年7月)

工业和信息化部日前发布的统计快报显示:我国通信业务6个月来平稳发展,全国移动电话用户已经达到6.01亿户。

1—6月,全国电信业务总量累计完成10953.1亿元,比上年同期增长25.9%;电信业务收入累计完成3987.9亿元,比上年同期增长9.2%,低于同期GDP增速1.2个百分点;电信固定资产投资累计完成1136.4亿元,比上年同期增长9.9%。

电信业务收入整体保持稳定增长,业务间发展差异较大。在电信业务中,移动通信网业务收入2136.6亿元,比上年同期增长15.9%,占电信业务收入的比重为53.6%;固定本地电话网业务收入879.5亿元,比上年同期下降6.4%,占电信业务收入的比重为22.1%;长途电话网业务收入592.0亿元,比上年同期下降1.3%,占电信业务收入的比重为14.8%;数据通信网业务收入374.2亿元,比上年同期增长40.4%,占电信业务收入的比重为9.4%。而互联网拨号用户减少了344.9万户。

移动电话用户猛增,固定电话用户持续减少,宽带用户稳步增长。6月,全国净增电话用户604.7万户，其中固定电话用户减少258.0万户，移动电话用户增加862.7万户。1—6月，全国累计净增电话用户4413.5万户，总数达到95707.8万户。其中固定电话用户减少931.6万户(其中无线市话用户减少680.8万户)，达到3.56亿户；移动电话用户增加5345.1万户，达到6.01亿户。

移动通信业务使用量高速增长，固定电话业务使用量继续下滑。1—6月，固定本地电话通话量累计达到3157.5亿次，比上年同期下降6.6%(其中无线市话通话量累计达到794.1亿次，比上年同期下降10.1%)；固定传统长途电话通话时长累计达到437.5亿分钟，比上年同期下降13.9%；移动电话通话时长累计达到14176.7亿分钟，比上年同期增长33.4%；IP电话通话时长累计达到721.0亿分钟，比上年同期下降4.8%；移动短信息发送量累计达到3441.3亿条，比上年同期增长23.3%。

资料5　国家统计局新闻发言人、国民经济综合统计司副司长盛来运(来源:中国网讯2008年7月)

国务院新闻办公室举行新闻发布会，国家统计局新闻发言人、国民经济综合统计司副司长盛来运介绍今年上半年国民经济运行情况，并答记者问。

澳大利亚广播公司记者:我的问题可能有点复杂，您能不能给我解释一下，到底中国经济在多大程度上还会受到长期结构性问题的困扰？也就是说，中国的经济仍然对于出口有很大的依赖，但是其他国家吸纳中国出口商品的能力、潜力很可能不如以前了，那么中国是不是需要来进一步刺激国内的需求来弥补在出口方面增长的损失？

盛来运:这个问题你提的很复杂，从中国经济的运行情况来看，当前面临着一个很重要的问题，也是一个老问题，就是结构调整问题。

在以前的经济增长中，确实过多的依靠投资和出口的拉动，这种经济方式我们已经意识到，对我们国家来讲是不可持续的，因为它对外部的市场和资源的消耗比较大。

所以，我们要加大结构调整，加快发展方式转变，这个是我们党的十六大、十七大报告中都已经明确的中国经济长期发展必须坚持的战略。

这次国际金融危机一方面给我们传统的发展方式、传统的发展结构提出了重大的挑战，特别是我们外部出口受国际需求的下降压力会越来越大。另一方面，对中国经济结构调整也是一个重大机遇，我们可以利用市场的倒逼机制，加大经济结构调整和发展方式转变，这一点是我们坚定不移的。

我们在结构调整和发展方式上要实现三个目标：一是由投资和出口拉动向消费、投资、出口协同拉动转变；二是由工业带动向一产、二产、三产协调拉动转变；三是由过度依靠资源消耗向依靠技术、管理、创新方面转变。

通过阅读以上这些简单的资料，我们就可以看出：

(1)全球经济低迷震荡，作为智慧经济的基础——信息经济却持续增长；

(2)随着全球一体化的进程，和谐经济框架再次被提到了经济发展的首要。

(3)中国经济运行数据提示着：中国经济面临结构性调整。

在这样的时代背景下，我国政府提出经济结构调整和发展方式上要实现三个目标。

我们细一看下这三个目标就会发现，它的实现途径均将涉及智慧经济领域：

(1)由投资和出口拉动，向消费、投资、出口协同拉动转变。协同就是需要同步提高，无疑高科技的应用是这三驾马车最佳的引擎。

(2)由工业带动，向一产、二产、三产协调拉动转变。一二产的智慧化应用(含智慧化初级阶段的信息化)和三产的智慧经济比重提升，直接影响着整个经济体的单位成本构成。

(3)由过度依靠资源消耗，向依靠技术、管理、创新方面转变。智慧经济的基础是科技和创新，智慧经济(含信息经济)占整个经济体的份额比，也直接或间接反映了整个经济体资源消耗的依赖度下降程度。

正是这些智慧经济的技术、管理、创新等要素的变化结果，最终将体现出我国经济结构转型的程度。

智慧经济不仅会表现在我国三产里面的比重不断上升，而且当这种新信息经济表现为智慧经济时，将直接渗透和影响到了我们的一产和二产之中去。

于是，智慧经济也就顺理成章地成为我国经济结构实现转变所要研究的重中之重。

身处全球经济依存度相对高度发达的大环境中，我们不能不注意国际形势的走向。如今，发达国家中已经是1/2以上的从业人员从事以信息为主的工作，且预测在未来10年人类的全部工作中将4/5与新信息经济有关。

因此，我们很有必要对新时代的信息经济(智慧经济)作一次新的全面审视和深入研究，特别是对其高级阶段的智慧经济时代，展现出来的非现场经济现象开展深入研究。

通过对这个时代特有现象的分析与研究，找出一些智慧经济的核心点，以便我们为我国智慧经济的高速发展的未来，提前作些心理上和认识上的准备。

第四节　智慧经济的新特征
——非现场经济现象

在智慧经济时代，世界范围的传感器联网、计算机联网、云端共享将使越来越多的传统领域以数据流通取代产品流通，将工业劳动演变成智慧劳动和应用服务。这一特殊的劳动和产品能够通过智慧共享平台来再利用或再分配，其价值的增加是通过智慧劳动而不是传统工作来实现。

智慧经济很大程度上将通过非现场经济现象而表现出来，非现场经济将以前所未有的渗透力和影响力，将智慧劳动和智慧经济带到社会的各个角落，全方位地开始影响我们各行各业的方方面面。

注意：这个智慧劳动的出现不是去替代所有的劳动形态，也就是智慧科技不是去否定传统的农业经济、工业经济、服务经济的存在，相反通过劳动的智慧化会促进这三种经济的大提升，并导致不可触摸的智慧型经济取代可以触摸的物质型经济，而逐步在整个经济中居于主导地位。

这里的取代是指智慧经济在各个经济结构中的贡献地位和主导地位，不是智慧经济替代物质型经济，而使得物质型经济消亡了。

我们的物质型经济永远将会存在，而且在智慧经济和智慧环境下将得到更大的提升，只是其在整个社会经济的贡献值和地位相对于智慧型经济的有所下降。

新时代的智能生活模式极大地拓展了人们非现场的活动时空，以互联网和数字产品为主导数字生活，随着物联网技术、云计算技术的应用深入，以出乎人们意料的速度，向智能型生活模式转型，迅速地展现出“互联＋物联＋云计算＋智能终端”＝“智慧体系”的集成态势。

这里的互联不是单指传统的固网式互联网，而是广泛地指一切能即时在线联网的数据共享体系，包括固定互联、移动互联和其他的数据交换平台。

这种智慧科技成果的集成，我们可以用一个非常通俗的比拟，来加以初步的说明，这就是所谓“智慧体系”(互联＋物联＋云计算＋智能终端)：

互联网和移动互联网——可以比拟成纵横交错的地空一体的交通网，实现国国通、城城通、乡乡通、村村通。

带宽和速率——可以比拟成交通网道路的加宽和通过率的提升。

物联网——可以比拟成城、乡、村中所有的有形资源被人们充分地感知。

云计算——可以比拟成城、乡、村中所有的有形或无形资源的共享和调用。

智能终端——可以比拟成这些所有的有形或无形资源实现共享的应用载体(各种交通运载工具)以及调用这些资源的指令发生器(交通管理工具)。

这个"智慧体系"托起了我们未来的智慧生活,此时的智能终端将作为最终的实现窗口,而显得无比的重要。

特别是智能移动终端借助于"移动互联"、"移动物联"的支撑,不再仅仅是一个单具通话功能的移动电话或是一个简单的信息交互工具,而是转向成为一个具全面应用功能的综合生活平台和工作平台。

作为人们"非现场经济"活动的主要支撑载体——智能移动终端,不再是一个简单的通信工具。其中的综合应用功能占比将大增,原本的主要语音通话功能将逐步退缩,也许此时语音功能占比将下降至不足整体功能的10%,智能移动终端也就逐步脱离了移动电话的身份,而是演变成了真正的智能移动终端,成为人们日常工作的一个平台以及日常生活的一个综合平台了。

因此,我们可以说:我们未来的主要生活形态是移动互联环境下由智能移动终端支撑下的非现场生活,社会经济特征也将变为智能移动终端支撑下的非现场经济。

移动互联采用国际先进移动信息技术,整合了互联网与移动通信技术,将移动通信和互联网两者结合为一体,将各类海量信息及各种各样的物联网业务引入到移动互联网之中,为社会搭建了一个适合各种业务和各种管理需要的移动智慧化应用平台,提供全方位、标准化、一站式的用户需要和智慧劳动竞争力的展示平台。移动互联和移动物联托起了非现场生活的繁荣,新的劳动生产率不再是简单地取决于劳动资料量的增加,而是依赖于ICT(Information Communication Technology)以及智慧应用程序在非现场生产和非现场生活中的各项应用。

欧盟在不久前发表的《欧洲数字竞争力报告》称:自1995年以来,欧盟几乎一半的经济增长都归功于信息和通信技术。

随着ICT和互联网对整个欧洲经济的渗透——宽带应用、服务以及无线设备的普及(包括智能终端和移动应用程序),ICT对于欧洲的社会结构、社会发展动力发挥着日益重要的作用。

这些报告传递出了一个信息:全球近十年来,对于所有的经济领域来说,关键是数字化(未来更是智慧化)。

ICT在各国经济中的核心地位已经非常突出,从农业到制造业、服务业,再到政府部门,ICT已经成为一个"普遍深入"的因素。

这些技术的联动,最终实现的是世上各种有形的无形的资源在时空上的利用最大化、安全保障化、成本最低化。

ICT"普遍深入"展现的就是ICT的渗透力,这种技术性的渗透力在智慧经济时代将转化到特有的经济现象里，也就成就了非现场经济的渗透力。

《纽约时报》引述澳大利亚国立大学经济学教授罗斯·加诺特的话说，中国提供廉价劳动力的时代一去不复返了，相信中国接下来将会进入一个"高质量增长期"，其中工人工资以及劳动所得在 GDP 的比重将会增加，过去 30 年发生的收入分配不公现象将会得到扭转。

2010 年中国国内劳工工资上涨将近两成，许多劳动密集型的出口制造企业被迫向内地迁移，国外开始讨论中国是否仍旧是一个理想的劳动密集产业输出目的地，国内舆论普遍认为应该通过产业升级、技术创新提高企业定价权、盈利空间和工人薪资。虽然中国已经成为世界第二经济体，但从人均 GDP 和国民生活标准角度，中国仍然远远落后于西方发达国家，仍有巨大的提升空间。

这个空间的大小，很大程度上将取决于中国新信息经济的发展内容和力度。也就是说在已经超越日本成为全球第二大经济体后，中国将面临着经济结构调整和重新均衡的挑战，很大程度上依赖于 ICT 技术的再创新，依赖于 ICT 技术能否快速地演变成智慧技术。

ICT 技术再创新的具体成果也将会借助于移动互联这个平台而表现在了非现场经济渗透力量的大小上。在未来的若干年里，移动互联的规模将是桌面互联的至少数十倍，中国的企业大有用武之地。

随着智慧技术的突飞猛进和智能生活的到来，非现场活动在各行各业的实际应用将得到空前的飞速发展。

这种非现场经济的渗透力决定了经济效益与工作效率、工作时间的直接关联度越来越松散的程度，这样的直接关联向间接关联转变的结果是：各种非现场活动的基础成熟了。最初的科技进步把人类从繁重的体力劳动中解放了出来，是一次人类的工业化革命；当今的智能革命则是把人类从特定的环境限制中再次解放了出来，是一次个性主张的自由革命。

非现场活动再次把人们的从固定的办公场所、交易场所、事件现场、资源现场以及定点 PC 等时空环境的制约中解放了出来，劳动者和生产力再次获得解放，社会经济也将再次迎来巨大的变革。

这种变革不仅诞生在西方，也生根于中国的大地上，将为中国国民带来更高品质的智慧生活。它的产生将对传统的经济概念起到变革的影响，常规性的信息经济理论也将受到无情的冲击。

这里，"特定的环境限制中的解放"经历了两个阶段。

第一阶段是信息经济借助于固网以及应用技术，实现了人们的信息交互便捷和开始启动从固定劳动时间和固定劳动场所向固定的 PC 转移，初步实现了非现场生活和非现场劳动。

第二阶段是信息经济高级阶段的智能经济借助于智慧技术，特别是移动互联技术、物联网技术和智能移动终端及其综合应用技术，不仅实现了人们从固定劳动时间和固定劳动场所索博中的解放，更是把人们从固定的或定点的PC中解放了出来，真正实现了时空自由的“感知与应用”的非现场生活与非现场工作。

一方面是智能化程度快速发展的趋势，提供了各种非现场活动的可能，高新科技的应用和高智能化组合，给非现场活动和非现场交易奠定了可靠的技术支撑和社会环境支撑。

另一方面是社会发展的必然结果，也需要非现场活动的活跃，非现场经济的应用渗透力和综合成本概念，也将主导着社会活动的非现场化趋势。

这种“充分感知与应用”和“充分自由”的智能生活，加剧了我们的非现场活动，从而推动了中国非现场经济的激速发展。

“智能生活”模式时代是“数字生活”模式的进步，更是智慧科技发展和智慧体系应用的进步，是当今信息经济转向高级阶段的一个重要标杆。

非现场经济的渗透力正是由这些新技术、新体系所支撑起的各智慧要素联动的结果，表现出了非现场活动无孔不入的直接或间接的经济影响力。

随着智慧经济的深入，非现场经济将借助这种渗透性，开始全面影响着整个社会经济结构、社会组织架构和人们在生活方式、社交活动、知识资源以及创新贡献，成为促进全球社会进步的引擎。

我们可以说：以“非现场活动”为主要表现形式的“智能生活”模式的时代已经到来。

第三章

经济学思维方式与非现场经济

我们已经开始步人信息经济高级阶段的智能生活的时代。于是，我们对信息经济的再研究以及对智慧经济的研究也就有了新的契机。

由于我国学术界对信息经济研究的时间不长，而且存在着一个明显的特征，那就是研究信息经济的人和力量主要是来自信息产业或相关产业的技术人员，真正研究经济学的专业人士研究信息经济(包括 ICT 应用领域)的人不多。

这样，我国的信息经济的研究呈现出了很大的技术型倾向，就技术本身或技术应用层面讲，我国的信息经济技术及应用研究应该是具有一定的深度。

但从经济学研究的高度看，即就信息经济基础面的研究成果看，我国信息经济研究领域有突破性的成果就罕见了。

这种研究信息经济方式的弊端，在智慧经济时代里来研究信息经济的高级阶段，特别是研究全新的非现场经济现象，显然是不合适的。

我们必须克服这种弊端，回归到经济学研究的层面，从经济学基础理论的哲学指导层面开始。从头思索，系统地对这一新时代下新现象，展开连贯性的经济意义及经济价值的分析研究，以便更好地帮助各技术专业人员及各级政府开展细分的深度研究和实际的具体应用。

经济学研究的最高方法就是哲学思维。为了能更好地回归到经济学研究的本原，寻找些经典理论依据，我们从哲学层面探寻起，去那里找些与研究非现场经济学相关经济学基础理论支撑。

从哲学观出发，探索和揭示出事物的本质以及事物之间作用的因果机理，因而我们需要遵从本质到现象的基本研究路线。

现在就让我们先离开一下关于 ICT 领域的讨论，一起回归到东西方哲学讨论和古典经济学讨论的层面，去那里获取些基础的经济思维力量。

第一节 中国文化的回归

我们知道：亚当·斯密是将幸福的经济手段和道德行为结合起来，认为实现人类幸福的手段是财富，其中的“财富”既包括了物质财富也包括了非物质财富。这种非物质财富很大层面上与人们的道德行为紧密相连，不同道德行为背后支撑的往往是不同的道德观。

显而易见，中国的幸福模式也不会脱离这个原则太远，也一定是建立在经济手段和中国人特有的道德观基础上的。

因此，我们很有必要先探寻些中国人普遍性的道德经济理论支撑。

一、中国传统智慧与西方科学精神的融会贯通[①]

《中国管理C模式》是一部开拓性著作。阎雨先生融合古今、驰骋中外，将中国古典管理思想与现代管理理论很好地结合起来了，将东方的重人情、沟通、谋略的软管理与西方的重理性、制度、法治的硬管理互补为一体了，这样的著作少有。（胡星斗，北京理工大学经济学教授）

美国夏威夷大学终身教授、国际东西方大学校长、著名哲学家、新儒家代表人物成中英先生长期致力于中国管理文化的研究，以《易经》为基础，以中国传统智慧与西方科学精神的融会贯通为目的，以“中国管理科学化，管理科学中国化”为宗旨，以集科学、文化、艺术三位本一体为特征，注重管理功能与中华文化资源（尤其是哲学智慧与道德价值）的整合与组合，使两者相得益彰，提出了“C理论”，成功解决了东西方管理的文化障碍。C指的是决策（centrality）、领导（control）、权变（contingency）、创新（creativity）、协调（coordination）。这一理论现公认是中国管理理论的奠基之作。

而今管理西化的中国企业历经30年发展，规模越来越大，但是矛盾越来越多，影响发展的阻力越来越强，主要表现在：劳资矛盾加大、企业文化缺失、管理模式机械、资源消耗严重、发展与环保对立、核心竞争力疲软、组织生态恶化……

这一切都说明配方的管理已越来越不适合中国企业的发展，问题层出不穷。

西方文明在反对西方宗教道德禁锢的相反方向，建立了一个鼓励和保障追逐利益的社会制度。从而把社会上的每一个人全部带到必须做小人，必须

---

① 阎雨.中国管理C模式[M].北京：新华出版社，2010.

自私自利的境地。道德与民主并不相悖，有道德必然有民主，有民主未必有道德。道德教化之后的民主，才是有益的民主。没有道德教化的民主，往往是有害的民主，是一群真小人、衣冠禽兽的民主。

没有道德教化，民主、自由也无法改变这种局面，用中国古人的话来说，民主、自由只是"术"，而道德教化是永恒之"道"。"道"之下，可以用各种"术"；没有"道"，任何"术"都没有用。

自然而又自由的理想，这正是《易经》哲学的深度所在。《易经》哲学最根本的思想就是认为宇宙是一个整体，是一个动态的，开放的，而又内外、上下、左右各部分相互联系、相互贯通的整体。

所谓"动态的整体"，就是指宇宙的事物不管如何缤纷繁多，都有密切的互动和相互的影响，每个事物都在自己运动，都有一定的背景和网络，别的事物影响着它，它也影响着别的事物。个体性和整体性是相互关联的，整体性不能用封闭的态度去了解，因为整体包含着时间和关联的，包含着时间的流动和空间的整合，所以不应限制于任何固定的格局，而应该不断打破格局。

这种动态的整体宇宙观是中国人在长期的文化经验和文化实践中体悟出来的，具有中国的特色，任何中国人及其管理活动都不可能不受这种宇宙观的影响。这种宇宙观正确地表达了宇宙的内在特性，体现了人与自然之间以及人与人之间的相互交往，具有明显的或潜在的全人类性（世界性），同样为现代人所必需。

《易经》哲学两极一体的整体宇宙观，体现出一种辩证的逻辑。

辩证的逻辑同黑格尔的三段论的辩证法不完全一样。它从一分为二到合二为一，从对立相反到互补互化，再到产生新的事物，应该说有五个层次，即整体化——阴阳分化——多元发展——冲击补充——推陈出新这五个层次。

C理论允许多元的发展，不一是千篇一律。不同的行业有不同的特性、不同的支点，不同阶段的公司应该建立什么样的不同发展目标，都是在变化当中的。在C模式下，管理的问题都将从整体关联的角度进行解读和解决，洞悉各个管理要素间的依存与联系，在动态中解决问题而不是只针对一时一地的问题。C模式把管理模式同样视为生命体，有整体创化，就有推陈出新，因此C模式将来也面临不断地修正、更新，以适应新环境下的管理变革。在C模式体系下，对社会各个要素进行分析论证，协调利弊，推动对话与交流，扩大共识，弥合分歧，在整合创化中，使之和谐相处并相得益彰、相互促进。

C模式生命论对当今社会、国家乃至世界都有非常重要的意义。

和谐、共融，彼此关爱，相互倾听，可以避免西方霸权与宗教激进主义的绝对对立与水火不容。

二、大国情结与文化振兴[①]

国运沉浮是条曲线，也是条抛物线，都有生长、强大、衰弱、消亡的过程，世上没有一个国家可以长盛不衰，连西班牙、葡萄牙、荷兰这样的弹丸小邦尚能风起一时，连罗马那样横跨欧、亚、非的帝国都能土崩瓦解，这个世界没有永久的日落帝国。

一个国家的强大不应仅仅是经济和武力的强大，这种强大都是很脆弱的，是经不起时间考验的。

在历史的长河里，崛起只不过是一朵销瞬即逝的浪花，常规的发展才是正态。

除了荷兰的现代金融制度、英国的现代政治文明对世界有着建设性的价值外，有些国家的崛起之日就是他国的掠夺之时！这样的大国于世何益？

文化的强大才是国家的根基，是可以持续成功的保障，没有文化的根基，仅经济和武力的强大只是昙花一现，不可久远。就像一个人，如果心脏有病，无论如何着装威武，都显得气血乏力。

中国最需要的就是文化的振兴，把传统优良的信码激活，摒弃其不良的遭粕，重新梳理，重新整合，正本清源，为国人“存孝悌立纲常”，建立国家秩序，疏导民心向背。

研究中国振兴就必须从文化整形叹气，这也正是基于从本质到现象的研究路线。文化振兴，我们正逢其时。我们既要复兴伟大的光荣，辉煌的文明，更要振兴我们的传统文化中不足的“个性张扬”和创造力的培育。

中国文化本是很强文化，但两千年封建的专制统治使其惰性有余，活力不足。即使如此，她还是有着很强的生命力，但一场场的“文化运动”剪断其文脉，导致文化气血不足。儒家文化不可取代，因为在国人的心目中，儒家文化是我们民族思想的要根！公平没有什么文化强大到可取代儒家文化的地步。

文化振兴并不是新发明，它其实应当是一场文化大整合，以现代文明成果，创造出新儒家文化。

有了这股清流，我们的精神就会得到更新，我们的心灵就会得到滋养，我们才能真正地健康起来。

---

① 两百年的企盼与梦想：阎雨，思想的碎片[M]. 北京：研究出版社，2008.

三、让财富体现出责任和修养[①]

君子爱财，取之有道。

有道的财富是勤劳智慧的象征，财富作为社会的主要资源，作为企业的核心资源，作为生产的核心要素，都对社会发展，文明的推动，起着不可取代的作用，是最强劲的动力。

中国素来就有对财富尊重的传统，但也有着很深的仇富心理，这是因为财富还有负因素的一面，因为通过不正当的手段获取财富的不乏其人，正是因为不公正的存在，使公众偏执地认为财富是特权和腐败的象征。

中央电视台经济频道办得很好，尤其是他们的《赢在中国》、《对话》栏目，是对创业者的砥砺和鼓舞，它告诉大家，财富的创造是通过勤勉、执著、聪慧和正直等元素的组合融合来实现的，是阳光的，高尚的。这两个栏目传播的都是正激励，这种激励对于现阶段的社会状况而言非常必要。

当然，这种进步还是缓慢的，不足以解决现实社会蔓延的急功近利财富观，这种仇富和暴富心理是个别财富命案的渊源。

信仰丧失，道德滑坡，投机成风，信用缺乏，这种浮躁的气氛，已经迷失的自我，毫无疑问，如果是负激励只能是雪上加霜。

解决专制是一个漫长的征途，现在推进的和谐建设就是一个伟大的进步。

改造宏观我们可能力不从心，但是微观上我们有建设的能力。

社会现在最缺乏的是人文环境和共处关系，如何让富人穷人互相尊重，和睦相处；无论贫富均可得到生活、医疗、教育保障的权力，无论贵贱都享受理解，宽容和尊重；对人格、人权的评判和尊重不受任何物质对财富的干扰。

这才是我们应该创建的财富文化！

给那些贫穷人以创业的激励和创业关怀、扶持，对拥有财富者，要让他们参与更多的社会公益事业，让财富体现出责任和修养。

第二节　西方古典经济学理论的支撑

中国模式也一定是建立在人类共识的准则和中国人特有的道德观基础上，我们开展了一些关于中国人普遍性道德经济理论的讨论，再顺着阎雨教授的"东方软智慧结合西方硬技术"的思路去探询一下西方古典经济理论。

---

① 阎雨．思想的碎片[M]．北京：研究出版社，2008.

为了尝试用经济学的角度去研究当今信息经济的各种现象，找寻些经典的理论支撑，我们就从古典经济学理论中开始寻找些普遍性的经济学理论支撑：（根据上海人民出版社出版的贺金社《经济学——回归亚当·斯密的幸福和谐框架》的部分内容整理）

“经济”（economy）一词虽然最初出现于色诺芬的《经济论》之中，但色诺芬并没有因此被认为是经济学的鼻祖。因为直到18世纪中期，由于资本主义工场手工业的高度发展中，资本主义一般生产方式和社会主义结构才明晰起来。只有在这时，古典经济学家对发达的工场手工业时代的资本主义的内在联系才有了某种系统性的认识。

因此，这一时期才被视为还古典经济学的发展与完成时期，也才把这时出版《国富论》的亚当·斯密誉为经济学的鼻祖。

1776年3月9日，伦敦出版商发行了一部长达1000多页的两卷著作——《国民财富的性质和原因的研究》（简称《国富论》）。正是“她”提供了解救普通劳动者摆脱“霍布斯丛林”苦难的模型！

至18世纪，人类历史已有6000多年。在那些年代，谋生仍然是每个人睁眼就牵肠挂肚的问题。人们辛苦劳作，为生存而斗争，但仍只能勉强糊口。只有少数统治者和贵族过着闲适的生活，普通人的生活现状几乎没有什么变化。

18世纪时，人们平均寿命只有40岁，英国哲学家霍布斯（Thomas Hobbes）把当时人们的生活状况描述为“孤独、贫穷、肮脏、兽性和短暂”。人们的这种生活状况被称作“霍布斯丛林”，为了改善人们的生活现状，许多仁人志士都进行过艰苦的努力。

早年的斯密似乎更多地思考着如何推进人类的进步、帮助人们获得更大的幸福。事实上，《道德情操论》与《国富论》一样，都是为了探寻人类幸福的途径。

1759年斯密出版的《道德情操论》，阐明的是以“公民的幸福生活”为目标的伦理思想，“对我们自己个人幸福和利益的关心，在许多场合也表现为一种非常值得称赞的行为原则。”而且，《道德情操论》第六卷就是关于“幸福”的内容，讲道：“个人的身体状况、财富、地位和名誉，被认为是他此生舒适和幸福所信赖的主要对象。”在《国富论》中，斯密认为人类“对财富的追求”的根本原因是为了实现“人生的伟大目标”——生活幸福。

斯密还指出了幸福所依赖的另外两个因素，一是安全，二是友情或交往。

安全是人们首要的和主要的关心对象。人们一般都不会把自己的健康、财富、地位或名誉孤注一掷地押出去，而主要采取的是那些避免遭受损失或危险的方法。关于“友情”或“交往”对幸福的作用，斯密在《道德情操论》第六卷里有专门论述，并且在第一卷第二篇里还用了第三章、第四章两章的篇幅进行了论述，指出：宽宏、人道、善良、怜悯、相互之间的友谊，所有友好的和仁慈的感情，几乎在所有的场合都会博得旁观者的好感。在朋友之中挑拨离间，把亲切的友爱变成仇恨是一种罪恶。它的罪恶之处，在于扰乱了人们内心的平静，中止了本来存在于人们之间的愉快交往。

这些感情，这种平静，这种交往，不仅是和善、敏感的人，就连普通人也会感到对幸福的重要性。

斯密进一步指出：明智和审慎的行为会指向比关心个人的健康、财富、地位和名誉更为伟大和更为高尚的目标：英勇、善行、正义。

在界定个人幸福的基础上，斯密还是对社会幸福指出：任何政治社会中，下层阶段都占最大部分，大部分成员陷于贫困悲惨的状态的社会，绝不能说是繁荣、公正、幸福的社会。

综上所述，我们可以完整地把斯密的“人类幸福”定义为：人们生理的、安全的、交往的、尊重的和美德的、英勇的、善行的或自我实现的需要的满足。

因此，从本质上来讲，斯密是将幸福的经济手段和道德行为结合起来的。斯密认为实现人类幸福的手段是财富，而其中的“财富”就因此既包括了物质财富也包括了非物质财富，其对应具体形式是满足人们各种基本需要的财富(包括人、知识)。

依据斯密的理论，人们生活幸福所信赖的是整体“五需要”的满足。整体“五需要”，也可以分为政治的需要(自由、平等、公平、正义等)、社会的需要(安全、友谊、信任、尊重等)、经济的需要(衣、食、住、行等)的整体满足。

现实生活中，人们的需要是整体的或同时被满足的。比如，人们要生存必须满足生理的需要，而且人们一般也不会孤注一掷地冒险地把自己的所有财产都押出去。我们每餐都要享用多种饭菜；每日要享用多种商品，包括作为满足社交需要、自尊需要和自我实现需要的商品：亲朋好友或社团活动、社会地位或自我表现的机会，以及社会的承认。

需要是主观的。尽管对整体需要中各种需要满足的重要程度因人而异，但是人们一般都会追求对各种需要满足的协调性。我们经常也会说“活动活动、调节调节”。无论如何，单调的生活会影响身心健康并最终影响人们的生活质量或幸福程度。

因此，一般情况下，人们追求生活的幸福和谐，就是追求其需要整体的、协调的、持续的满足。人们也会考虑幸福生活长久和不断延续，这就是人们对“利益和谐”的总体要求。

随着公共选择理论研究的发展以及对政府提出的以“和谐利益”为目标的要求，如今，回归古典经济学、回归亚当·斯密的呼声越来越强烈。

根据斯密“合作”生产的观点，作为市场主体的消费之间、厂商之间以及消费者与厂商之间，相互作用、相互信赖、相互促进、相互影响的“社会性”进行了分析，并分别描绘了相应的帕累托最优的均衡路径。

事实上，即使是个体，如家庭、厂商、政府等，也因为现有财富的稀缺性，以至于现在财富的配置在不同个体的不同用途之间也具有相互作用、相互影响的“系统性”或“准‘社会性’”。

因此，从形式上看，关于消费者、生产者，政府各自帕累托最优边际条件，实际上是依据相互联系、相互影响的观点进行的进一步分析。

首先，作为微观市场主体的消费者、生产者、政府如何配置各自现有的财富于相互联系、相互影响的不同用向之间，以实现各自整体利益的“自然和谐”；其次，作为宏观市场主体的家庭部门、企业部门、政府部门内部成员，如何配置现在财富，以实现社会整体利益的“自然和谐”

18 世纪，坎梯隆（Richar Cantillion）和魁奈（Francois Quesnay）的著作中就出现了“和谐”观念的雏形。在《国富论》中，虽然“和谐”一词只在第二卷最后的倒数第三段里出现了 1 处，而且还只是“harmony”同义词“concord”；但是，在《道德情操论》中，表达“和谐”的词即“harmony”，则出现了 31 处之多，而且有 1 处直接出现的就是“harmony of the society”（社会和谐）一词。更为重要的是，在斯密的这两部传世著作里，已经出现了“和谐”的思想。

19 世纪中叶，“和谐”一词开始出现在著作的名称里。美国经济学凯里（Henry C. Carey）的两部著作，一部是 1836 年出版的《自然和谐》（*The Harmony of the Nature*），另一部是 1852 年出版的《利益和谐》（*The Harmony of Interests*）。法国经济学家巴师夏（Frederic Bastiat）1850 年出版的《和谐经济论》（*Harmomious Economics*）。19 世纪后期到 20 世纪，由于保证经济率与经济公平以及主张加强政府干预的呼声，“和谐”理论逐步受到了批评。20 世纪 60 年代和 70 年代，哈克（F. A. von Hayek）出版了《自由秩序原理》等对自然秩序进行了重新发现和传播，不过对于推动“经济和谐”思想的当代动用并没有收到 预期的效果。

经济和谐的含义：“和谐”（harmony），指的是自然、秩序、相溶、融合、一致、协调等的“利益和谐”。

人类生活的终极目标是“幸福和谐”。

因此，经济社会发展的终极目标就是“人”及其生活的“幸福和谐”。

新形势下的智慧经济同样离不开“幸福和谐”这个终极目标。

第三节 经济学思维方式的再思索

通过研究和观察西方经济发展史,我们可以不难看到一个真理:西方经济创新,在很大程度上是要归因于经济和科学的相互影响。也可以说西方社会的发展,很大程度上是通过技术试验来筛选具有经济价值的科学发现,是科学知识的发展塑造、培育并推动了西方经济的发展。

我们也可以看到西方经济在科技的支撑下得以发展的同时,又反过来激发起了人们对科技、社会和政治的更高期望。

这会让人们去思考一个问题:我们是否通过不断提高技术试验来创造出高经济价值,利用科技创新和不断增长的财富,就可以创造出一个更美好的社会?

也就是:是否单凭科学技术就可以实现幸福和谐的社会经济?

亚当·斯密不愧为是经济学的鼻祖,早在18世纪就为我们给出了答案,他将幸福的经济手段和道德行为结合起来,认为实现人类幸福的手段是财富,其中的"财富"既包括了物质财富也包括了非物质财富。

这种非物质财富很大层面上与人们的道德行为紧密相连,不同道德行为背后支撑的往往是不同的道德观。

正如贺金社先生在《经济学——回归亚当·斯密的幸福和谐框架》中所言:在回归亚当这一小节的最后,我们以2009年3月16日发表在英国《金融时报》上的"重读亚当·斯密:我们不需要新主义"为题的文章中一段作为结束:今天的经济困局并不需要某种"新主义",而需要我们以开放性思维来理解有关市场经济的能力范围及其局限性的旧观念;我们首先需要清醒地认识到不同体制是如何动作的,同时还要了解各种组织——从市场到国家机构——如何能够齐心协力,创造出一个更美好的经济世界。

由此我们可以粗略地得出一个结论:用科技创新创造物质财富,用道德观创造非物质财富,再以开放性思维的齐心协力来通过智慧劳动和智慧共享体系来实现我们人类的和谐幸福。

结合西方经济的学习,再学习《中国管理C模式》一文,笔者更是在"东方哲学"意识指引的基础上,也深深赞同胡星斗教授如是的评语:《中国管理C模式》是"东方的软管理与西方的硬管理"被融为了一体。

这是"东方软智慧与西方硬技术"联姻的典范。

《中国管理C模式》是一部指导性著作,不仅仅是管理类书籍,而是一部诠释了"回归亚当·斯密"的经济学理论书籍,它更是体现了"东方软智慧与西方硬技术"融为一体的哲学思想。

从这一哲学思想，我们可以引申出对当今新信息经济研究的思维模式再思考。当今中国需要什么样的信息经济学研究思维模式，什么才是中国新信息经济模型的核心。

答案也显而易见了：现今中国需要“东方软智慧与西方硬技术结合”的新信息经济学研究思维模式。

由于我国现阶段的核心技术创新还比较落后，我们不得不借助于“西方硬技术”。可是，我们还拥有“东方软智慧”所创造的非物质财富。

“东方软智慧与西方硬技术结合”的最终结果：在“东方软智慧”的指引下的“西方硬技术”的学习与应用，最终将导致“东方硬技术”的崛起。

到那个时候，我们才可以很自豪地宣布“东方软智慧与东方硬技术”时代的到来了，东方智慧才真正创造了人类的幸福和谐。

近30年的经济高速增长“中国奇迹”，已经被很多人奉为是一种良好的新经济增长模式，“中国模式”的讨论也成了热门的话题。

可是，根据笔者游历世界的切身感受积累，对目前社会上流行的“中国模式”讨论表现出来的某些思维和对新信息经济的研究方式感到担忧。

中国经济总量虽然已经实现了“世界第二”，可是人均GDP还很低，也正面临着经济结构转型的严峻挑战。我们的核心竞争力还十分薄弱，封建残余思想还在不同程度地影响着我们的思维习惯。

这些，在我们的当今现实环境中，表现出来的就是国人普遍存在着不太注重中长期规划。急功近利现象较为盛行，这点在信息经济研究和信息技术应用研究领域里表现得尤为突出，老是跟着别人走，最终得利的是别人，且老是牵制着中国人。

我们在研究新信息经济现象不得不看清和重视这种客观存在的社会不良现象。

我国信息经济的发展存在着根本问题——封建经济意识的残留，可以说我们目前的信息经济是建立在封建经济意识上的现代经济。

急功近利的背后就是落后的封建残余思想的支撑，它集中体现在官本位主义。这种官本位主义与中国传统的根深蒂固“官位子”意识紧密相联，这里的官位意识已经不再是仅仅局限于真正的官场了，而是扩展到了国有大企业的各级“官位”，甚至还传染到了民营企业的一些管理阶层。

官本位主义不仅是体现在处处以官为本，还集中体现在以“位子”为中心的急功近利现象上。

民间流传的官场流行语：“屁股决定脑袋”。现在处在这个官位子（含经营管理的权利位子）上，明天不知道在哪个位子。

因此，能近期出成绩的一定是第一的。

于是,最快最高收益的土地出卖,当然成为各级地方政府的首选;市场好卖的,不论真假、不论生命周期长短的产品,当然成为各企业的首选。

技术创新和技术储备暂往后靠靠,“这些看不见摸不着的东东,本大爷眼前正忙着跟风呢,没空!”

这里并不是代表他们不明白中长期规划的重要,不明白急功近利的危害性。

他们心里清楚得很,他们都是我们国家里有知识懂道理的社会精英,在这样的氛围里他们有时也身不由己。

这种氛围的可怕之处已经不仅仅表现在官场,还弥漫在整个社会空间里,深深地影响着我国的各种经济体的运行。

走进大型国企、走进事业单位、走进写字楼,甚至是走进民营企业,你会感觉到与机关办事的感觉没什么两样,两者的氛围、思维、程序、态度、眼神等都是如此地相近,仅仅是交谈的内容有所不同罢了。

一次与某民营的国内大型手机厂商的管理高层与技术高层的座谈,给我留下了深刻的印象:该大型企业几乎无新产品储备和新技术储备,原因非常简单和直白:“没有市场 100 万台左右的销售把握,我们是不会开发新产品的。”

“我们非常知道新产品、新技术储备对一个企业长期发展的重要性。可是,现实的研发成本没法摊销,这个责任谁来承担?”

简单原始的市场导向论,加变相的官本位主义影响,在中国的一个以高技术产品为生的集团性高层集体会议上,出现这样的情形也就不难理解了。

笔者本人是官本位主义的坚决反对者,但不是市场导向论的反对者。

问题是我们是以市场应用需求发展趋势作为导向,还是以短期利益获取为导向?也就是我们是以市场现实导向?还是以市场需求导向?

我所不赞同的仅仅是:简单的原始市场现实导向论。而是提倡市场需求导向,是市场需求发展趋势的导向论。

看来我们不仅要确保已经取得的成果持续,还得以对现有改革成绩同等的专注,来关注市场需求的演变趋势和经济发展意识,从而关心企业未来的可持续发展的方向。我们需要找到一个当前业务、新建业务和未来可选业务之间保持协调平衡的方法。

由此,我国经济不仅存在着结构问题和运行体制问题,还存在着严重的经济认识上的观念问题。

我们必须清醒地认识到:在我们的经济运行体系里的官本位主义还盛行,封建经济的痕迹到处可见。

我们要研究智慧时代的非现场经济现象,首先要解决的是观念问题。需要从思维意识、经济学理论和实际应用这几个方面,同时入手,运用东方古老的道德精髓和东方智慧来实现“中国模式”的差异性路径的传承、扬弃、吸收和并存，用东方智慧来研究探讨这个经济学里的新课题。

我们为祖国取得成绩而欢欣鼓舞，但我们更应为这种成就的持续而探索！

笔者的导师，北大行政管理学院院长阎雨教授曾告诉我们：“如今的微观经济学缺少人本或人文主义的思考特质。”

张维迎先生（北大光华管理学院院长）在为美国华盛顿大学经济学家保罗·海恩的《经济学的思维方式》作序时曾指出：“经济学的思维方式到底指什么呢？正如其本身所暗示的那样，它指一种方法，而不是一套结论。”

约翰·梅纳德·凯恩斯（John Maynard Keynes）也曾经作过适当的表述：经济学理论并不是一些现成的可以用于政策分析的结论。

美国华盛顿大学经济学家保罗·海恩在《经济学的思维方式》第四节开头这样描述：在 18 世纪的思想家当中，亚当·斯密（Adam Smith）无疑是最有影响力的一位，也是最敏锐的人之一。

亚当·斯密于 1776 年出版了他的著作，名为《国民财富的性质和原因的研究》（*An Inquiry into the Nature and Causes of the Wealth of Nations*），简称《国富论》。并以此确立了“经济学之父”的声誉。

他并没有发明“经济学的思维方式”，但是他比以前人更广泛地发展了这一思想，而且是他将其首次运用于对社会变革和社会协作的综合分析。

中国某经济学家在《经济学理论的研究方法反思》开头这样描述：最高的方法就是哲学思维，正是从哲学观出现，我们认为作为社会科学的经济学必然是规范性质的，因为经济学的每一理论都体现了主体的认知，也即反映了提出和应用者的意识形态。然而，随着功利主义的盛行，“现代社会已经把哲学贬黜到完全无关紧要的地位”；以至当前的经济学界似乎没有多少人关心经济学的方法问题，而只是热衷于如何套用西方最新出现的模型化工具或计量手段，或者就是拿些陈腐观点到处宣扬。特别是，在主流经济学界，广泛盛行的实证取向宁愿着眼于琐碎的材料堆砌，也不愿对极为重要的思维本身反思。

经济学本质上是一门社会科学，其理论探索的根本目的是揭示事物的本质以及事物之间作用的因果机理，因而需要遵从从本质到现象的基本研究路线，也正是基于从本质到现象的研究路线。

听了先辈和导师的教诲，笔者就时常在想：怎样才能更好地去研究这个由不断更新的科技所带来的新经济现象，并符合我们所面对的新时代经济的整体发展需求和发展理想。

我们应该怎样去审视这个智慧时代的新经济现象？怎样去克服封建残余意识的影响而开展对它的研究呢？怎样才能跳出技术经济研究和已经存在的普通信息经济研究的框框，用经济学的眼光去研究新时代下的非现场经济现象，使它上升至“非现场经济学”呢？

北大阎雨教授在《中国管理C模型》介绍“C理论”时曾这样描述：成中英教授以《易经》为基础，以中国传统同等智慧与西方科学精神的融会贯通为目的，以集科学、文化、艺术三位一体为特征，注重管理功能与中华文化资源（尤其是哲学智慧与道德价值）的整合与组合，创造性地提出“C理论”。

“C理论”是体察中西文化的差异、东西社会组织的差异、东西方哲学思维方式、价值体验和历史经验等的差异，并运用中国《易经》之哲学思想，而创新研究的学术成果。

前辈学者们已经从不同侧面在提示我们：对新经济现象的研究要从哲学层面开始。经济学层面的研究思维不是提供教条，而是一种研究方法，一种智力工具、一种思维技巧，有助于拥有它的人得出正确的结论。

因此，我们今天要探讨新信息经济现象，探讨的是智慧时代下的非现场经济，也同样不是为了得出真理或追究导出结果的正确与否。

而是，首先跳出的现实社会已经存在的各种资本理论的框框，回归到哲学层面，从思维的最基础面出发。

古人云：“术于外，道于内。”

人们在面对以资本为主导的工业经济社会的激烈竞争现实时，往往采取不断学习、不断进步、不断努力，还是赶不上幸福感的提升。

我想：这是很多人一直未分清“道”与“术”的关联问题。

“我们不但一直在追求利益，还一直在追求创造利益的‘术’，包括科学的‘术’，却忽视了根本的‘道’。”

以我们今天的现实社会来讲，“道”是我们生活和工作的基本原则与指导思想，而“术”则是在某种原则或思想指导下的具体技能。

万事万物皆有其道，现实中的我们，为了形形色色的有形无形利益，一味地追求各种科学的或非科学的技能技巧，而忽视了其中根本的“道”。

笔者希望能在“道”（哲学思想）的指引下，特别是在东方古老哲学光芒的照耀下，引发大家对中国当今的智慧经济及其延伸现象的研究思维方式有所重视，从分析和研究非现场经济学这个不同的角度，对智慧经济的现状、未来和特征开展系列研讨。

第四节　信息经济与智慧经济的再认识

前面章节我们回归到了东方软智慧“道”的思考原点，现在就让我们一起顺着这个原点来到当今的信息社会之中。

信息经济学是智慧经济研究的土壤，我们可以从信息经济学的普遍性原理探知，对应着来观察一下智慧经济，希望能从中领悟到些新信息经济的精髓，并发现些信息经济与智慧经济的差异点。

1977 年，美国斯坦福大学博士马克·波拉特(M. V. Porat)在美国商务部资助下完成了 9 卷巨著《信息经济：定义与测量》，标志着信息经济学研究的开始。

“信息经济”是随着经济的发展、社会经济生活中信息化和信息经济化的现象日益普遍的情况下，由一批富有开拓精神的经济学家、社会学家、未来学家、信息学家提出并不断发展的新概念。(引述来自：华中师范大学桂学文《信息经济学讲授提纲》)

马克卢普与波拉特：国民经济是所有信息，从一个模式向另个模式转换有关的经济活动领域。

斯托尼尔《信息财富——简论后工业经济》曾这样阐述：将信息经济称之为后工业经济，并认为，后工业经济是制造业所雇用的人数及其在国民生产总值中所占的比例大于农业而小于服务业的经济。这里的服务业是指由信息工作人员组成的知识情报服务。

保罗·霍肯《未来的经济》：信息经济是指减少产品和劳务中的物质消耗，提高其中的智能和信息比重的经济。或者说，信息经济是指依靠更多的知识和信息，生产出物质和能源消耗更少、质量更好、更耐用的产品的经济。

我国学者林德金《信息经济导论》认为：信息经济是关于信息价值、信息在国民经济中的地位、经济信息的收集、处理、贮存、控制以及信息在生产、科学、技术以及整个社会中任何有效合理地组织的新兴经济。

我国学者葛伟民认为：信息经济概念可以分为几个层次：

第一层是理论性的，严格定义的信息经济只包括与信息生产、加工、处理和流通直接有关的经济活动，它是指这些活动的总合。

第二层是统计性的，根据统计工作的需要，可以将国民经济中的各部分各行业按产业的性质加以划分，这时信息经济与信息产业或信息业是同义语。

第三层次是日常用语性的，它受前两个层次“定义”的影响和习惯传统的影响。

我国对信息经济学的研究始于 20 世纪 80 年代，研究历史较短，具有重大影响力的研究成果不多。

信息经济学的研究从一开始就有两条主线。

一是以弗里兹·马克卢普(Fritz Machlup)和马克·尤里·波拉特(Mac Uri Porat)为创始人的宏观信息经济学。

宏观信息经济学又称情报经济学、信息工业经济学。以研究信息产业和信息经济为主，是研究信息这一特殊商品的价值生产、流通和利用以及经济效益的一门新兴学科。是在信息技术不断发展的基础上发展建立起来的，是经济学的重要领域。

二是以斯蒂格勒和阿罗为最早研究者的西方信息经济学、微观信息经济学。

微观信息经济学又被称为理论信息经济学，是从微观的角度入手，研究信息的成本和价格，并提出用不完全信息理论来修正传统的市场模型中信息完全和确知的假设。重点考察运用信息提高市场经济效益的种种机制。因为主要研究在非对称信息情况下，当事人之间如何制定合同、契约及对当事人行为的规范问题，故又称契约理论或机制设计理论。

信息经济学主要研究信息、信息活动中的经济问题，以及经济活动中的信息问题。由于信息经济学的研究来自经济学界和信息科学界的各个相关领域，而且又都从不同的角度和侧面研究各自关心的信息经济问题，因而使得信息经济学研究范围和领域很难统一，信息经济学的有关文献和成果给人以复杂纷纭、内容迥义的感觉，信息经济学的内容也千差万别。（摘自：中国人民大学温雅丽，信息经济学课件）

波拉特在马克卢普研究成果的基础上，进行了更深入的研究，把经济划分为两个范畴：

(1)涉及物质与能源从一种形态转换到另一种形态的领域。

(2)涉及信息从一种形式转换到另一种形式的领域。

美国企业家保罗·霍肯在《未来的经济》一书中以相对"物质经济"的概念而提出"信息经济"。霍肯认为，每件产品，每次劳务，都包含物质和信息两种成分。在传统的"物质经济"中，就整个社会而言，物质成分大于信息成分的产品和劳务占主导地位。

我们可以理解成："物质成分大于信息成分"标志着知识和信息在生产力中的作用已从非独立因素变成了独立因素，并由潜在的生产力变成了现实的生产力，这种知识生产力已经成为生产力、竞争力和经济成就的关键因素。

现在我们可以说：农业革命和工业革命的结果分别造就了农业经济和工业经济，那么信息革命则是造就了当今的信息经济。

消费者购买决定的作出必须以信息为基础，但购买决定的作出并不是获得了充分完全的信息，为了达到消费者福利的最大化，必须依赖于专门的信息机构。在发达的市场经济中，经济权力正在从制造商向销售商转移。（彼得·德鲁克）

由于市场信息变得越来越丰富和多变，此时的企业必须与要素市场打交道，也必须与产品市场打交道。

企业还必须具备快速的市场响应能力和市场信息机制。企业筹资和融资（建厂房、买设备、聘用劳动力与管理人员、购买原材料、制订生产计划）——生产过程——流通（销售）。

生产计划的制订必须以市场信息为依据，现代生产者须臾离不开信息。

在"信息经济"中，信息成分大于物质成分的产品和劳务将占主导地位，产品中物质同信息的比例正在发生变化，趋势将是物质经济进一步向信息经济过渡，未来的经济繁荣就取决于这种变化。

信息经济（information economy）是通过产业信息化和信息产业化两个相互联系和彼此促进的途径不断发展起来的。

信息经济的发展，极大地促进了农业经济、工业经济、服务经济这三种经济素质的提升，且在工业经济中，钢铁、汽车、石油化工、轻纺工业、能源、交通运输等传统产业部门，扮演着重要的角色。

我们通过对现有的信息经济理论的学习和观察不难发现：已有的信息经济理论基本是直接围绕信息本身而展开的，无法满足和涵盖当今智慧化经济的所有现象，因此必须单独对智慧时代下的经济现象作个初步定义。

我们认为：智慧经济（wisdom Economy）则是在物质资本高度发达的基础上，劳动者的智慧成为推动经济发展的决定性因素的一个经济发展阶段。是在物质资本高度发达的基础上，劳动者的智慧成为推动经济发展的决定性因素的一个经济发展阶段，是信息时代的高级阶段，其核心是智慧劳动开始成为经济的主导者。

智慧经济是信息经济的高级阶段，智慧经济时代里又以非现场经济为主要的表现特征。智慧经济是凭借人类的智慧进行生产的经济，不但表现在经济上各种要素（资金、劳动者、能源、技术）、各个领域（生产、流通、交换、消费）、各个主体（国家、企业或厂商、家庭或个人）间的最佳结合，实现的是帕累托最优。

帕累托最优（Pareto optimality），也称为帕累托效率（Pareto efficiency）。这个概念是以意大利经济学家维弗雷多·帕雷托的名字命名的，他在关于经济效益和收入分配的研究中最早使用了这个概念。

帕累托最优是指资源分配的一种状态，在不使任何人境况变坏的情况下，不可能再使某些人的处境变好；帕累托改进（Pareto improvement）是指一种变化，在没有使任何人境况变坏的情况下，使得至少一个人变得更好。

一方面，帕累托最优是指没有进行帕累托改进余地的状态；另一方面，帕累托改进是达到帕累托最优的路径和方法。帕累托最优是公平与效率的"理想王国。"（摘自百度百科）

如果一个经济制度不是帕累托最优，则存在一些人可以在不使其他人的境况变坏的情况下使自己的境况变好的情形。普遍认为这样低效的产出的情况是需要避免的，因此帕累托最优是评价一个经济制度和政治方针的非常重要的标准。

一般来说，达到帕累托最优时，会同时满足以下 3 个条件：

交换最优。即使再交易，个人也不能从中得到更大的利益。此时对任意两个消费者，任意两种商品的边际替代率是相同的，且两个消费者的效用同时得到最大化。

生产最优。这个经济体必须在自己的生产可能性边界上。此时对任意两个生产不同产品的生产者，需要投入的两种生产要素的边际技术替代率是相同的，且两个生产者的产量同时得到最大化。

产品混合最优。经济体产出产品的组合必须反映消费者的偏好。此时任意两种商品之间的边际替代率必须与任何生产者在这两种商品之间的边际产品转换率相同。

如果一个经济体不是帕累托最优，则存在一些人可以在不使其他人的境况变坏的情况下使自己的境况变好的情形。

普遍认为这样低效的产出的情况是需要避免的，因此帕累托最优是评价一个经济体和政治方针的非常重要的标准。

从市场的角度来看，一家生产企业，如果能够做到不损害对手的利益的情况下又为自己争取到利益，就可以进行帕累托改进，换而言之，如果是双方交易，这就意味着双赢的局面。

智慧经济实现的是代内之间和代与代之间、群体之间、国与国之间的平等和公正，是一种以人为本的经济，一种人性化的经济，而且实现经济与环境、能源、社会的最大限度的可持续发展，实现的就是帕累托最优。

这是一种可持续发展的经济，一种人性化的经济，一种有预见性的经济，除了拥有更多的科技和文化知识，更是善于把它们运用到实际的经济发展之中。

智慧经济通过智慧劳动，追求的是经济、社会协调发展，把整个人类社会、自然界有机联系起来，努力实现经济规模最佳。实现了人与自然和谐，实现管理民主、社会博爱、权利平等、教育普及。

智慧经济是信息经济初级阶段的一次超越，由信息交互功能转向了智慧劳动应用功能，它是在全球经济一体化条件下的新经济现象，是以智慧劳动和指挥决策为导向的新经济形式。

因此，用"智慧"代替"信息"两字更准确地把握住了当今世界经济的发展趋势，揭示了智慧劳动主导经济的发展规律。

因此，智慧经济是信息经济的高级阶段，两者最大区别是：信息经济以信息产品为主导；而智慧经济则是站在信息经济的基础上，运用智慧共享体系来实现智慧劳动的主导。

智慧的共享体系是一个民族的智慧生活，是和谐社会时期社会经济发展的典型形态，它是和谐社会在经济发展形态上的重要形式。

胡锦涛总书记在 2010 年新年贺词中表示："中国将更加注重推动经济发展方式转变和经济结构调整，更加注重推进改革开放和自主创新、增强经济增长活力和动力，更加注重改善民生、保持社会和谐稳定，更加注重统筹国内国际两个大局，努力实现经济平稳较快发展。"

超越型的经济是优秀文化的集中表现，智慧劳动的超越性在本质上是一种智慧的超越、文化的超越、知识的超越，而不仅仅是物质的超越和产品的超越。

中华民族的智慧是建立在中华民族五千年文明的文化基础之上，是建立在吸收全世界先进文化和发达文明成果基础之上的，是人类文化与智慧技术的结晶。

中国的智慧经济，不仅是人类文化发展到一定阶段的必然结果，也是中国经济发展趋势的必然结果。

它不仅影响了社会经济结构的转变，也改变了我们的工作和生活的形态，集中表现为智慧经济时代里非现场经济现象的活跃和非现场经济渗透力的膨胀。

也就是说：智慧经济时代里的非现场经济现象已经出现，只有优秀文化的表现载体并极具渗透力的"非现场经济"这个现象的出现，才是这个智慧经济时代里最具代表性的现象。

非现场经济(off-site economy)是在智慧技术支撑下的智慧环境中，人们的劳动生活与固定劳动时间、固定劳动场所的关联越来越松散，并由这种"自由的再解放"所产生出的非现场活动加剧所带来的新经济特征。

因此，笔者比较赞成按两个时段来划分信息时代：信息经济和智慧经济这两个时代。一个是信息时代的初级阶段，一个是信息时代的高级阶段。

信息经济发展到智慧经济时代，用知识经济、新经济、数字经济等都无法准确地表现出这个时代经济的独有社会现象特征。

于是笔者在想：新形势下我们应该重新审视信息经济了，该是提出和研究非现场经济学的时候了。

一个新经济学科的提出，应该是由于它存在着一个极具划时代的代表性现象产生，并且由于这种现象的产生将会对社会经济结构变化起到重大影响，并能填补该时段的相关经济学理论的不足。

如今，这个时代的代表性现象已经产生，它就是智慧经济时代的非现场经济现象。

第四章

非现场经济学概说

前面我们已经分析了:智能经济时代里互联网、物联网、云计算和其他新科技等的共同协作,及其在特定的文化环境中的应用,支撑起了当今和未来的智慧经济体系。

我们也看到了在这个新经济的运行体系里,经济效益与工作效率工作时间直接关联度松散的趋向日益增大,非现场活动日趋频繁。

这些频繁的非现场活动,必然导致了与其相对应的新经济现象产生,产生的是智慧经济时代特征:非现场活动产生的非现场经济现象。

因此,对智慧经济时代的非现场经济现象研究也就具有了必要性,将越来越被各经济学家和ICT从业人员、甚至国家政策的制订者们所重视。

现在,就让我们先行提出"非现场经济学"这个新概念,开始对非现场经济现象作个初步的尝试性研究,不求完全正确,但求能引发众多人的参与,共同去不断修正完善新形势下的"非现场经济学"研究。

第一节 非现场经济研究方式与路径的确立

经济学是一门研究人类经济行为和经济现象以及人们如何进行权衡取舍的学问,经济学里的权衡取舍是因为人类资源的稀缺性、有限性,或经济人在追求利益时的无限性。

经济学就是为了解决这样一个权衡取舍的基本矛盾,为了解决每一个人的利己性。经济学研究,首先是要解释经济现象,解释经济人的行为,然后再研究人们是如何作出权衡取舍的。

对智慧经济时代的非现场经济现象的研究,同样是现象、行为和权衡决策的再研究。首先要回答的是我们要观察和研究的是什么现象?由什么行为造成的和怎么去解决非现场经济里的权衡取舍这些问题。

我们研究非现场经济就是观察智慧经济时代的非现场经济现象,研究的核心对象是智慧劳动。

那我们用什么方法研究？从哪开始去深入观察智慧劳动。

我想我们的研究方法应该采用：导师们的教诲和“道”指引“术”的新经济思维，是这个新经济思维指导下的交叉学科研究。

我们试图回归到哲学的层面，在“东方软智慧和西方硬技术”新经济思维下来研究智慧经济，试图摆脱的是：单一不和谐经济现象研究的局限性。

通过背景资料我们可以知道：我国已经成为世界第二大经济体，也正面临经济结构的调整，而这种结构调整的重头戏则是在：提升智慧经济在整个经济结构中的占比。

智慧经济时代下出现的新经济现象，已经开始影响我国社会经济的发展，且将成为我国经济结构调整成效的决定性影响因素。

信息经济发展到了智慧经济这个高级阶段，借助于智慧共享平台，将智慧劳动推上了经济主导地位，智慧劳动开始逐步主导着新时代社会经济的变迁。

这个时代的新特征，又通过“非现场经济”的这个现象被充分地表现了出来，同时我们知道智慧共享体系是“非现场经济”现象的支撑，这里的智慧共享平台窗口又很大程度上将集中体现在智能移动终端上。

因此，我们可以说：我们的未来生活是智能移动终端支撑下的非现场生活，社会经济特征也将变为智能移动终端支撑下的非现场经济。

非现场经济现象的出现引发了社会经济活动在系列变化，最终导致了主导经济的要素发生了变化，**导致了智慧劳动开始与资本一起主导社会经济。**

至此，我们对新信息经济现象的研究，还能仅仅停留在宏观经济学或信息本身的研究或以“工程师”们为主要研究力量的 ICT 技术研究的层面上吗?!

我们必须走经济学与 ICT 技术交叉研究之路，是站在经济的角度研究 ICT 的应用技术及其所带来的各种经济现象。

由于我国长期缺乏交叉学科的研究人才，特别是社会学科与理工科的交叉研究，造成了我们从经济学层面对新信息经济现象进行全面的综合研究力量偏弱。

因此，我们把研讨重点放在了经济分析的层面上，是结合对智慧技术的观察，进而展开对当今智慧经济发展的核心趋势——非现场经济现象，以及与非现场经济相关的其他延伸经济现象的研究。

回归到哲学层面而重新树立的新经济思维方式，笔者尝试的是：能否遵循中国古老哲学和西方古典经济学的精神实质和原理，去指导我们从经济学的角度去研究：新时代下的智慧经济的各种新现象。是否可以结合西方经济发展轨迹带来的经验，并运用“东方软智慧与西方硬技术结合”的思维原理，来研究全新的智慧经济领域。

我们重点研究中国现今和未来智慧经济活动中的非现场经济现象(智慧经济时代下的非现场活动带来的特有经济现象),从而得出一些与“非现场经济学”相关的研究性结论。

同时,从另一个侧面(非现场经济)的实践,来实验“东方软智慧与西方硬技术”结合理论,从而探寻出当今中国智慧经济的核心所在。

目的是立足于经济学理论探讨的基础上,且同时跳出纯理论性研究的框框,结合智慧技术的研究,形成一套可实际应用的“非现场经济学”研究方式,从而“找出一些新时代下的非现场经济运行的规律性东西,为中国智慧经济的发展,起到一些助推作用”。

人类经济不断发展跃升的历程表明,经济发展是在不断更新改革和完善结构中前进的,真正能够不断确定结构优势的经济才是最具发展前途的经济,才是最具有超越性的经济模式。

中国智慧经济是将是整个中国未来社会经济的重要组成部分,我们未来的经济发展时代,只能说是一种智慧经济的时代,是不能用现有的或其他的任何经济模式来概括。

因此,研究中国智慧经济是必要的,其研究方法也像 C 理论、C 模式研究中国传统经济发展之路一样,绕不开“文化确立与路径选择”。

“文化确立”:涉及我们的智慧经济发展之路是走全盘西化?还是走中国特色之路。

这种基础文化的确立不仅影响到我们对放任自由的纯粹市场经济的态度,也将影响到体制改革的方向,最终影响我国未来“和谐经济”、“幸福社会”的智慧社会的实现。

我不赞同某些西方的原教旨市场主义,也不赞成某些东方封建意识影响下所导致的政府行为对市场的某种替代。

这些现象的背后,实质上是反映了一种不成熟的文化确立。这不仅是文化上的影响,直接决定了自由、公平、权力和资本这些要素在什么点位平衡的问题,这个平衡点的位置就是“和谐经济”、“幸福社会”的坐标点。

因此,东方软智慧就成为我们对非现场经济研究的文化根底。

“路径选择”:近几十年全球结构的改变和中国发展的经验告诉我们,经济发展的路径是一个积累和渐变的过程,中国经济的发展改革路径也必定是个渐进式的转轨选择。

将之固化、强化,并作为经济发展的模式会束缚企业家的创新精神、扭曲资源配置,这有悖于市场化改革的目标。

这种渐变也将表现在技术创新的演变之路上,从起初的拿来主义和自我创新相结合起步,渐变到自我创新与输出的成长之路,新经济现象的研究路径何尝又不是这样呢。

现在我们可以就中国智慧经济研究模式，简单地给出以下结论：

“文化确立”——中国特色，东方软智慧。

“路径选择”——智慧技术，引进与创新结合的硬技术。现阶段的：“东方的软智慧与西方的硬技术的结合”；未来的：“东方的软智慧与东方的硬技术”的自我完善。

非现场经济是智慧经济的主要表现形式，我们对非现场经济的研究也将遵循智慧经济的总研究路径，也是东方软智慧下的：“拿来主义”与自主创新的结合起步，同时逐步成就的是真正的东方硬技术。

在这样的文化和路径的指引下，中国式“非现场经济学”的研究，将是“东方的软智慧与东方的硬技术”结合的结果。

我们期盼通过我们若干年或几代人分阶段的不懈努力，不断完善真正的世界共享的中国模式，一个真正的中国智慧型经济模式。

我们在具体研究这个现象时，将会涉及经济学原理、新信息经济学研究、知识经济学研究、数字经济学研究、智能技术应用研究、ICT 技术研究、管理学等学科的研究，属于多学科交叉的交叉学科研究。

由于是多学科的交叉，因此其研究的方法也是综合的，是多种研究方法的交融。

比较分析法：分析比对国内国外相关领域研究方向和成果，以及存在的缺陷。

演绎推进法：根据分析比对的结果、中国实情和不同应用层面的问题，逐级解决、逐级递进、逐级深入。

交叉学科研究法：立足于经济学，借助其他各学科的原理，着重研究经济学与智慧技术学科的交叉部分。

我们将遵循：中国古老哲学思想与西方古典经济学理论相结合的指导，从智能生活现状和发展趋势分析到非现场生活现象的分析，再从非现场生活现象到非现场经济现象的分析，最后从非现场经济现象到非现场经济学科的研究。

研究的逐步将采取层层递进层层深入的形态设计：

指导思想的确立→现象与市场的调研→分析比对→演绎推进→资源整合→确立研究思维→推出非现场经济学和安全信息学→设计分析工具方案和不断修正完善非现场经济分析工具

提出理论初框后再结合社会各专业力量，进一步完善非现场经济学学科体系。

笔者希望在“东方软智慧”原理和经济学原理的共同指导下，分析研究当今我国智慧经济里的非现场经济现象起步环境、内在各要素等运行规律和未来发展趋势，从而得出一些与智慧经济相关的经济学应用性的指导结论。

最终希望倡导出一个良好的“非现场经济学”学科研究氛围，让更多的专家能人一起来完善这一时代性的新学科体系。

笔者认为作为前瞻性的学术性专著，除了一定的学术理论分析外，更应注重应用分析和实际的社会意义。我们要观察的中国智慧经济模式，不该再是“中国特色”，而应该是从东方软智慧里走出来的全世界共享的经济再发展模式，这才是真正为全人类共享的中国模式，这样的中国模式才是新时代的中国人对世界的贡献。

因此，本论文采用了哲学原理指导下的经济学思维方式，研究的是新时代背景下世界共享的智慧经济，同时也是经济应用层面的实践探讨，使得学术论文的成果能很快转化为社会生产力，为社会的实际应用起到一定指导作用，为新信息经济学和应用经济学的发展，贡献出一点微薄的平民之力。

第二节　定义非现场经济学

2010 年诺贝尔经济学奖得主的理论成果主要是关于劳动力市场的研究，是针对那些市场上存在着搜寻冲突，这种理论为我们提供了一种 DMP 模型。

DMP 模型就是指：在一般情况下，一个不受管制的搜寻市场可能并不会带来有效的结果，其资源利用率不是太低就是太高，因为其中的信息搜寻和匹配过程都与实际成本有关。

DMP 模型就是通过建立一系列复杂的模型，来分析劳动力市场。

它指出劳动力市场不是简单地通过调整价格来改变供求平衡，即使是很小的搜寻成本，也会产生完全不同于古典竞争均衡的结果。

它可以帮我们理解劳动力市场的工作原理，通过提升搜寻效率，促进就业。它试图解决空岗与失业并存的问题，同时也是有利的政府政策工具。

可是，笔者以为：DMP 模型在新的智慧时代里可能会遇到新的问题。

由于智慧劳动和非现场经济现象在一定程度上改变了社会的劳动状态和经济形态，从而将引起了一系列经济现象和经济理论的改变。

最为典型的现象是：

(1)信息的搜寻渠道借助于智慧技术和智慧共享体系，使得信息取得趋向对称和“搜寻成本”的极度降低。

(2)失业率和工作岗位空缺率的统计方式和就业定义将被改变，非现场经济创造了无数个我们目前还无法准确统计的隐形工作岗位。

(3)部分工作的无人化趋势,造就了非现场经济的延伸,出现了局部的“无人化经济”。

DMP模型应当将这种趋势因素考虑进去,可惜的是DMP模型由于时代的原因还是仅停留在工业经济时代下搜寻成本、失业率和工作岗位空缺率等之间的讨论。

信息经济发展到智慧经济这个高级阶段,劳动形态发生了重大变革,智慧劳动在智慧共享体系里,非现场经济现象的形态表现出了智慧劳动的特殊属性。

我们知道:随着农业时代和工业时代的衰落,人类社会正在向信息时代过渡,跨进第三次浪潮文明,其社会形态是由工业社会发展到信息社会。

按照托夫勒的观点,第三次浪潮是信息革命,大约从20世纪50年代中期开始,其代表性象征为“计算机”,以信息技术为主体,重点是创造和开发知识。

第三次浪潮与前两次浪潮的农业社会和工业社会最大的区别,就是不再以体能和机械能为主,而是以智能为主。

由大机器、大工业和大量人员所从事的大规模流水线生产方式不再是主流,而第三产业即服务性产业将明显增加,信息类无形产业将成为关键资源,有力气但未受过教育或受教育较少的人将面临失业。

拥有信息和知识的国家将是富有的国家,这样的富国将与信息贫穷落后的国家分道扬镳。第三次浪潮的全球化趋势也将打破国家主权模式和封闭状态,信息一体化将使国家之间传统的国界概念逐步淡漠。

我们进一步认为:随着第三次浪潮的智能时代的深入,信息经济的各种现象也发生了巨大的变化,信息经济现象不再是停留在信息本身或信息产业本身之内。

信息经济也随之进入了一个更高的阶段,一个以智慧劳动为核心、非现场经济为表现的智慧经济时代到来了。

在这个新的经济时代里,智慧劳动以各种非现场活动和非现场交易的形式,极大地渗透和影响着我们的社会生活和社会经济结构,智慧劳动将通过改变社会经济主导地位的方式,而开始深度地改变着我们的社会基本形态。

现在我们可以看到,当今的信息经济已经是发展到了高级的智慧经济起始阶段,学术界所提出的知识经济学、技术经济学、新经济学、数字经济学等,均已经不足以揭示这个时代带来的新经济现象的典型特征。

笔者认为:在这样的时代背景下,在这个以非现场活动为主要表现的智慧时代来临之际,我们该是提出“非现场经济学”的时候了,以便让我们尽快走出常规性信息经济或技术经济或数字经济等概念过窄的误区。

一、非现场经济

非现场经济(off-site economy)是指在智慧经济时代以智能化程度为时间节点,由智慧劳动引起的,相对于质能经济,反映当今社会由非现场活动的加剧而带来的社会经济变化,以及随之的社会结构变化相关的一系列经济现象和经济活动。

智能化程度时间节点则以三个转变为标志:模拟传输向数字化传输转变、传感网与互联网(含移动互联)的结合、智能科技与ICT科技的结合,它标志着真正的智能生活的开始,其主要表现形式是人们的非现场智慧活动。

二、非现场经济学

非现场经济学则是对非现场活动引起的非现场经济现象的本身及其内在运行规律的研究。是在智慧化的智能时代,以经济学的思维方式,研究和分析非现场经济现象对当今社会变革和当今社会协作的综合影响力及其经济评价。

三、非现场经济研究的对象

非现场经济学是研究非现场经济现象发展规律的学科,不是研究ITC或智慧技术问题的技术研究。

研究的对象是非现场经济现象,是对智慧劳动通过智慧共享体系成为新经济主导者而展现出来的非现场经济现象及其经济效能的研究。

它是一门专门研究智慧劳动在智慧技术的支撑下与社会经济的本质联系、发展规律以及对社会影响力的学科。包括对智能移动终端、移动互联、移动物联、智慧共享体系等支撑非现场经济的各种现象,以及延伸出来的无人化经济现象和非现场安全经济现象等展开的研究。

四、非现场经济研究的目的

非现场经济研究的目标是:多角度去解析智慧经济时代带来的各种社会现象的新变化,找出一个基本的研究方向和研究路径,有助于人们从各自不同的研究角度或研究领域去得出各自研究的正确结论。

非现场经济学的研究并不是给非现场经济现象下个终结结论,而是希望引起更多的人去关注它和研究它，不断地充实和完善这个新学科的理论体系，以便从不同的侧面去帮助各自的实际应用需求。

它不同于一般的经济学和经济管理科学，不只是单一的研究经济或管理问题，而是研究智慧时代共性的社会根本要素的变迁规律。

它也不同于一般的技术经济学和信息经济学，不只是研究技术效果的理论和方法的问题，更不只是单纯地研究一般信息和信息产业问题。

它而是一门专门研究智慧时代里，非现场活动的变迁与社会经济的本质联系以及发展变化规律的学科。

其整体研究领域属于经济学范畴，既是一门研究新社会现象的新经济理论和新研究方法的科学，也是科技（含 ICT 技术）应用的经济效益研究的学科，属于立足于社会经济学的交叉学科研究。

它拓宽和加深了常规经济学、信息经济学和技术经济学的研究内容和研究范围，是从信息经济学和技术经济学衍生出来的新经济学分支，采用经济学的思维方式去重视和审视这个新的社会现象。

非现场经济发展趋势是人类历史发展的必然，任何人和任何组织都无法阻挡，因此对这种现象的研究也就更显得格外有意义和价值了。

当然，这种新的社会现象研究也会给我们提出新的问题和新的困扰，比如：基础产业的劳动与众多的非现场劳动的价值比如何界定？就业概念如何界定，就业率计算方式如何改变，等等，将引发出我们可预知或不可预知的经济和社会等的系列新问题。笔者计划在本文发表后将持续深入研究这些问题，根据研究成果再另行发表该系列的研究文章。

非现场经济学的提出，期望的是能在这种经济学基本思维的引导下，大家各自运用不同的研究工具，从研究角度去作不同层面不同内容的研究，各自得出各自的正确结论或多一个研究的工具或研究方法，最后大家一起来丰富和完善这个新形势下出现的非现场经济学科。

第三节 非现场经济学的时间界定

托夫勒认为，目前还没有一个国家进入真正的信息社会，世界正处于新旧时代的交替之中，信息时代已经出现，但工业社会的规模经济还存在，没落的体力劳动和先进的脑力劳动共存。

笔者则有不同的看法：信息经济，特别是信息经济的高级阶段的智慧经济，不是替代工业社会的规模经济，而是支撑和提升工业社会的规模经济，没落的体力劳动和先进的脑力劳动将长期共存下去。

是否真正进入信息社会的标志不应该是“没落的体力劳动”消亡之时，而是劳动力再得到解放之时，是新的社会提供了更多的新就业机会和更多的新自由空间。

我们关注的是智慧经济的影响力，是新经济现象对工业社会的规模经济的影响程度。

因此，笔者认为信息社会早已经来临，且已经由信息交互时代跨入了信息应用的高级阶段——智慧经济时代。

所以说当今的信息经济已经发展到了智慧概念时期了，随着智能终端、物联网、云计算、生物科技等快速地整合和应用，智慧经济开始显现出了前所未有的影响力，改变着我们的生活形态和经济结构，到了一个该划时代的时间段了。

关于新信息经济学的时代划分，采用常规的经济学史划分手段来划分会相对比较困难。

首先信息经济学本身起步较晚，这个学科的诞生也不过几十年。

其次是如果用现代、超现代等容易跟传统的经济学史的时代划分混淆。

由于经济形态往往与社会形态紧密相联，经济学的时代划分也基本是跟着史学观点走。中国史：古代：1840 年（中英鸦片战争）之前（这里面也划分为远古、上古、中古等）。近代：1840—1949 年（中华人民共和国成立），也就是通常说的“两半社会”。现代：1949 年之后 当代：在不同领域有不同划分，比如文学界说是五四运动之后，史学界说是 1949 年之后（即和现代同义）。世界史：古代：1689 年英国资产阶级革命成功之前。近代：1689—1917 年俄国十月社会主义革命。现代：1917 年之后。当代：通常说是二战之后，但有时也把它与现代同义。

我们如果把当今中国信息经济学称作中国当代信息经济的话，很容易让人们误以为是对近百年来的信息经济研究（浙江大学经济学院汪炜副院长提醒笔者），显然我们要表达的时间段又不是这个含义。我们要研究的对象是当今和未来一段时间内的智慧经济带来的新社会现象。

又因为，经济现象（特别是信息经济和智慧经济）又与新生产力（特别是科技生产力，科技也是生产力）的进步紧密关联。

看来我们对我国最近的经济学相关研究的时代划分，还必须结合科技的标杆因素。我们不能简单依据史学理论和常规的信息经济学各学派的观点，同时还得考虑到信息技术的科技标杆特性，并结合当今智慧经济发展的社会背景、发展趋势和影响力的渗透程度和表现特征来划分。

笔者个人认为：以这个特定时段的最具代表性、最能集中表现出当今智慧经济特征的现象来命名，就称为“非现场经济学”。

这个时代的标杆应该是以智慧技术发展的影响力为标识物。

我们可以以 IBM 正式提出“智慧”概念为时间节点，标志着人类已经开始迈进智慧经济时代，社会开始进入劳动力再解放的时代。

这个时代表现出来的最大社会特征是：人们的非现场生活逐步成为主流，非现场经济得到空前的发展。

信息化与智慧化最大的区别不仅表现在技术应用上，也表现在社会群体的认知从被动式接受转化到了主动应用的新境界。

综合各种因素，非现场经济学研究的时间段划分上，则以智能化技术初具规模和智慧概念被普遍接受的时间节点为里程碑较为合适，它标志着我们真正智能生活认知的真实开始。

智慧时代背景下的非现场经济表现出了极强的渗透性，特别是电子货币、电子交易和非现场经济一起向一产、二产的渗透。

从电子商务的发展轨迹我们可以看到中国当今信息经济已经远远超出了信息或信息业本身范畴，既超出信息对称与信息不对称的研究范畴，也超越了信息产业本身的研究。(关于电子商务和电子货币参见后续章节内容)

这时，我们已经无法再用原来的信息经济概念来明确表述新时代下的新经济现象。这种新经济现象已不再局限于在某个产业，或某个特定人群里，而是已经融合到各个产业形态中(各行各业中的物联网应用、非现场生活劳动、非现场办公执法、非现场交易、电子货币、电子商务等的智慧化)。

现在我们很难分出哪些属于信息科技，那些属于其他产业科技，特别是在新科技应用过程中所产生的新经济现象里，更是几乎都直接或间接地与智慧技术和非现场经济挂钩了。

传统的信息经济学研究，往往不太关注信息经济中的智慧劳动本身及其渗透性所带来的新经济属性的研究。

因此，为了更明确更直观地反映出新经济现象的特征，也为了便于研究这个新经济现象，我们提出“非现场经济学”这个概念，因为这不仅仅是时间段上的划分，更是其实质内容和渗透力等本质特性的不同。

第四节　非现场经济与知识经济等概念的区别

“必要性”是一切发明和发现的真正动力。

我们提出“非现场经济学”这个新概念，不是为了玩弄文字游戏，更不是为了标新立异，而是为了真正地直观反映出这个时代的特性。

“非现场经济”的发现和“非现场经济学”的提出，同样也是新的时代必要性所决定。

由于“智能生活”时代是计算机技术、信息技术、网络技术、传感技术等ICT和其他科技进步的产物，它是人类社会知识进步和知识叠加的结果。

因此，也有人提出：人类社会已经进入知识经济时代，提出“知识经济”这个概念。

知识经济理论形成于20世纪80年代初期。1983年，美国加州大学教授保罗·罗默提出了“新经济增长理论”，认为知识是一个重要的生产要素，它可以提高投资的收益。

“新经济增长理论”的提出，标志着知识经济在理论上的初步形成。

知识经济并不是一个严格的经济学概念，它的缘起大约与新经济增长理论有关。在世界经济增长主要依赖于知识的生产、扩散和应用的背景下，美国经济学家罗默和卢卡斯提出了新经济增长理论。罗默把知识积累看作经济增长的一个内生的独立因素，认为知识可以提高投资效益，知识积累是现代经济增长的源泉。卢卡斯的新经济增长理论则将技术进步和知识积累重点地投射到人力资本上。他认为，特殊的、专业化的、表现为劳动者技能的人力资本者才是经济增长的真正源泉。

这些研究，使人们对知识与经济的关系产生了全新的认识。1996年，世界经合组织发表了题为《以知识为基础的经济》的报告。该报告将知识经济定义为建立在知识的生产、分配和使用(消费)之上的经济。其中所述的知识，包括人类迄今为止所创造的一切知识，最重要的部分是科学技术、管理及行为科学知识。从某种角度来讲，这份报告是人类面向21世纪的发展宣言——人类的发展将更加倚重自己的知识和智能、知识经济将取代工业经济成为时代的主流。

北京工商大学世界经济研究中心主任、遂宁绿色经济研究院院长季铸教授按照要素结构法将知识经济定义为：知识经济(Knowledge Economy)是以人力资本为基本要素，以人的智慧为主要增长来源的经济结构、增长方式和社会形态。知识经济主要体现在教育、医疗、艺术和科技创新四个领域，其共同特征是脑力劳动和生产创新，学校、医院、艺术院和研究院是知识经济的主要领域。知识经济贯穿于人类社会发展的始终，只是到了现代由于教育、医疗的进步，知识经济越来越成为先进发达国家经济增长的源泉。教育是知识经济的起点，正是教育的进步才使人类具有知识，并转化为人力资本，创新科技，使用生产要素进行生产过程，创造经济增长。相比之下，人的智慧是无限的，知识经济增长也变得无限。不仅如此，知识经济是无私的，一个人把自己的知识告诉别人，并不减少自己的知识。目前，季铸教授正带领他的团队在知识经济领域中前进，一方面撰写结构主义系列著作《数学》、《物理学》、《化学》、《生物学》、《医学》和《经济学》、《政治学》，用一个函数把宇宙自然与人类社会统一起来。另一方面，设计完成了《城市智能管理系统》、《中国智能管理系统》的设计，人们可以随时看中国经济的运行变化，并给出逻辑对策，中国已经进入知识经济时代。

中国著名学者陈世清先生在其所著的《经济领域的哥白尼革命》和《对称经济学丛书》中第一次提出并加以系统的阐述。只有运用对称的、五度空间的、复杂系统论方法的对称经济学才有可能真正揭示知识经济的本质、结构、意义和功能，才有可能建立真正科学的知识经济学，知识经济才有可能成为严格意义上的经济学概念。

现有的知识经济学实质是知识产业学，以联合国关于知识经济的定义为基础，对以知识为对象的生产、流通、分配、消费作了较系统的阐述，是把知识经济学纳入传统经济学的框架，只是在传统经济学中增加了知识这一要素，或突出了知识这一要素的地位与作用，在观点和方法上并未超出传统经济学窠臼。

知识经济的“知识”，是一个已经拓展的概念（摘自百度百科）。它包括：

1）知识是什么的知识（Know-what），是指关于事实方面的知识。

2）知识为什么的知识（Know-why），是指原理和规律方面的知识。

3）知识怎么做的知识（Know-how），是指操作的能力，包括技术、技能、技巧和诀窍，等等。

4）知识是谁的知识（Know-who），是指对社会关系的认识，以便可能接触有关专家并有效地利用他们的知识，也就是关于管理的知识和能力。

由于知识产品微成本扩散的共享性，使知识产品成为全人类共同的财富，这就是知识经济全球性的根本原因。

知识经济的特点表现在：知识经济是促进人与自然协调、持续发展的经济，其指导思想是科学、合理、综合、高效地利用现有资源，同时开发尚未利用的资源来取代已经耗尽的稀缺自然资源；知识经济是以无形资产投入为主的经济，知识济，世界大市场是知识经济持续增长的主要因素之一；知识经济是以知识决、智力、无形资产的投入起决定作用；知识经济是世界经济一体化条件下的经策为导向的经济，科学决策的宏观调控作用在知识经济中有日渐增强的趋势。

对照这些理论笔者在想：人类社会的发展历史原本就是一部知识积累的历史，人类所有经济的历程都是知识经济的发展历程。

这样就出现了一个问题，“知识经济”其实涵盖了整个人类经济的发展史，那么再用“知识经济”这个概念来反映人类历史的某个特定阶段是否合适呢？

笔者认为：今天这个被我们称作“知识爆炸”的时代，仅仅是我们所能感知的人类知识发展的某个阶段而已，我们后面的几百年、几千年或再上亿年，那时的社会经济又会是怎样的形态？

就我们现在的主观判断来说：是“我们不得知”。但有一点是肯定的，那就是：一定是人类知识经济的积累所形成的。也许还有更大的“知识爆炸”在其后的数百年、数千年、数万年……

于是，我们就可以看出：用“知识经济”来概括一个人类历史长河中的一小段，就显得不太适宜了，这是一个“共性”与“个性”之间的关系问题。

陈世清教授曾经这样描述：五度空间观是智慧经济的理论基础，对称经济学是智慧经济学。

智慧，就是创新性知识同客体的具体的、历史的统一。知识经济是知识在生产要素中占主导、知识产业成为社会经济龙头产业的经济形态，智慧经济是创新性知识在知识中占主导、创意产业在知识产业中占主导的经济形态。智慧经济，使知识主体化、个性化、功能化、价值化、增值化，使主体和客体、主观与客观、相对主体与相对客体的统一具体化、微观化。智慧经济，强化了主体的创造性、主客体关系的和谐性，强化了以主体为中心同客体、相对主体为中心同相对客体的对称与统一。智慧经济，是已有的知识经济的升华，使知识经济成为完整的、真正意义上的经济形态。智慧经济的新的增长方式是知识运营。智慧经济的新的经营模式是对策。智慧经济的新的发展模式是对称。智慧经济的新的发展目标是和谐。智慧经济，创新性知识占主导、创意产业成为龙头产业是经济增长方式，创新一创造一创业使资源得到优化配置与再生是经营模式与经济发展模式，把它们统一起来组成有序结构的完整形态是智慧经济形态。

和谐经济，是智慧经济形态的功能。以往的知识经济侧重人和自然的对称。以往的智慧侧重人和人的对称，智慧经济则是两者的统一，在突出创新和创意的地位和作用的同时，强化了知识经济中人与人关系的和谐与统一。

所以智慧经济的经济形态比原有知识经济的经济形态更完整全面。智慧经济本质上仍然属于知识经济，但智慧经济概念的提出使知识经济的概念全面化、系统化、功能化、可操作化，使知识经济成为完整意义上的新的经济形态。（摘自陈世清著《对称经济学丛书》、《经济领域的哥白尼革命》）

为了能在知识经济的“共性”下，更准确地反映这个时代的“个性”，笔者首先赞同陈世清教授对智慧经济与知识经济关系表述。

同时，笔者进一步以为：这个时代的智慧经济，我们可以具体化描述为：

“互联＋物联＋云计算＋智能终端”＝“智慧体系”。

这个“智慧体系”就是人类知识进步的结果，是社会科技不断进步、不断积累的产物。

智慧经济是由知识支撑起来的，这个共享体系几乎完全是知识的堆积，仍然是人类整个知识进步历程的结晶。

同时，我们还必须注意：只有这种智慧的结晶应用于实际的社会生活中，才是真正意义上的人类进步含义。于是，我们可以进一步推出：

“智慧体系”在特定生活时代中的应用体现＝“智能生活”。

这是人们生活品质的进步，承载的是更为精彩的现代生活内容，体现的是不同民族不同时段不同精彩的品质生活，是科技成果的人性化整合应用与民族文化内容的相结合。其表现在中国这个特定时间的特定区域里，则是：

“智能生活”＋“中国软智慧”＝中国式的“智能生活”。

换句话说：中国的“智能生活”是：由互联网技术、物联网技术、云计算技术、智能终端技术等现代科技成果共同搭建的人工“智慧体系”，在特定的中国文化生活环境中的具体应用。

这个高品质的生活已经开始来临，并已经或即将对我们以往的生活模式和经济结构产生重大的变革性影响。

这种中国智能生活的到来必定带来中国经济的新现象，因此我们还用“知识经济”这个具有共性特征的概念，就很难全面反映这个特定的“技术＋特定生活＋特定文化”的智慧经济时代的个性特征了。

与此同时，社会上还流行“数字经济”、“新经济”等概念，笔者认为这些概念的提出都无法完整概括和直观地反映出当今这个时代特征。

“数字经济”概念也只能反映智慧经济时代中数字技术应用程度的一个方面，无法概括整个智慧经济的全部内容。

而“新经济”概念更是个抽象概念，仅仅是表述了“进步”的含义，什么时代的进步？进步在哪？这些都无法直观地反映。

因此，“知识经济”、“数字经济”、“新经济”等这些概念，均存在着或多或少地仍停留在抽象概念层面的情况。只有智慧经济这个概念才把抽象的概念与时代的特征结合起来，智慧经济是这个时代特征的概括。

智慧经济高度概括了新时代社会经济的本质，其展现在我们直观的社会实际活动里，却是表现出了“非现场活动”加剧的现象。

至此，我们可以清晰地看到：由“非现场活动”带来的“非现场经济”现象，已经成为了这个智慧时代最直观的社会现象。

“非现场经济”是智慧经济时代里最直接、最真实、最典型、最普遍的社会现象，是智慧经济时代的“个性”特征的具体体现。

这也是“非现场经济”与普通“信息经济”、“知识经济”、“数字经济”、“新经济”等概念最核心的区别点。

“智慧经济”概念主要是具有时代性划分的功能，而“非现场经济”则侧重于表述这个时代里最典型的经济现象。

因此，用“非现场经济”概念来反映智慧经济时代的社会特征是非常必要的。“非现场经济”概念直观地揭示了我们这个时代的个性特征，准确地反映了这个时代最普遍、最典型、最具代表意义的社会经济现象特性。

而“非现场经济学”正是对这些在智慧经济时代里，“最普遍、最典型、最具代表意义社会经济现象”的观察和分析。

第五节　智慧劳动与新社会协作关系

非现场经济是由智慧劳动引起的，是相对于质能经济的新经济表现形式，反映了当今的社会经济活动的主现象，其核心因素是智慧劳动。

《新华字典》(第 10 版，商务印书馆，2004 年 1 月)这样解释“智慧”(wisdom，wit)：对事物能迅速、灵活、正确地理解和解决的能力。

这种能力是一个质点系统组织结构合理、运行程序优良以及产生的功耗比较大的描述。

智慧是一种能力，是在适应环境变化的过程中所成长和发展起来的一种适应能力，它并不局限用于人类，任何有生命迹象和无生命迹象的物体都有这种环境的适应能力，只是主动的还是被动的或高低不同罢了。

因为这种能力将直接影响到各种生物体在环境中适应的现实和以后，而人类则不仅为了现实环境，也为了明天和未来将发生的环境适应提前作准备，是高级别的主动适应。

这种高级别的主动适应能力，也就逐步形成了人们“以发现、创造新事物为目的的人类运动”，我们称之为劳动。于是，智慧就集中表现于劳动之中。

劳动使我们生活丰富多彩，劳动锻炼和造就了我们人类。

人的伟大其实就在于会劳动、能劳动和爱劳动。没有劳动的人生是毫无意义的，能体现劳动的生活是充满幸福的。

人类通过劳动改变自己，改善生活，改造世界，劳动是人类运动的一种特殊形式，无论是有价劳动还是无价劳动，都是可贵的和值得珍惜的。

劳动证明我们不懒惰，劳动说明我们不贫穷，劳动表明我们不落后。

只要我们想进步、想拥有、想改变，劳动一定能够为我们实现。(选自《千华随笔》)

劳动是能够对外输出劳动量或劳动价值的人类运动，劳动是人维持自我生存和自我发展的唯一手段，也是人类智慧的具体体现。

因此，智慧劳动也就是指：人们为适应环境而作出迅速、灵活、正确地理解和解决的能力运动的最新境界，是智慧累积在劳动形态的集中表现。

智慧劳动是人类劳动在信息经济高级阶段的最新表现形式，智慧劳动不仅是人类适应当今最新环境的能力，还是一种高效快速的发现事物、创造新事物运动的能力。新时代催生了新劳动形态。

新的劳动形态产生了新的效用，也产生了新的劳动属性。

这点，我们可以先从消费行为的延伸现象观察分析，进而对新时代里这种新劳动属性的变化开展探讨。

一次随手的直销经济的杂志阅读（忘了是什么杂志），我偶然地看到了“消费价值”的提法。提出者认为“消费价值”概念是指当一个消费者通过购买参与到网络直销企业的业务经营过程中进行消费时，为他人带来了“参与购买、进行消费”的经营性价值。即在网络直销型企业的市场行为中，通过参与者的消费行为本身，也能够为消费者带来利润收入。

显然在这里：这种消费行为已经成为一种商业行为。

这又引起了笔者的思考，引起了笔者对消费行为的再认识。

这种具时代特征的消费行为，已经不仅仅表现为单纯的实现商品使用价值的获取，而是消费行为既给他人带来利益的同时也给消费者本身带来了利益。

特别是在智慧经济时代，这种“消费行为融合了商业行为”的现象越来越普及，已经不再局限于网络直销的积分或再积分，而是渗透到游戏、点击率奖励、阅读奖励、应用奖励以及其他具有带动性的消费行为奖励等。

这种时代的消费现象特征，不可思议地冲击着我们的一些哲学和政治经济学的基础理论，使我们不得不去重新思考这“消费属性”的问题。

这“消费属性”中是否具有阶级性？是否具有劳动的属性？也就是说，消费行为在特定的情形下，可否也视之为是一种特殊的或属于劳动的一个侧面？

马克思《资本论》中的剩余价值理论，阐述了剩余价值仅在“产业劳动过程”形成的学说，并进一步阐明了商品流通只能是剩余价值的再分配的环节。

重温马克思主义的阶级理论，经过激烈的思想斗争，笔者以为：消耗是指物质因使用或受损失而渐渐减少，这里的物质既包含有形的物质世界，也包含无形的能量和精神，消费是为了生产或生活需要而消耗物质财富和精神财富。所以，消费行为的本身不带有阶级性，犹如生产资料（如机器）的本身不带阶级性一样，这是一种商业行为的体现。

消费行为的过程，不乏含有剥削者利用所榨取的剩余价值来实现堕落腐化的生活目的，但整体上消费行为的过程包含着极大的劳动力滋养功能，它是一个使用价值向劳动潜能的转化过程。

人们消费各种各样的生活资料，虽然在主观动机上是为了满足自己的主观需要，但在客观目的上是为了维持和发展自己的劳动能力，更直接的意义是为劳动过程积累必要的劳动潜能。通常把生活资料使用价值转化为劳动潜能的过程称为消费。消费过程中产出的劳动潜能与投入的生活资料使用价值的比值，这个比值就是该消费过程的消费效益。

消费效益反映了消费者在消费活动中的生活资料使用价值的增长比例，反映了消费者是否充分有效地将自己有限的生活资料使用价值转化为尽可能多的劳动潜能。如果消费者是一名拥有基本生活常识的普通消费者，他在消费过程既没有任何新信息的注入，也没有任何旧信息的流失，那么他就只能将生活资料使用价值等量转化为劳动潜能。

因此某些消费行为本身中的一部分内容也就具有了某种劳动的属性。

当代消费行为体现的不仅是“消费价值”的问题，而应当是此时的消费已融入了部分的劳动属性，消费行为中的一部分已经成为劳动的新形态。

尤其是非现场经济快速发展的今天，消费行为这一方面的属性，在网络型商业模式，特别是无形网络高速发展的今天，表现得尤为突出。

正因为当今时代的消费行为掺和着劳动的属性，所以我们的消费行为在特定的条件下同样是可以给我们带来利益的，都是合理的劳动所得了。

因此，不论是产业劳动和非产业劳动均有了共同致富的理论出处了，原本单纯的消费行为就成为现实的消费劳动属性，也就说商业行为的另一表现形式……新消费行为也可能演变成一种新的劳动形态。

有了“消费劳动属性”的新理解，现在我们可以自豪地说：“智慧经济系统”中的各种非现场制作、非现场推销、非现场应用或应用推广和各种非现场消费等的行为也就带有了某种劳动的属性，它们的所得同样是劳动的所获，而不是“不劳而获”！

它是我们新时代更大进步、更高拥有、更深改变的唯一源泉，推动的不仅是货币资本的经济主导，还培育着新劳动力资本的主导。

智慧劳动是新时代公民的权利和义务，是人类社会发展到今天这个高级阶段所带来的新权利和新义务内容。

智慧劳动的实践，追求的是智慧的直接应用，追求这种人类特有能力的应用效能最大化。综观人类的劳动发展史，人类的劳动过程就是一部智慧信息的发展史，人类最早的信息也是全部来源于生物进化，它是人类生存与发展的前提。

劳动促进了人的手与脚分工，使人学会了制造和使用工具；劳动促进了语言的产生，加速了信息的生产和传播；劳动促进了大脑和机体的进化，加速了信息的积累与处理。由于生物进化过程非常缓慢，它所产生的信息可以忽略不计，因此人类劳动可以看作是信息的唯一来源。

人类的体力劳动、脑力劳动和生理劳动都可以凝聚一定的信息，因而都可以产生价值增值，其中生理劳动凝聚的信息通常是以生理信息的形式凝聚于人的机体之中，主要表现为机体健康性、身体灵活性、感官灵敏性、环境适应性、思维创造性等方面的加强，有时也表现为缺陷器官的修复与强化、体液与组织的弥补和替代等。

人类在实际的体力劳动和脑力劳动的过程中，一方面通过行为方式的变换与思维方式的变换来形成信息，通过价值判断与价值评价来选择信息，并通过经验和能力等方式来贮存和传播信息。

另一方面通过建立、发展和完善各种形式的扩展耗散结构（生活资料、生产资料、社会关系、自然环境和社会环境等）来形成信息，通过价值判断与价值评价来选择信息，并通过科学与技术等方式来贮存和传播信息。

因此，“统一价值论”认为：劳动之所以被确认为价值的唯一源泉，并不是因为抽象意义上的定义，而是因为劳动在信息（包括人类机体的生物信息）的形成、传播、处理和运行过程中起着决定性作用，因此可以说劳动创造了所有价值，劳动创造了人类的本身。

智慧来源于劳动信息的积累，劳动信息的积累是前人对某些事物的认识经验的总结，这就是我们通常所说的知识。

知识是智慧的源泉，拥有知识不等于就拥有智慧，只有我们完成了对知识的整个认知过程和加以实际的应用才是真正的智慧劳动。单纯地拥有知识不是我们的目的，只有拥有智慧并去实践智慧劳动，这才是人类存在和发展的必然。

智慧劳动是人们对未来即将发生或可能发生的事情的预知速度和精准度，这种速度与精准度直接决定了生命的存在和发展可能性，由知识积累的智慧劳动也就成为了人类不断追求的最终结果。

人类社会经过长期的发展和积累，到了智慧经济时代，信息积累达到了空前。为了实现人类智慧的共享，让知识成为智慧而产生更多的新知识，也让智慧劳动产生更大的智慧应用效能，智慧共享体系也就顺势诞生了。

智慧共享系统是：在智慧经济时代，由“有智慧”和“无智慧”的质点联合组合构成的某种空间结构。是这些质点在ICT技术的支撑下，按一定的规则、一定的顺序和特定的方向运动，以最小的系统内耗和最大的系统功效来实现智慧劳动的最大效能。

这个智慧共享体系不是简单的信息共享体系，前面我们讲到了信息时代的主要功能是信息交互，信息共享属于信息时代的初级阶段，也就是说单纯的信息化体系（包括信息化管理体系），不能替代智慧共享体系。

智慧经济时代的主要功能由信息交互转移到了智慧应用这个功能上，因此智慧经济时代的智慧共享体系是智慧发表和直接应用的共享平台。

这种应用共享功能使得人们不仅能在这个共享平台上能快速、廉价和全面地获取各种信息，更重要的是他们还能获得最低成本的便捷应用。

这样使得原本无直接经济效益的公众服务平台演变成了真正的知识共享和知识成果的共享。知识成果的共享使得无直接效益的公共平台进一步成为一个知识共享、资源共享、成果共享的有偿服务平台。

它使一个信息交互的平台演变成了经济活动平台，其核心要点是超越了知识共享，而实现了“智慧成果”的共享，实现了智慧的应用性共享，这是一个革命性的飞跃。

信息共享和原始的知识共享飞跃到“智慧成果”共享，就是知识成果的快速应用，且成为有偿的智慧应用。人们不仅可以利用这个共享体系获得创造新智慧新应用所需的各种信息元素和技术元素，还可以用极低的代价通过智慧共享体系，将自己的最新智慧成果直接进入一个无疆界的庞大应用市场，使得智慧劳动的综合成本大大降低，人们的劳动效益由此而大增。

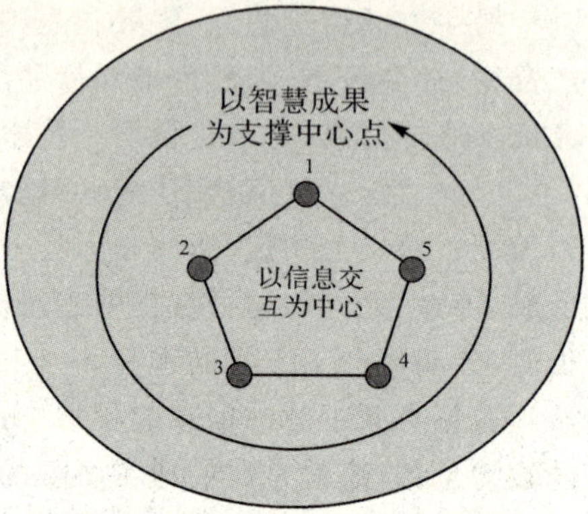

图 4-1　经济中心支撑变化示意

也就是说信息经济和技术经济的支撑中心点，正发生重大变化，随着这个中心点的转换，其研究的对象的外延和与社会协作关系也发生了根本性转变。

我们可以看到：以智能应用为中心的智慧经济的新外延，与传统信息经济时代的原有外延发生了变化。（如图 4-1 所示）

随着这种社会现象的加剧，作为既是生活者也是劳动者的个人与社会各层面的协作关系也发生了深刻变化。

智慧经济时代的智慧技术应用，推进了智慧共享体系的完善，提高了智慧劳动的效能，扩展了传统信息经济的应用局限，增强了非现场经济的渗透力和渗透范围，紧密了劳动对象层与生活层的粘连度，将原本分离的两个层面紧密联系在一起，并出现了两者融合的趋势。

此时，单就劳动形态看，有时我们很难分清这是劳动行为还是生活行为了。

非现场经济下的社会协作的新关系示意。（如图 4-2 所示）

这里，劳动对象层与生活对象层通过智慧技术这个桥梁被连接在了一起，促使了“生活者也是劳动者”（中心区域）快速膨胀，呈现了（中心区域）逐步覆盖的趋势，两个对象层日趋融合同一。

这种同一性趋势的效果，在智慧经济时代里，出现了某些原本看似单纯的生活行为也出现了创造经济效益的现象。

比如：曾有个小孩在玩网上游戏时，由于玩得水平高，赢得了不少游戏装备，他通过网络边玩边卖他的游戏装备，据说他是一个贫困家庭的孩子，现在靠他玩游戏还支撑起这个家庭的日常经济开支。

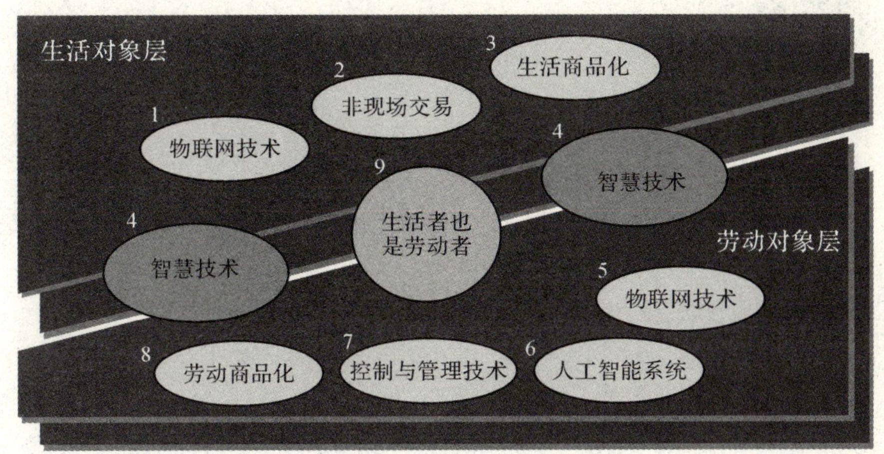

图 4-2　新时代社会协作关系示意图

再如一个退休老太足不出户直接网上从事股票交易；一个旅行者利用随身携带的智能移动终端，即时瞬间地交割各种有价单据。

这些是生活游戏还是劳动？是属于生活行为还是劳动行为？

是退休者、旅游者还是属于正在就业？

运用传统的经济学理论我们该如何界定这些新时代下的新经济现象？

原本的动机是丰富生活，是休闲，却客观实在地具有劳动的属性。

他们到底是失业者还是就业者？

这个现象已经充分表明：我们的生活者属性和劳动者属性正日趋同一。

新的生活形态和新的劳动形态调整了我们社会协作的关系，这种新的社会协作关系的进一步，最终促进了劳动的商品化同时也催化了生活的商品化。

生活的商品化出现，决定了新的社会协作关系，新的社会协作关系也必定带来新的社会经济变革。

我们的与劳动力理论、就业理论和就业政策相关的经济学理论，也必将会随之而调整，进一步地补充和完善新时代下经济学体系。

我们以前谈的信息经济基本是围绕"信息"两字，社会上流行的主要研究方向也是围绕"信息"及其与信息相关的各种产业或由此产生的各种表面现象。

而今天我们的非现场经济学的研究，则是围绕"智慧劳动"和智慧共享体系而展开的。

研究的是智慧劳动结合智慧共享体系的效能发挥，所带来的新经济现象以及其与之相关的社会协作关系的变化，而带来各种社会经济现象的新变化。

它是一次对新时代下的经济学体系补充和完善的尝试。

第五章

非现场经济新特征探讨

第一节　非现场经济的三要素

前面我们谈到了非现场经济的概说和与新社会协作关系，现在让我们跟随着前辈们的哲学观和古典经济学原理的指引，来进一步分析评估这种智慧共享型机制下的非现场经济价值所涉及的一些经济因素变化和经济现象的关系。

非现场经济是随着智慧经济发展所产生出来的一种新的特殊经济现象，它与智慧经济的基础要素紧密相连，智慧经济的基础要素也就成为非现场经济的构成要素。

现在先让我们来观察与分析“非现场经济”的三个主要构成要素：智慧技术、信息本身、劳动成本。

让我们一起来逐一观察和分析这三个对非现场经济起决定性作用的要素联动情况。通过观察分析我们既可以清楚非现场经济中智慧劳动经济价值变化的内在原因，也可从另一个侧面来反映出非现场经济学研究的意义与作用。

一、智慧技术

智慧技术是人类所有的科学技术系列进步的结果。

我们知道科技革命会给人们带来劳动效率的提升，且这种劳动效率的提升力是随着科技本身的发展程度以及科技成果的应用程度紧密相关的。

在现代工业生产中，人们采用了科学技术，就能改革生产工艺、更新设备、改造现有企业、提高生产效率、扩大生产规模、降低能耗和节约成本等。

然而，当社会的发展进入信息化时代，智能化不仅是加深了科技优化生产力的功能，更是突出了科技成果的应用转化，使得智慧技术带来的经济效能急剧膨胀，呈现出了新科技影响力的非等比效应。

我们可以用一张假设性的表来表示。

	动物时代	石器时代	青铜器时代	铁器时代	蒸汽机时代	机械化时代	电气化时代	信息时代的信息经济时代	信息时代的智慧经济时代
假设的提升贡献比	1	100%	150%	250%	600%	1000%	2000%	500%	10000%～50000%

注：我们假设动物时代，动物利用环境的原始本能反应的基数为1。

此表的比值仅仅是个假设，笔者仅想通过此假设数值来说明：科学技术的应用对人类劳动效率的贡献变化关系。

显示劳动效率是建立在前面已经存在科技成果的基础上，新科技的效能不是在旧科技作用下的等比增加，而是非等比的叠加式放大。

也就是说：科技的进步会提升劳动效率，且随着每次的科技进步，这种劳动效率的提升，是新技术叠加在已有的旧技术贡献基础之上，呈现出来的新劳动效率却是一次一次科技进步的叠加和倍数级放大的实际效应。

同理，由于智慧技术是由各种新旧技术发展而来的，它是科技发展历史的最新阶段的产物，也会将所有科技成果对劳动效率贡献值叠加地放大。

新时代的科技爆炸，导致了爆炸式的基础倍数级效应，从而导致了智慧劳动的单位经济效益中劳动消耗实现了最小化的历史记录。

确切地说，当今的非现场活动现象是由智慧技术为代表的各种科技成果的结合体而支撑起来的，又通过智慧共享体系实现了智慧劳动效率的最高境界。

因此，非现场经济的高效和高渗透力就有了真实的出处。

二、信息本身

信息本身主要是指信息存在着的对称与不对称现象，以及这种现象对经济活动的影响程度。

自美国经济学家肯尼思·阿罗(Kenneth Arrow)获得1972年度诺贝尔经济学奖以来，先后有多位信息经济学家5次获得诺贝尔经济学奖。特别是3位美国经济学家阿克洛夫(G. Akerlof)、斯彭斯(M. Spence)、斯蒂格利茨(J. E. Stiglitz)联袂荣获2001年度诺贝尔经济学奖后，信息经济学已然成为经济学的“显学”。

信息作为经济活动中的基本要素，得到了越来越多的学者重视，纷纷将信息的不完全、信息分布的不均衡纳入经济理论的框架，重新审视经济学的一系列有关问题，不完全信息与非对称信息研究也成为博弈论研究的重点。

2010年度诺贝尔经济学奖瑞典皇家科学院诺贝尔奖委员会宣布，美国经济学家彼得·戴蒙德和戴尔·莫滕森，以及具有英国和塞浦路斯双重国籍的经济学家克里斯托弗·皮萨里季斯，将分享本年度的诺贝尔经济学奖，因为三位经济学家对“经济政策如何影响失业率”做出了深入的理论分析，信息“搜寻理论”已成为劳动经济学的主流。

在我们已知的信息经济学研究中，我们的国际先辈们基本上都是将研究重点设置在“信息的不完全、信息分布的不均衡”的经济环境中我们如何认识和如何应对上。

可是笔者则认为：由于智慧经济时代的到来，智慧劳动和智慧共享体系的出现，信息获取渠道和获取成本均发生了很大的变化，非现象经济学在信息本身方面的研究重点，则是应该放在如何减小“信息的不完全、信息分布的不均衡”现象，并以此作为单位经济效益中劳动消耗降低的成因分析之一。

我们可以假设一个现象：如果我们的经济活动中的信息趋于完全或趋于分布均匀，那我们的无效劳动甚至是错误的劳动发生的概率将是大大下降，也就是说我们劳动消耗的有效性将大增。

既然我们已经知道信息完全性对决策判断的重要性，我们就首先应该尽可能地促使我们获取的信息本身趋于或接近完整，而不是停留在如何对付信息不完整或不对称上。

这种无效劳动减小的实现途径，借助于智慧技术不失为一个良好的方法。

曾经阅读过王育琨的《答案永远在现场》一书，强调了第一现场的第一手信息的重要。笔者个人理解为：该书的实质是强调信息准确性的重要，而不是强调物理现场的重要。

假设我们能保证信息的及时和100%的准确，在不在物理现场又有什么现实的意义呢？

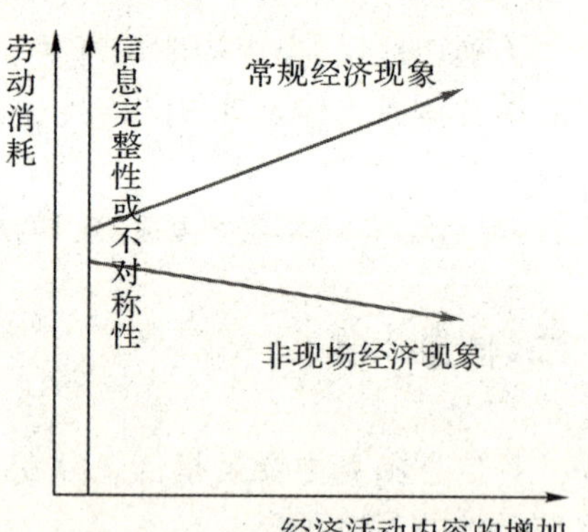

图 5-1

在智慧经济时代，由于在智慧环境下，产生了智慧共享体系，我们将有可能更便捷、更全面、更准确完整地获取各种海量信息。

非现场经济成长于智慧时代，此时人们获取信息的物理现场的重要性在下降，智慧共享平台使得低成本的即时信息获取也就成为现实。

我们可以用一张图示（见图5-1所示）来说明，随着人们各类活动内容的增加，在常规的经济活动产生的现象使信息不完整性或信息不对称性增加，因此带来的劳动消耗也增加；而在非现场经济里，却出现了信息不完整性或信息不对称性的减少，带来的劳动消耗也由此而减少。

非现场经济活动中的智慧劳动，首先争取的是信息的完整性和对称性，并以此来降低判断错误和减少无效劳动，实现的目标是削减单位劳动消耗量。

也就是说：智慧技术的快速提升和智慧共享平台的兴起，导致了信息的完全性和对称性的增加，从而更大地降低了单位使用价值中的劳动消耗。

因此，我们说“信息本身”仍然是非现场经济的核心要素之一，仍然影响着非现场经济，却因为其完整性的增加，而逐步转向了正面的积极意义的作用。

非现场经济学则是通过“信息本身”的研究，却不停留在对“信息本身”的研究，而是透过“信息本身”进一步观察和研究其最核心的要素——智慧劳动，最终研究的是“智慧劳动”的诞生、发展和对社会经济的影响力。

三、劳动成本

劳动具有成本，这种成本表现为不同时代的不同单位经济效益中的劳动消耗量。

劳动成本的构成变化与科学技术的进步和应用紧密相连，科技的进步使得每个阶段的劳动单体的单纯体力成本降低。

在智慧经济时代，人类的劳动发展到了特有的智慧劳动阶段，使得单位经济效益中的劳动消耗量也达到了最低。

智慧劳动的成本发生了历史性的变化，是因为智慧劳动不仅受到了最新科技的叠加效应的支撑，还出现了智慧劳动新的边际效应。

此时，智慧劳动出现的新边际成本（参见后续章节）呈现出来了由U形线向直线性下降发展的态势，这种新边际特征再叠加了直接的科技应用提高的劳动效率功能，导致了非现场经济里“单位经济效益中的劳动消耗”的急剧下降。

智慧劳动成本的构成变化和“单位经济效益中的劳动消耗”的急剧下降，还与社会的进步相关，是一个社会总成本的相对性指标。

一方面科技的进步使得每个阶段的劳动单体的单纯体力成本降低；另一方面社会的进步却使得整个社会的综合劳动总成本在上升。

也就是我们在看到科技使得单体劳动成本下降的同时，我们也应看到随着社会的进步，社会运行总成本的提高，导致了实际的劳动力综合成本的上升。

特别是在当今的都市经济发展模式中，人们面临的都市生活成本、都市办公成本、都市交易和物流成本和生产劳动力成本等构成向两极归集：时间成本和场地成本。

这种主要由场地成本和时间成本构成的社会生活成本，最终都转嫁到了劳动力的综合成本之中。场地成本主要是指社会居住场地成本、办公场地成本或生产经营场地的离奇增高，终将转嫁到劳动成本的跃升；时间成本上最为典型的例子是城市生活的“两难”状况（行车难、停车难）呈恶化的趋势，单位时间里人们的劳动消耗的有效占比大幅度下降。

城市化的进程，使得人们在适应环境时付出的实际劳动的成本摊销在提升。

工业社会带来的劳动场地成本和时间成本的攀升，抵消了科技成果带来的劳动成本下降，特定的时段还将会出现实际劳动消耗下降的负增长，劳动力的雇用者必须承担起这个增加值。

然而，智慧经济时代的共享型智慧劳动的新特征有望缓解这一矛盾。

智慧经济的到来，使得科技力量降低劳动成本的表现已经不再是局限于仅仅提高单体劳动效率这个层面了。

这种智慧科技的整合，特别表现出了新的智慧共享特征，人们可以在非现场的状态下，以极其低廉的代价和极其便捷的途径在共享型的智慧网络体系中获取各种新科技的更新和应用。

共享型智慧网络体系为非现场经济的智慧劳动带来了更高的劳动效率，这种高效率的智慧劳动一方面是借助于新的智慧技术和智慧共享而降低劳动成本；另一方面也是相对于同时代下其他成本上升的作用，智慧劳动可以通过智慧共享体系而消除由场地成本和时间成本带来的劳动总成本的攀升。

智慧劳动借助于智慧共享体系的非现场经济现象，实现的是从固定劳动时间和固定劳动场所的解放，从而弱化了场地成本和时间成本变化带来的影响。

我们知道经济学的基本原理是价格调整可以改变供求平衡，或者说供需矛盾也决定了价格波动状况。

这样，按基本的经济学原理，我们劳动力的价格也是与劳动力市场的供需状况相挂钩，也就是劳动力价格主要是相对于劳动效益和劳动力市场的需求，不与劳动的成本直接挂钩，这也解释了为什么科技进步使得劳动成本的降低，劳动价格却不降反而升的道理。

因为此时，借助于科技的生产力作用，劳动成本的降低反而使得劳动效益激增，也就是说劳动实际效果、单位劳动的作用得到了提升，在劳动力市场平稳的假设前提下，随之的劳动价格提升也就具有合理性。

可是，由于劳动力的类别是各有不同的，属于很难统一标准地量化产品和服务。特别是当劳动力价格偏离了传统的供求关系理论时，就会出现一些失业人员找不到适合的工作岗位，而许多公司也发现会有许多工作空缺。

此时就出现了劳动力市场的搜寻冲突，因为劳动的买者和卖者之间在搜寻互相需求时，他们彼此之间均需要时间和精力，也需要搜寻成本。

这种冲突的出现，就意味着雇用工人需要更加合理，也就需要市场合理产出，在招聘人员和需求工作应该提供合理的机制。

于是，DMP 模型出现了，2010 年诺贝尔经济学奖诞生了。

智慧经济时代的来临，导致了非现场经济现象的加剧，使得单位劳动成本急剧下降，劳动市场的合理产出和劳动形态均发生了变化，尤其是共享型智慧体系的应用扩大，固定劳动时间和固定劳动场所的弱化导致了隐性就业、隐性劳动供给等现象的加大，劳动市场的合理机制中缺失的那部分会被日益放大。

这样，原有的 DMP 模型中漏失的现象，也将被日益地显现出来。

笔者则认为：在信息经济高级阶段的智慧经济时代，非现场经济现象里，出现了很多与新型劳动相关的问题，DMP 模型存在着一些缺陷。

智慧经济时代非现场经济的来临，是将人们从固定劳动时间和固定场所的劳动向自由时间和自由场所解放。不仅将人们从繁重的体力劳动中解放了出来，更是把人们从部分固定的劳动时间和固定的劳动场所中解放出来，实现的是单位经济效益中的劳动消耗最小化效果。

劳动消耗的最小化却产生了效益的最大化，这就是智慧劳动的特有属性。

伴随着这种劳动的再解放和这个智慧劳动属性的新出现，非现场经济开始极大地影响我们的生活和经济各个层面的变迁，也决定了我们整个经济结构的变化趋势。

首先是非现场经济是增加了就业还是扩大失业大军；其次是非现场经济改变了搜寻成本，是否需要更新市场机制；再者是智慧劳动形态的出现，劳动从被动转向了主动，甚至开始主导经济（关于智慧劳动开始与资本一起主导经济的新现场分析参见后续章节），引发了就业理论和就业现象的变革。

于是，非现场经济学研究的重要性，也就随之变得显而易见了。

非现场经济学的研究是希望通过对非现场经济的智慧劳动本身、智慧劳动的边际成本和适用环境的变化研究，找到实现新劳动成本持续地实际降低的规律。并运用这个客观的规律去指导实际的各个应用层面，去努力实现不同侧面的减低单位经济效益中的实际劳动消耗量。

非现场经济现象里“信息本身、劳动成本、智慧技术”三要素相互联动，相互促进与发展，联动一致地作用于智慧社会的智慧共享体系，从而影响着各行各业的各种经济体的运行。

我们通过对信息本身、劳动成本、智慧技术三要素的观察，初步感受了非现场经济现象对社会经济产生的影响力。

下面让我们一起来看非现场经济的劳动经济效益的变化，进一步分析和阐述非现场经济的社会影响渗透力。

第二节　智慧劳动的经济效益与新边际成本

非现场经济学首先是从经济研究领域展开，其核心的研究对象是非现场活动及其非现场活动对社会经济的影响力。是研究这种特定影响力本身的发展与变化规律，以及这种规律对社会经济所产生的后果。因而非现场经济学绝不仅仅是一个停留在传统的信息经济学和信息技术学所研究的问题，是智慧经济时代下的经济学的一个新分支，是信息经济学、信息技术学、技术经济学等学科研究的交叉领域。

它是一门专门研究智慧经济时代的"非现场活动"与社会经济现象间的本质联系、发展变化规律及其社会应用的新学科，是研究非现场经济活动的经济价值和非现场活动中的经济效益问题。在这种特定环境下的新经济现象里，我们的研究对象——非现场经济的经济价值和经济效益问题又会是怎样的变化呢?

前面章节我们分析与观察了非现场经济现象里的各要素联动，以及这些联动所产生的经济效果。

我们知道社会经济的核心动力是劳动效能，劳动效能直接决定了社会经济的进步程度。于是，非现场经济的经济价值和经济效益的研究，也将集中在了智慧经济时代的智慧劳动的经济效益分析和研究上。

人类的一切活动(经济活动、政治活动与文化活动)在本质上都是价值的运动，都是各种不同形式的价值不断转化、不断循环、不断增值的过程。

通过学习我们还可以知道在一般的情况下，价值的循环运行可分为三个基本阶段:消费阶段(使用价值→劳动潜能)、劳动阶段(劳动潜能→劳动价值)、生产阶段(劳动潜能→劳动价值)。

普遍的经济学理论基本均采用以下形式来表述此三阶段。

1. 消费阶段

使用价值向劳动潜能转化。人们消费各种各样的生活资料，虽然在主观动机上是为了满足自己的主观需要，但在客观目的上是为了维持和发展自己的劳动能力，更直接的意义是为劳动过程积累必要的劳动潜能。通常把生活资料使用价值转化为劳动潜能的过程称为消费。

消费效益:消费过程中产出的劳动潜能 Q_p 与投入的生活资料使用价值 Q_u 的比值，定义为该消费过程的消费效益，用 E_1 来表示，即

$$E_1 = Q_p / Q_u \tag{1}$$

2. 劳动阶段

劳动潜能向劳动价值转化。劳动者在生产系统中通过具体的劳动方式，把劳动潜能释放出来并转化为劳动价值。通常把劳动潜能转化为劳动价值的过程称为劳动。

劳动效益：劳动过程中产出的劳动价值 Q_v 与投入的劳动潜能 Q_p 的比值，定义为该劳动过程的劳动效益，用 E_2 来表示，即

$$E_2 = Q_v / Q_p \tag{2}$$

3. 生产阶段

劳动价值向新的使用价值转化。劳动者所付出的劳动价值与生产系统中的生产资料相结合，并作用于劳动对象，使劳动对象的品质特性发生变化，从而增大其使用价值，这个过程实际上就是一个劳动价值向新使用价值的转化过程。通常把劳动价值向使用价值的转化和增值过程，称为生产。

生产效益：生产过程中新增的产品使用价值 Q_u' 与投入的劳动价值 Q_v 的比值，定义为该生产过程的生产效益，用 E_3 来表示，即

$$E3 = Q_u' / Q_v \tag{3}$$

由此我们可以看出，使用价值（生活资料使用价值与生产资料使用价值）、劳动潜能与劳动价值都是价值的具体形态，它们之间相互转化、相互促进、互为前提，劳动价值不再是“抽象的”，它与使用价值一样是具体的，属于相同的范畴，它来源于使用价值，又服务于使用价值，它是一种特殊的使用价值，它是“劳动力”这种特殊生产资料的使用价值，它与使用价值具有完全相同的度量单位。

由于“劳动潜能”是（生活资料）使用价值向劳动价值转化过程中的过渡形式，它必须通过转化为劳动价值以后才能真实地体现出来，不能算作价值的基本形态，因此价值的基本形态就是使用价值和劳动价值两种。

于是，我们也就得知智慧经济时代的价值基本形态，也是通过使用价值与劳动价值来体现，智慧劳动价值也是“智慧劳动力”这种特殊生产资料的使用价值。

智慧经济时代里，非现场经济的新适用环境直接导致了“智慧劳动”的单位劳动消耗所能提供的使用价值量的大小变化，“智慧劳动力”这种特殊生产资料的使用价值量正是通过“智慧劳动力”的经济效能体现出来的。

我们可以先用一个等式来表示常规的劳动经济效益比：

$$A_e = \frac{\text{使用价值}(B_e)}{\text{劳动消耗}(C_e)}$$

智慧时代的来临，在非现场经济的现象里，由于科技成果的叠加效应，我们发

现劳动力产生的价值与工作时间和工作场所的关联度越来越松散。这种现象表现在上述等式里，就出现了劳动消耗的快速下降(C_e 变成了 C_{e_1}，成因参见后续章节)，这样将导致劳动力的经济效益比增大。也就是导致了 A 增大至 A_1。

$$A_{e_1} = \frac{使用价值(B_e)}{劳动消耗(C_{e_1})}$$

A_1 为智慧经济时代的劳动效益。此时，如果我们保持原有的劳动消耗(C_e)，由于 A 变成了 A_1，必定导致 B 的变化。

$$A_{e_1} = \frac{使用价值(B_{e_1})}{劳动消耗(C_e)}$$

又因为：$A_e \leqslant A_{e_1}$，使得：新使用价值(B_{e_1})$\geqslant$使用价值(B_e)

得出的结论是：非现场经济的影响力使得在单位劳动消耗里，提供了成倍的使用价值量！

这种新劳动价值的认识，加上非现场经济展现出的无比渗透力，要求我们：凡受智慧经济影响或将要受到影响的各行各业，特别新信息经济直接或间接的关联从业人员，应当拓展视野，抓住时机，迅速树立起经济学的思维方式，从各个不同的角度和深度，开展非现场经济学的研究，这是时代的呼唤。

非现场现象的加剧，促使了我们对劳动的新认识。对劳动的新认识，引发了笔者对非现场经济研究的重视和对劳动价值转化途径中的变量的进一步思考。

这里我们首先要讨论的是劳动经济价值中的 C_e 是如何变为 C_{e_1} 的？

下面我们来观察这其中影响力最大的因素和新现象——非现场经济的边际成本，及其他所产生的新边际效应的变化。

非现场经济现象里的边际成本不仅是涉及新信息产品的制造，也将因为非现场经济的渗透性和共享型的应用性，而会对智慧经济时代里的其他各行各业的边际成本产生影响。

因此，我们将分析重点放在了：非现场经济对新信息产品外的社会劳动产品的边际成本分析上。

在经济学中，边际成本指的是每一单位新增生产的产品(或者购买的产品)带来到总成本的增量。

边际成本(marginal cost)指的是增加一单位的产量(output)随即而产生的成本增加量即称为边际成本。

由定义得知边际成本等于总成本(TC)的变化量(ΔTC)除以对应的产量上的变化量(ΔQ)：

$$边际成本 = \frac{总成本的变化量}{产量变化量}$$

即 $$MC(Q) = \Delta TC(Q)/\Delta Q$$

或 $$MC(Q)=\lim_{\Delta Q\to 0}=\frac{\Delta TC(Q)}{\Delta Q}=\frac{\mathrm{d}TC}{\mathrm{d}Q}$$

一般来说，边际成本的变动规律是：最初在产量开始增加时由于各种生产要素的效率未得到充分发挥，因此，边际成本随产量的增加而递增，以后，随着产量的增加，各种生产要素的效率得到充分发挥，边际成本随产量的增加而减少。最后，当产量增加到一定程度时，由于边际成本递增规律的作用，边际成本又随产量的增加而增加。如果不考虑最初的短暂情况，那么，它的变动规律主要表现就是：边际成本先是随产量增加而减少，当产量增加到一定程度时，就随产量增加而增加，因此，边际成本曲线也是一条先下降而后上升的 U 形曲线。

我们可以从图 5-2 的曲线图看到：MC（边际成本）、TC（总成本）、AC（平均成本）曲线关系图 MC，当 $MC>0$、$MC=0$、$MC<0$，TC 分别表现递减、最小值、递增；当 $MC>AC$ 时，AC 递减增；当 $MC<AC$ 时，AC 递增；当 $MC=AC$ 时，AP 取得最小值。

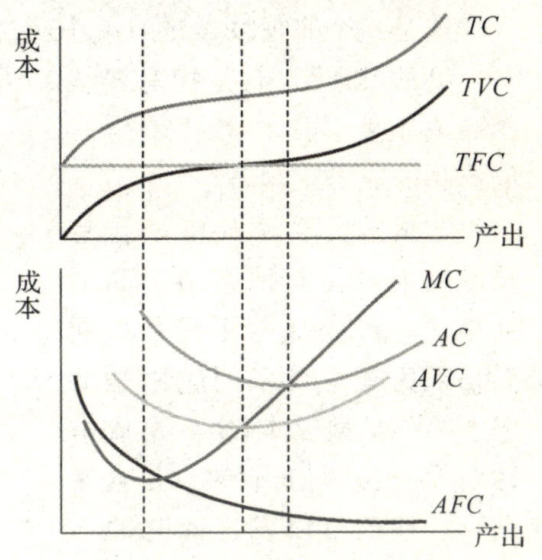

图 5-2　边际成本示意图

MC 曲线与 AC 曲线相交于 AC 曲线的最低点上。在这一点，$MC=AC$，就是边际成本等于平均成本。

边际成本的变动规律与平均成本的变动规律相似，也先随产量增加而降低，达到一定规模后开始增加。

只不过它达到最低时的产量比平均总成本及平均变动成本较小，在平均总成本与平均变动成本达到最低点时，边际成本等于平均成本。

我们也可以简单地说“边际”这个词可以理解为“增加的”的意思，“边际量”也就是“增量”的意思。自变量增加一单位，因变量所增加的量就是边际量。

当边际收入－边际成本＝边际利润＞0 时，方案可行；当边际收入－边际成本＝边际利润＜0 时，方案不可行。

也就是说：在根据边际分析法作出决策时就是要对比边际成本与边际收益。如果边际收益大于边际成本，这是理性决策。如果边际收益小于边际成本，是非理性决策。

在普遍的边际成本理论的指导下，我们再来研究非现场经济里边际成本，我们发现在非现场经济里，边际成本（MC）的特性发生了变化，而成为 EMC，我们称为非现场边际成本。

由于，劳动的经济效益比：

$$A=\frac{使用价值(B)}{劳动消耗(C)}$$

非现场经济评价也可直接用单位使用价值中与劳动消耗差的比值来表示，即信息经济效果来反映：$R=B/(C-C_1)$。R 为非现场经济效果，$\Delta C=C-C_1$ 为劳动消耗。

这里我们特别要注意 ΔC 为什么会因为非现场经济的影响力，使得 ΔC 成倍减小而导致了单位劳动消耗提供了成倍的使用价值量！

我们可以通过分析 R 值系贡献值变化来得出结论。

这个结论就是非现场经济现象里的新边际成本导致了 ΔC 的成倍减小趋势。

这是一个非现场经济对整个经济体的纵横渗透的量化指标。

纵的渗透影响：是指对智慧产品或主要利用智慧技术生产的产品的成本影响。

这里的劳动消耗借助智慧技术的力量与其他产品劳动消耗相比已经是成倍下降了。同样是因为智慧技术的应用是低成本的共享型成本，实际总成本达到平衡点（见上节的三要素联动）后，我们可以发现此时的新边际成本非常小，几乎接近零。而且 *MC* 的走势曲线也发生了变化，由 U 形演变成了下降的直线了，此时的 *MC* 的走势曲线不再随着生产规模扩大的临界点而反弹向上了。

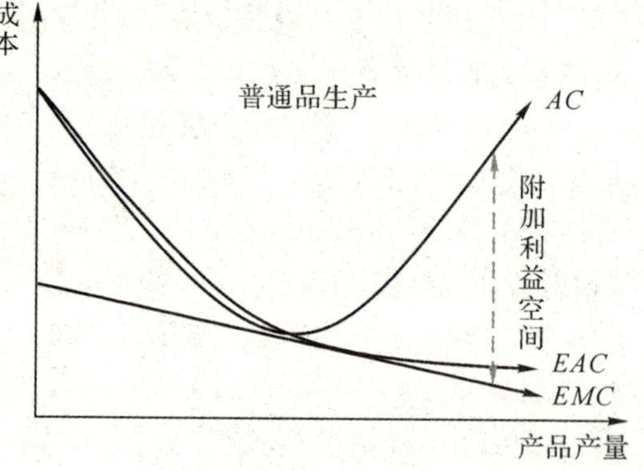

图 5-3　EMC 示意图

这是因为在智慧经济时代，我们的智慧劳动创造的智慧产品是通过智慧共享平台来实现的，而不是靠增加设施设备等生产劳动的基础条件来实现的。

理论上讲：智慧劳动的规模扩大，不再需要附加条件，而可以无须增加任何成本地实现无限的规模扩大。

此时传统的 MC 已经无法表述这样的经济特性了，MC 已经演变成为新的边际成本概念 EMC 了。

也就是说：在非现场经济或非现场影响的经济现象里，由于智慧技术应用而产生的边际成本现象的规律发生了变化：当 MC>0、MC=0，TC 分别表现递减、最小值，不存在 MC<0 的现象了；当 MC>AC 时，AC 递减增；当 MC<AC 时，EAC 还是递减。

横的渗透影响：是指非现场经济对非信息产品生产（普通产品的生产）的劳动消耗影响。因为普通生产的产品还是可以利用智慧共享体系而被部分地智慧劳动所替代，也可借助智慧共享体系而被推广应用。

这时实际的边际成本里有两个在同时影响着单位使用价值的劳动消耗。即普通产品生产的自身边际成本(MC)和智慧技术应用带来了非现场边际成本(EMC)。

普通生产环节的MC还是保持其特有的递减到递增的U形特征，而EMC则是下降的直线特征，这两个边际效应叠加，共同影响着我们的产品生产，从而实现了ΔC_e成倍减小，最终导致了单位劳动消耗提供了成倍的使用价值量。

从图5-3中，我们可以看出：非现场经济的研究成果，不是单一鼓励新信息产品的增量，更不是鼓励新信息产品或高科技产品或高新企业统统去替代普通产品的生产。

而是鼓励各行各业(包括传统的普通产品生产)尽可能地去运用非现场经济现象里EMC的特性原理，快速地提升各行各业的各自综合经济效益。

非现场经济影响各行各业的效益是通过其中的智慧劳动的渗透力来实现的，这种新劳动的效益则是通过其共享型的低成本作用而表现出来，我们可以表述为：

$$P = A_{e_1} - A_e$$

式中，P为非现场经济效益；A_{e_1}为影响后的劳动经济效益，A为影响前的劳动经济效益。

非现场经济评价也可直接用单位使用价值中与劳动消耗差的比值来表示，即信息经济效果来反映：

$$R = \frac{B_e}{C_e - C_{e_1}}$$

式中，R为非现场经济效果。

这里的R值系贡献值，也是非现场经济对整个经济体的纵横渗透的新边际成本(EMC)的实际量化值。

智慧时代的到来，非现场经济通过上述各方面因素的一起联动，相互作用、相互影响，三位一体地共同作用于C快速转向C_1，成为社会整体经济效益高涨的核心推动力，使得智慧劳动逐步替代了资本，成为市场经济的新主导者。

此时，传统的劳动力价格规律几乎起不到作用，也就是劳动力价格由供需决定的规律不再灵验了，传统的就业理论也受到新经济现象的无情冲击。这也不仅仅是因为搜寻成本的问题所导致的，而是智慧经济时代里，实际的综合劳动经济效益发生了巨大的变化，智慧劳动本身的价值体现不再是单靠原始的市场供需来调节。

也就是智慧的综合劳动经济效能和作用，不再单单地受资本主导的市场制约了，而是智慧劳动正与资本一起，开始反过来主导这个新时代下的市场经济。(参见后续章节的专题分析)

第三节　非现场经济指数

前面我们提出了“非现场经济学”的概念，开展了“非现场经济学”的基本概说、部分特性分析，现在我们为非现场经济的实际应用作些研究。

为了推进非现场经济研究的实际作用，推动智慧劳动快速成为经济的主导地位，引起全社会对非现场经济现象研究的重视，也为了营造智慧共享体系氛围和国家在新时代下的经济决策提供一个新的参考数据，我们提出和尝试设计了一个反映社会非现场经济进程指标——“非现场经济指数”概念。

现在就让我们阐述一下我们所设计的“非现场经济指数”这个概念。

我们通过前面内容的分析与讨论，知道了智慧劳动在非现场经济的生产环节与服务环节上，通过非现场经济的三要素联动平衡，共同创造了非现场经济的发展环境和应用内容。

我们可以用一张表格来表述智慧劳动对各产品生产的支撑和应用。

表 5-4

生产环节				服务环节	
传统产品生产	信息产品生产	文化产品生产	数字形态产品生产	低成本的便捷性服务	安全的增值性服务

这种非现场经济活动所反映出来的“支撑与应用”，需要通过一个可量化的指标来反映“智慧劳动”在我们实际生活中的作用程度，从而进一步反映“智慧劳动”主导社会经济的程度。

因为它从另一个方面也反映了资本主导经济弱化的程度，也决定了我们社会经济结构转变的实际进程，它是我们平民新的幸福希望所在。

非现场经济指数是指非现场经济的综合指数，是劳动自由度和智慧劳动贡献值的反映性指标。它通过人们实际劳动时间与生活时间的融合程度分析，即劳动者在固定场所的固定劳动时间解放程度，反映了智慧劳动主导经济作用大小的综合指数。我们简称它为 FXC 指数。

FXC 是非现场经济（off-site economy）的汉语拼音（feiXianchang）的缩写。为什么不用英文缩写呢？

为的是向大家传输一个信息：这是在中国东方智慧指引下的中国人提出的经济指数。

FXC 指数设想，计划由下列主要采集内容组成：

(1)非现场交易在整个社会交易总额中的占比。

我们可以通过采集中国银联、超级网银和主要的第三方支付等信息发布来组合比对分析而得出。

(2)非固定场所劳动者占总人口的比例。

①政府机关和事业型工作直接从业人数下降。

我们可以通过非现场工作使得部分原政府机关或事业型单位的工作可以放权于行业协会或委托或外包于社会服务的统计数变化值来得之。

②非生产型产业劳动者固定场所劳动时间平均减少。

我们可以采取定期网络调查的方式获取相关统计数据。

③生产型产业劳动者实际固定场所劳动时间平均减少。

我们可以选取部分大中型企业跟踪统计其绝对缩短工作时间和管理、辅助人员非现场劳动量的摊销的途径来实现。

(3)实际失业人数统计。

这个环节比较困难,是反映固定劳动场所的丧失人群向非现场劳动转变的转化率,即:统计性的失业人数失业－被转化人数,这其中我们也应考虑到退休人员的收入中非政府退休金在整个收入中的占比已经超过50%的那部分人群。

(4)科技性企业上市数目增减幅度。

科技性企业数目变化通常会在一个侧面反映了非现场经济的技术支撑基础面。我们可以通过上市公司中科技公司占比的变化来得到该数据。

(5)非现场经济综合影响力。

由陀螺现象分析工具动力贡献值得出,参加下一章节的内容。

即:2008FXC＝假设前提＋加权＋动力贡献值,假设2008年下半年情况,见表5-5。

表5-5　2008年非现场指数统计

		实际	加权	加权后
(1)	非现场交易在整个社会交易总额中的占比	5%	1	5.00%
(2)	非固定场所劳动者占总人口的比例			5.33%
①	政府机关和事业型工作直接从业人数下降	2%	4	8.00%
②	非生产型产业劳动者固定场所劳动时间平均减少	4%	1	4.00%
③	生产型产业劳动者实际固定场所劳动时间平均减少	2%	2	4.00%
(3)	实际失业人数统计	5%	1	5.00%
(4)	科技性企业上市数目增减幅度	3%	2	6.00%
(5)	RFGX	42.4%	10%	4.24%
(6)	FCD	71.5%	10%	7.15%
合计				32.72%
FXC			合计/6	5.45%

注:RFGX和FCD参数由我们设想的陀螺现象分析工具导出,详细过程参见下一章节内容。

2008 年下半年 FXC 指数为 5.45%。

FXC 指数作用不是数值本身的意义，而是通过不同时段的 FXC 的变化值（ΔFXC）来反映非现场经济的发展走势，以及非现场经济在整个社会经济中的渗透程度。

我们再假设 2010 年上半年的情况，如果 2010 年数据中的（1）～（4）项比 2008 下半年各上涨了 1%，那么 2010 年上半年的 FXC 是：

2010FXC＝假设前提＋加权＋动力贡献值

表 5-6 2010 年非现场指数统计

		实际	加权	加权后
（1）	非现场交易在整个社会交易总额中的占比	6%	1	6.00%
（2）	完全非固定场所劳动者占总人口的比例			7.67%
①	政府机关和事业型工作直接从业人数下降	3%	4	12.00%
②	非生产型产业劳动者固定场所劳动时间平均减少	5%	1	5.00%
③	生产型产业劳动者实际固定场所劳动时间平均减少	3%	2	6.00%
（3）	实际失业人数统计	6%	1	6.00%
（4）	科技性企业上市数目增减幅度	4%	2	8.00%
（5）	RFGX	66.0 %	10%	6.65%
（6）	FCD	84.5%	10%	8.45%
合计				42.77%
FXC			合计/5	7.13%

2010 年上半年 FXC 指数为 7.13%。

也就是说，从 2008 年上半年的非现场指数至 2010 年上半年的这两年里，非现场指数上涨了 1.68%（ΔFXC）。

这里特别要说明的是，上述的各项数据并不真实准确的，仅只为了阐述 FXC 的设计构思。

在现实的实际应用时，需要重新完善内容和对大量真实的社会数据调查统计，这不是某个人或某个小组可以完成的，需要公权力的介入。

非现场经济指数一定程度上体现出了某个时段、某个环境下的智慧经济的发展程度，非现场经济的变化值也反映了智慧劳动主导经济的程度。

FXC 指数是智慧经济发展的指标，是衡量劳动者再解放程度的一个指标，从而更真实地反映出了特定时代环境下的就业形态（参见后续章节的非现场经济环境下的新就业思考一节）。

由于劳动者的解放程度最终均将以各种不同的方式影响着或呈现在我们

的各种经济现象里，因此 FXC 将成为我们今后经济分析的一个十分重要的新指标和新工具。

首先，它直接反映了非现场经济的占比贡献力。这种贡献量是以非现场经济在整个国民经济中的占比来体现，占比越大说明单位时间的产出率越高，劳动者再解放的程度越大。

第二，FXC 是“幸福生活”的可量化指标。特别是幸福指数中的自由度指数，“我的生活我做主”。这种劳动者的再解放，使得劳动者自由主张程度增大，从而导致了劳动者整体品质生活指数也随之提升。

第三，反映了经济结构的变化。通过 FXC 的变化，我们可以知道智慧经济在 GDP 中的贡献变化，不仅能反映新 GDP 的增长原因(创造财富的总量越快)，也能反映经济结构的良性转变的程度，从而弥补单 GDP 指标对经济结构的合理性程度反映的不足，以及提高对 CPI 结构和通货澎胀等经济指标的重新认识。

第四，FXC 能比较真实反映出失业率。失业率统计不再是仅停留在以固定劳动场所的丧失为唯一标准，FXC 指标更能正确反映“充分就业”理论的所需，从而修正传统的就业理论，崔生出新时代的新就业理论体系。

最后，FXC 指标还能揭示智慧时代里各种新经济现象、新社会矛盾的产生原因。这个指标既是品质生活的晴雨表，也是我们数字鸿沟放大的时刻表。也就是在智慧时代里，我们不仅享受到了科技给人们带来的品质生活内容，我们也将承担起相应的苦难。也许几十年、也许上百年后，当这种平民的新希望和新苦难的平衡再次被打破时，社会形态和社会经济的变革也将再次到来。

从 FXC 指数组成项目和数据变化可能，我们可以看出：如今我们的社会力量应该朝什么方向推动，我们的相关政策制定也应朝什么方向倾斜。

这个总方向就是：推动“智慧共享体系”的建立，加速智慧劳动主导经济的进程，实现我国经济结构的成功转变。

结合当今全球经济的运行环境和发展趋势，我国经济结构转变是否成功的标志是：“智慧劳动”与“资本”共同主导这个社会经济的分配比。

因此，非现场经济的系列指标也是新时代我们的财政政策、货币政策和投资政策决策的重要依据，也应该成为中国政府实现三个转变程度的测试性指标，建议政府部门有偿性地委托某个民间机构来设计完善和实施这个具有新时代意义的指数概念。

第六章

新分析工具的尝试与非现场经济指标

前面我们提出了“非现场经济学”的概念，开展了“非现场经济学”基本的概说，下面我们将进一步对非现场经济的一些要素特性和动态组合等问题开展分析研究，进一步开展非现场经济的一些要素特性的动态分析。

我们知道：经济学的思维方式通常允许在假设前提下，用经济的数学模型分析得出结果，再根据假设前提的内容去设计产品，用设计的产品去满足这个假设。

因此，我们也将尝试在假设前提下去设计一个非现场经济现象的新分析工具，这个新分析工具将以各要素的联动、平衡为研究的核心。

试图对非现场经济相关的各要素、新边际成本及动态平衡的细节方面开展组合性分析，以便推动实现非现场经济研究成果可量化的实际运用趋势。

第一节　“东方智慧”指引下的分析思路及方法确立

一、“道”与“术”的思维指引

前面我们探讨分析了非现场经济相关的一些问题和特有的现象，希望我们提供的研究方法论是从基本的认知视角着手，研究的思路是有层次的，而不是一般简单地追求一个固定的模型构建。

如何开展非现场经济各要素之间的动态分析，我们是属于演绎主义还是归纳主义，是因果探究还是功能分析，是演化的思路还是均衡的分析，是规范分析还是实证分析，是工具实证主义还是检验性伪真主义，等等，时常困扰着我们对非现场经济研究行为的起步。

通过学习阎雨教授的《中国管理C模型》，笔者意识到：最高的方法就是从哲学思维出发，这就是让我们的研究与思考首先是抛开具体的经济学研究方法和数学模型等“术”的思维惯性，回归到“道”的原点，从“道”出发。

哲学一直被视为科学中的科学，是用以指导具体学科的理论研究的基础。正如布劳格指出的，方法论的作用就在于，它为我们接受还是拒绝一个研究纲领提供了标准，也帮助我们在区分精华和糟粕时有章可循。

从哲学观出发正是这个最好的标准。

我们认为作为社会科学的经济学必然是思想的规范性质，经济学的每一理论都应体现出主体的认知，也即反映了提出和应用者的意识形态。

我们设想的非现场经济分析工具，也应该是建立在哲学思维的基础之上而展开的。

二、东方软智慧与和谐经济

亚当·斯密在1759年出版的《道德情操论》中阐明的是以“公民的幸福生活”为目标的伦理思想，对我们自己个人幸福和利益的关心，在许多场合也表现为一种非常值得称赞的行为原则。在《国富论》中，斯密认为人类“对财富的追求”的根本原因是为了实现“人生的伟大目标”——生活幸福。

在界定个人幸福的基础上，斯密还对社会幸福指出：任何政治社会中，下层阶段都占最大部分，大部分成员陷于贫困悲惨的状态的社会，绝不能说是繁荣、公正、幸福的社会。

从本质上来讲，斯密是将幸福的经济手段和道德行为结合起来的。斯密认为实现人类幸福的手段是财富，而其中的“财富”就因此既包括了物质财富也包括了非物质财富，其对应具体形式是满足人们各种基本需要的财富（包括人、知识）。

亚当·斯密幸福观，使笔者联想到阎雨教授的这样一段话：君子爱财，取之有道。有道的财富是勤劳智慧的象征，财富作为社会的主要资源，作为企业的核心资源，作为生产的核心要素，都对社会的发展，文明的推动，起着不可取代的作用，是最强劲的动力。

对应亚当·斯密的明智和审慎的行为会指向比关心个人的健康、财富、地位和名誉更为伟大和更为高尚的目标：英勇、善行、正义。

这里阐明的是幸福对应要素，实现的是天道平衡，符合东方古老哲学的基本精神。圣人老子说：“道大，天大，地大，人亦大。域中有四大，而人居其一焉。人法地，地法天，天法道，道法自然。”

中国的老子思想精髓是“道”，老子是讲天道，讲宇宙之道，也是讲自然之道。中国古老的《道德经》第四十二章曾这样记载着：道生一，一生二，二生三，三生万物。

中国人的道与德《辞海》解释：道是指法则、规律，与具体事物的“器”相对，又与事物特殊规律的“德”相对。道宇宙万物的本原、本体。德是指事物的属性；或指具体事物从“道”所得的特殊规律或特殊性质。道德是指中国哲学的一对范畴。“道”原指人行的道路，借用为事物运动变化所必须遵循的普遍规律或万物的本体。“德”和“得”意义相近，用作具体事物从“道”所得的特殊规律或特殊性质。

《易经》中有“一阴一阳之谓道”，《道德经》中有“道生一，一生二，二生三，三生万物。万物负阴而抱阳，冲气以为和”。

这就是我们东方人讲究的宇宙对应与阴阳平衡，这种平衡理论拿现在的语言就是和谐。

人们追求生活的幸福和谐，就是追求其需要整体的、协调、持续的满足，这就是“自然和谐”与“利益和谐”的体现。

中国古代哲学家讲：阴阳平衡。

西方古典经济学家讲：“幸福和谐”。

“道生一，一生二，二生三，三生万物。万物负阴而抱阳，冲气以为和。”阐述了宇宙的对应起源和平衡；“幸福和谐说”阐明了社会幸福的和谐平衡。

东方古老的文明从一分二开始就诠释了宇宙的起源和运行的基本规律：对应与平衡。

西方人读《易经》发现其中隐藏有“二进制”，是西方人的智慧。

“东方软智慧”属于哲学范畴，侧重于宇宙最根本的内在规律性揭示，不注重具体的现象要素研究；而“西方硬技术”则将各种现象作为研究的对象。

因此，我们要根据对应原理需求，首先需要寻找那些集中地实质上能反映非现场经济现象的要素，而这种要素的探寻我们可以借“西方硬技术”对宏观经济和微观经济的研究之力。

东方文明博大精深，西方文明精美绝伦，东方文明和西方文明结合起来就是无与伦比的宇宙文明。

笔者认为：“东方软智慧”里的对应原理实质上反映了宇宙各要素之间的关系。我们的社会学、经济学的各种现象，最终同样不能超越这个哲学现象而独善其身。是我们被纷杂的各种不断变化的社会表象所牵制住了，忙于应对变化多端的表象，而忽视了最根底的本原。

依照这个原理，非现场经济研究是宇宙世界里存在的客观事物研究之一，同样也存在着需要研究的对应关系的各种要素。

我们用“对应与平衡”的哲学思维，在经济领域里来探寻其内在的要素对应及内在的平衡规律，能有所应用于和谐经济的构建，这就是东方智慧的实际运用。东方智慧不愧为是人类的财富，早在远古时代东方人就揭示出了宇宙间的对应与平衡，阐明了宇宙的起源和运行的规律本质。

方法论的形成过程是非常漫长的，但是方法论对学术的影响是巨大的，每一次理论的大发展都是方法论革命的结果。

方法论的形成是真正研究开始的基础，现在就让我们来尝试"东方古老哲学与西方技术相结合"的方法论。

第二节　用"东方陀螺现象"分析非现场经济

关于哲学对应与平衡的思考，以及随后的对非现场经济和谐发展分析的思考，让笔者联想起了小时候十分喜爱的玩具：陀螺。

陀螺在外力不断抽打的作用下，可以通过快速的回旋运动，以一个顶点为支点，而保持整体的动态平衡。其原理是：一个旋转物体的旋转轴所指的方向在不受外力影响时，是不会改变的。

17—18 世纪，"中国陀螺"被传到欧洲，在英语中陀螺就是"回转体"的意思，凡是回转体都可以看作是陀螺。

东方陀螺现象的发现是偶然的，但它的平衡现象却给宇宙带来了生机。

不要小看陀螺保持平衡的现象，它包含的是宇宙运行的基本规律，宇宙不允许违背陀螺的正常运动规律的现象存在，宇宙本身就是一个巨大的动态平衡体。

物体在很多情况下都能呈现平衡状态，不只是在静止的时候，当它在动的时候也会达到平衡(包括星体的运行也是)，有些平衡状态能持久，而有些只是短暂现象。一般而言，静态的平衡大多属于稳定平衡，动态的平衡则多属于不稳定平衡。当陀螺受力旋转时，因各方向离心力总和达到平衡，因此陀螺能暂时用轴端站立，保持平衡现象。

陀螺不倒的科学原理换言之，当物体呈现一种"动者恒动、静者恒静"的状态时，即可称之为"平衡"。

我们的人类社会是宇宙的一部分，其自身的发展史呈现了不间断的平衡、打破平衡、建立新平衡、再打破平衡、再建立更新的平衡……这种平衡破除与新平衡的建立过程，就表现出了"回旋体"属性。

于是，我们可以把社会运动的本身，看成一个大陀螺的运转了。

这里，不仅存在陀螺本身整体与外力的对应关系，还存在着其内部的由不同材料构成的各种单体，存在着这些不同性质单体间的相互作用、相互影响，而且还是一种各自对应的随时变化的动态平衡。

由于木制陀螺是用同一种固体原材料制成,仅表现为陀螺本身与外力的对应关系,可以说几乎不存在陀螺内部要素的对应与变化。而我们的社会陀螺现象远比玩具陀螺现象复杂得多。

我们的社会陀螺就像一个空心陀螺,里面由多种具相对位移的不同原材料制成的社会单体构成。

现在就让我们从非现场的要素分析开始,用东方陀螺现象作为指引道具,对非现场经济的各要素以及这些要素的动态平衡现象作初步的分析与研究。

一、非现场经济的要素对应

我们现在再回到我们小时候玩的木制陀螺,由于它是同种材料实心制成的,当其制作完成后,其内在的构成元素是固化的,影响它运行的主要因素仅来自外力。

然而,我们要研究的社会经济现象却是一个活化的陀螺对象,其结构体内部的各构成元素不仅随着整个运行体的运动而运动,同时这些构成元素的自身还分别地按照各自的运动规律,不断地各自运动变化着,并共同地影响着整个运行体的平衡运行态势。

这犹如地球在太阳系里的运行规则,一方面地球绕着地轴自转,同时又绕着太阳公转,并随着太阳系的整体参与到银河系的运行,更是作为银河系的一个小分子而一起参与到整个浩瀚的宇宙运动中去。

对社会经济这个特殊的"回旋体"开展全面细致的课题研究,是一个相当复杂而庞大的工作,我们在这里只是作个起头的尝试,目的是引发各有识之士的重视和参与,共同来完善修正这一理论。

就笔者个人的学识、才能和实力,只能是作个非常初步的分析思考,希望的是:能够尝试地多提供一个非现场经济研究的综合分析工具。

现在,我们先从社会经济基本体所涉及的几个主要影响元素谈起,我们将采用要素列表的形式把几个具代表性的要素表述出来。

1.社会经济基础层面最具代表性的要素

Factor 1 自由:市场自由度、公平度。它是指自由市场本身具有的自由与公平力量,属于人为不容易调整的因素。

Factor 2 公权力:公权力介入度、政府干预度。它是指有公权力的政府或其他组织使用权力干预市场的力度,与自由对应,属于人为容易调整的因素。

Factor 3 垄断:包括国家垄断、私人垄断。与国家组织类型和市场经济模式相关联,垄断是市场经济发展的必然,属于人为难调整的因素。

Factor 4 文化类型：哲学观、道德水准和不同民族的文化特性指标。它主要是通过对垄断的容忍度来表示出来。对应垄断，人们可以通过调节对垄断的容忍程度，修正法律来控制垄断现象，属于人为容易调整的因素。

Factor 5 资本：市场的动力。它主要是指市场本身的资本积累，包含国家资本，但不包括一个国家政府的财政规模，政府财政内容只有在演变为国家资本或国家负债参与市场行为时，才纳入市场资本的总范围内予以参考。

Factor 6 利益：利益获取空间。人们可以根据整个经济运行的态势，通过控制自己的利益欲望，在不同时段的不同状况来调整利益获取的期望值。

Factor 7 人力资源：就业率。它是整个社会所能够供应的劳动力量和整个市场经济体系所能容纳接受劳动力的量。

Factor 8 保障：对应人力资源。人们通过社会保障与公众利益保障来影响就业率，属于认为容易调整的因素。

Factor 9 资源：自然资源。它主要表现为物质资源和能源资源；

Factor 10 开发：自然有限资源的开发度。它属于人为容易调整和控制。

2. 非现场经济的层面最具代表性的要素

Factor 1 社会需求：非现场经济发展趋势在不同社会阶段的需求不同，是伴随社会进步和市场发展不断带来的，属于人为不容易调整的因素。

Factor 2 应用性：非现场经济的应用与服务表现出的便捷程度。非现场经济里应用与服务的环境保障(便捷性与安全性的平衡)，是通过人们的设计创造来不断平衡的，属于人为主动容易调整的因素。

Factor 3：智慧技术：新信息时代里支撑智慧社会的各种科技技术的成果。由技术创新力度和技术积累形成，是人们主动参与技术研发和技术储备的力量程度，属于人为短期难易调整的因素。

Factor 4：智慧共享平台：是智慧经济时代知识共享、知识成果共享和应用功能共享的体系平台，是人们快速、廉价和全面地获取各种信息及其获得低成本的便捷应用可能程度。

Factor 5 EMC：非现场经济里边际成本的新特征，是市场经济与技术经济发展的必然，以便获取更大的边际效益。

Factor 6 智慧劳动：智慧劳动是人类劳动在智慧经济时代的表现，是适应环境的能力和高效快速的发现事物、创造新事物的运动能力程度；

Factor 7 信息本身：信息本身的完整性和获取渠道的充分性，非现场经济下人为可以借助智慧技术加大信息本身的完整性趋势，人们只能缩小这种信息获取不完整性，但人为很难也不可能彻底消除这种信息不完整、不对称现象。

Factor 8 智能终端：非现场经济的应用与服务表现窗口，包括固定终端和移动终端，由社会需求和技术支撑力量共同来实现。由于固定终端向移动终端倾斜是发展趋势，所以智能移动终端是一个重要体系指标。

3. 非现场经济的基础要素与代表要素的两个层面结构示意(见图 6-1)

整个社会经济运行体中的社会经济基础层面最具代表性的要素是直接影响整个经济基础面的要素，直接导致了行业经济运行大环境的优劣态势。

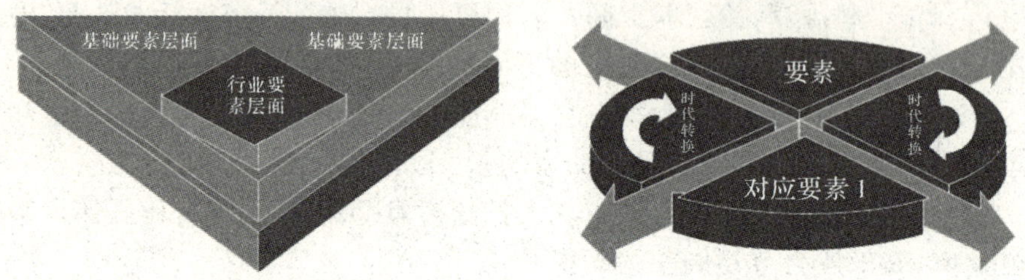

图 6-1　非现场经济结构示意

这里的人为容易调整和人为不容易调整的各个要素在同一个层里相互对应。

这些不同的基础要素处在同一回旋体中，随着不同阶段的不同时代转速一起运动。它们在各自运动变化的同时，相互对应、相互影响，协同作用于整个运行体的运行状态。

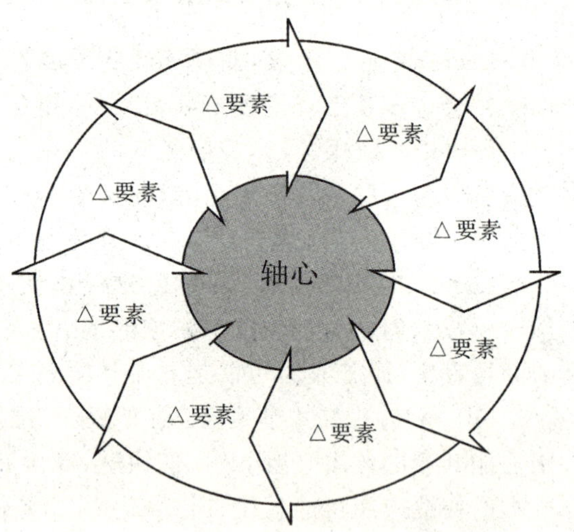

图 6-2　非现场经济要素共同运行示意

非现场经济的层面最具代表性的要素是在社会经环境层面的基础之上，那些对非现场经济运行产生重大影响的因素，它们的人为容易调整和人为不容易调整的各个要素也在同一个层面相互对应。同样在各自运动变化的同时，相互对应、相互影响，协同作用于整个运行体的运行状态。

同理，在非现场经济层面之上，还存在着行业层面(不同的产业层面，如通信产业)和企业层面(不同的企业单体，如电信企业)，这里我们不作一一的展开讨论分析，暂时仅以社会基础经济层面和非现场经济层面作为分析和讨论的对象。

这两个层面的各个要素在不同的层面运动，各个层面结合形成同一个运行整体，但是这两个层面之间也存在着层面与层面之间的相对运动。

也就是说这个社会性的回旋体中存在着要素变化、要素运动、层面运动和整体运行的相互作用和相互平衡的问题。

二、非现场经济要素的动态平衡需求

1.要素动力贡献值

玩具陀螺保持平衡的办法只要外力加大和持续即可，它就能保持回转体的持续平衡，而社会经济运行体的运行转速则不是单靠外力影响，而是要与回转体内各要素的动态紧密关联。

首先是假设这些要素（特别是人为容易调整的那些要素）不主动地发生自我改变。

此时总体上看，在运行体转速减小时，由于动力跟不上，运行体趋于不稳定；转速增大时，运行体趋于稳定。

但是这种增速过快的话，在向心力的作用下，由于各要素的质量不同，产生的离心现象程度也不同，造成了回转体内部结构的变化，这样的结果是，体内结构失衡，增速又加快，增速加快失衡更严重，进入一个恶性循环，最终导致彻底失衡。

平衡条件：物体在很多情况下都能呈现平衡状态，不只是在静止的时候，当它在动的时候也会达到平衡（包括星体的运行），有些平衡状态能持久，而有些只是短暂现象。

当陀螺受力旋转时，因各方向离心力总和达到平衡，因此陀螺能暂时利用"轴端"这个支点而站立，并保持动态平衡的状态。

同样道理，如果把我们的经济运行体看成一个陀螺体，那么就同样需要有一个持续的动力来保障其保持动态平衡。

我们的社会学研究毕竟不同于简单的机械运动研究，事实上这个调节器不能存在于社会经济运行体的外部，而是只能仅仅存在于我们社会经济这个运行体的内部，仅仅与内在的各要素相关联。

那我们如何来解决这个动力来源的问题呢？于是，我们假设了这个陀螺体是靠电力驱动的，我们就可以根据不同状态的需要，通过调节电力的强弱，而获得其增速或减速的动力。

现在的问题是由谁来控制这个调节器？怎样才能找到运行体内各要素与这个动力调节器的关联点，以及它们相互间的相互影响的关系呢？

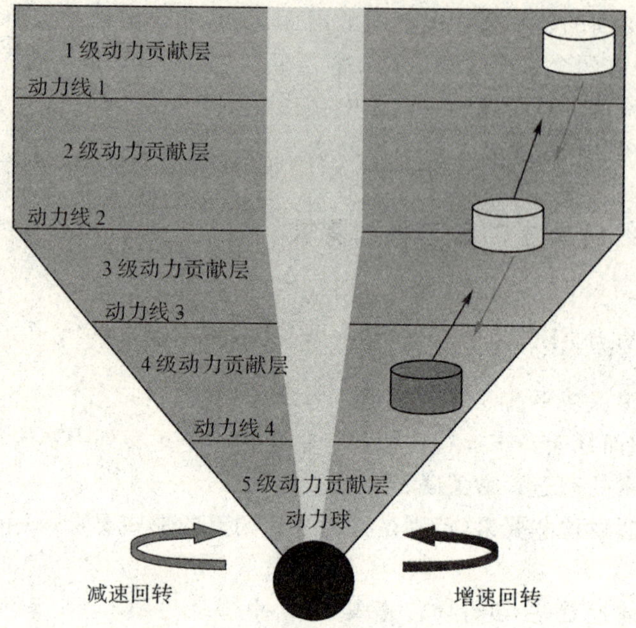

图 6-3 非现场要素动态运行示意

我们通过机械的运动规律可以看到一个现象：假设一个空心的陀螺中盛满液体其中放置若干个比重适当比该液体大点的固态物体，我们就可以发现另一个现象：当陀螺增速时，该固体物在向心力的作用下，发生了离心现象，向上向外位移；当陀螺减速时，该固体物在重力的作用下，发生了向下向内位移的现象。（见图 6-3 所示）

于是，我们就在陀螺体内设计了若干条提供不同动力值的动力触发线，将调节器设置在了社会经济运行体这个陀螺本身的内部了。

现在我们可以设想下这样场景了，当陀螺体减速运行时，我们的固态物（要素）下沉，下沉时将触动高位动力线，此时我们得到体外动力补充，陀螺体将开始增速；当陀螺体增速运行时，我们的固态物（要素）上浮，也将触动低位动力线，此时我们得到体外动力减弱，陀螺体将开始减速。

而且陀螺题减速越快，触发的动力线越高位，提供的动力也越强，反过来增速越大触发的动力线越低位，提供的动力衰减值也越强。

这样的结果是相互作用相互影响，共同维护陀螺体的动态平衡。

信息经济单体运行示意，如图 6-3 所示。

此示意图我们想说明的是：该经济运转的陀螺体的外力增加减少，我们可以通过内部要素的自动或不自动（人为干预）的调整来触发不同的动力线来调整运行体的增速或减速。

2.多层式的动态平衡

前面我们讲到了由于社会经济运行体是多层次的，且各层次间的运行属于相互作用的非同速共轴现象，我们的研究也就要求我们是从单体运行研究转到复合运行研究。

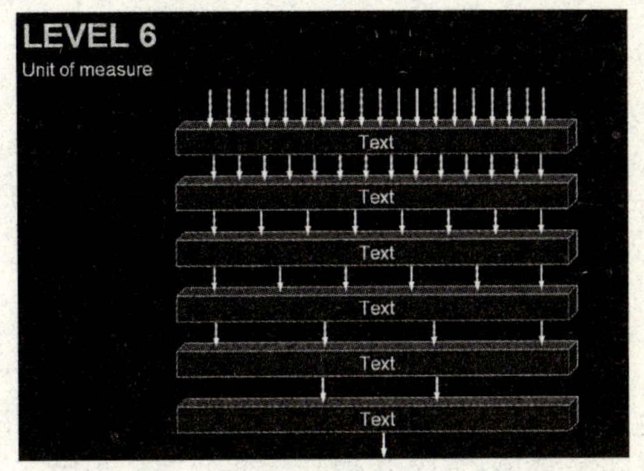

图 6-3　多层级离合器效应示意

我们研究非现场经济现象，是建立在社会基础经济运行体上的。

非现场经济现象和社会基础经济现象是一个整体，但又处于不同的运行层面，既相互关联一起运动，又相互间具一定的相对运动独立性，这种非同速的共轴运动形态就好比汽车上的一组不同转速的离合器。

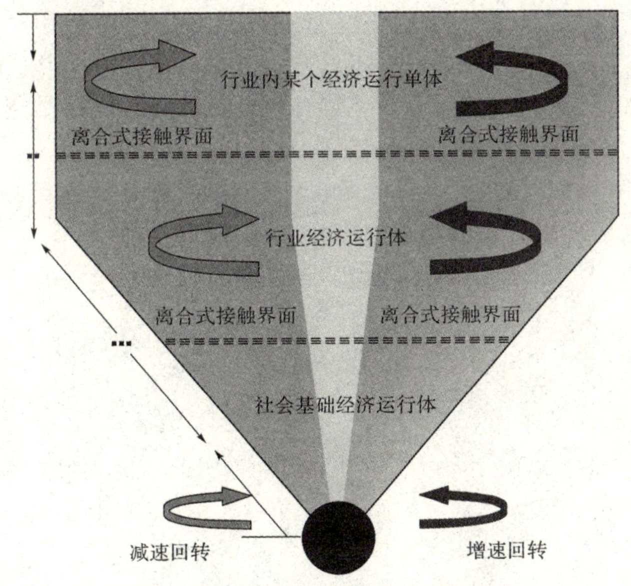

图 6-4　非现场经济多层级动态运行示意

社会基础经济现象是一个大的运行基础单体，而非现场经济是属于叠加在其上的另一个具一定相对独立的运行单体。

两者在共同一起运行时，首先受基础运行面的影响，再各自按自己的运转规律相互作用、相互影响。

有时同向同速运转，有时同向不同速，更有时反向运转。

这也就解释了有时整个经济大环境不好的情况下，非现场经济仍然保持独自高增长的现象（我们称它为恶劣环境下的竞争性商机）。

这在某些地方有点像无级变速原理：引擎与变速器联动，共同对实际的传动轴的转速产生影响，最终导致不同状态下油门一样、引擎转速一样，而汽车的实际形成的行进速度却不一样，这里的关键点是离合式接触面的应用。

整体运行却非同速的共轴现象的离合器现象示意（即多体复合的运行），如图 6-5 所示。

这里的社会基础经济运行体、行业经济运行体（比如非现场经济体）、行业内某个经济运行体（比如某个企业）是三块各自不同的运转方向和运转速度的运转单体，但又叠加在一起共同形成一个社会经济运行的整体。

这里既像汽车传动原理，又像太阳系的公转和自转原理。

这样，我们就可以很容易理解自动引擎本身与人为干预间的关系。

也可以解释在基础运行环境较差的情况下，为什么有些行业或有些企业还是可以高速增长的现象了。

3. 要素位移现象与整体平衡

非现场经济的“东方陀螺分析工具”中的要素与平衡就是非现场经济的“东方陀螺现象”动则恒动的持续性分析。

换句话说，智慧经济的“东方陀螺现象”的恒动就是非现场经济现象在各个层面的内在和外在各要素之间的动态平衡。

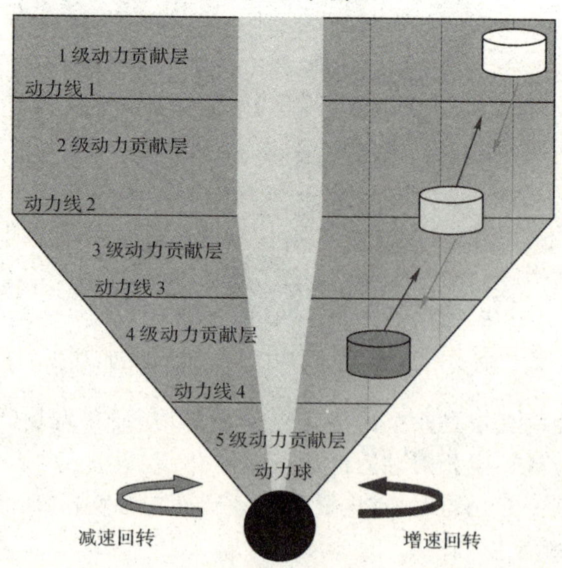

图 6-6　非现场经济模拟动力来源示意

通过我们对"空心的盛满液体再放置若干固态物体"的陀螺体的观察，我们发现随着陀螺增减速的变化，固体物发生了不同的位移现象。而且在自动发生位移的同时，我们还可以通过人为地干预那些容易调整的要素，使其质量发生变化或直接移动固体物也会影响整个运转体的运行状态。

为了说明这种自动的位移或人为的干预所触发的对整个运行体的影响力，我们在运行体内部设定了若干条动力触发线。也就是固体物上下移动时将触动不同等级的动力线，而改变动力输入值增加或减少，包括自动位移和人为干预的位移都将会出现分别触动不同动力线的现象。（如图 6-6 所示）

我们把这个多层面的动态陀螺体看成是社会经济的整个运行体，把陀螺体内各个固体物，看成影响经济体运行的各个要素。那么，我们现在就可以借助要素的分值关系来加以量化的分析了。

第三节　非现场经济要素的分值设计

为了便于量化分析各要素对整体经济体运行的影响，我们对各要素采用了分值法来开展研究。

由于我们是在古老的东方哲学思维影响下的要素分值系数的设定，故我们给它取个名，就统称它为东方智慧系数。

一、静态要素分值

静态要素分值也称要素基础分值。

1. 要素分值的系数比

要素分值的系数比指被研究的运行体内各要素的分级设定以及设定它们之间的一定的系数比例。

我们根据要素的影响力程度将各要素的静态分值设为三级，基数设定为 16。

我们取 16 为基数，其取意为：东方古老的 16 两制，反映的是朴实的诚信文化，我国古老的 16 两制的星花，寓意是对应的天上北斗七星、南斗六星和"福禄寿"三星这 16 颗天星，寓含着"缺斤少两"触犯的是天上对应的星。

我们在东方古老寓言的启发下，通过比对分析各种情况，归纳设定了各要素间的关系比例。

结合：$A=\dfrac{\text{使用价值}(B)}{\text{劳动消耗}(C)}$，$R=B/(C-C_1)$和三要素平衡、新边际 EMC：

我们综合以上各种因素设定了以下基本分值关系表，以确立一个基本的可量化分析道具。

表 6-1　要素分值的系数比

项目＼内容		社会经济影响要素（基础要素）			非现场经济影响要素（代表性要素）		
		社会要素	人为不易调整要素	人为容易调整要素	行业要素	人为不易调整要素	人为容易调整要素
权重	占比		16×(1+100%)	16×(1+50%)		16×(1+150%)	16×(1+200%)
1 级要素	100%	自由	32		社会需求	40	
		公权力		24	应用创新		48
2 级要素	60%	垄断	19.2		创新机制	24	
		文化类型		14.4	智慧共享平台		28.8
		资本	19.2		*EMC*	24	
		利益		14.4	智慧劳动		28.8
3 级要素	30%	人力资源	9.6		信息本身	12	
		保障		7.2	智能终端		14.4
		资源	9.6				
		开发		7.2			

注：各要素内涵参见前一节所述。代表性要素的放大已经考虑了新边际成本带来的影响因素，关于新边际成本概念的详细分析参见后续章节。

2. 基础要素影响分值

基础要素影响分值指为了便于研究，以社会经济基础运行层面作为研究体，根据各要素的影响力的感知和各结构要素对运行体的运行原始基础影响力，进行分值设置。

分成市场为主导的难调控各要素和以人为主导的易调控各要素。

由于影响社会经济运行的要素很多，为了说明简单问题我们只分别选取了 5 组具一定对应关系的 10 个要素。

这套分值系研究者的人为设定值：取名为东方系数 B，用 B 加数值来表示。

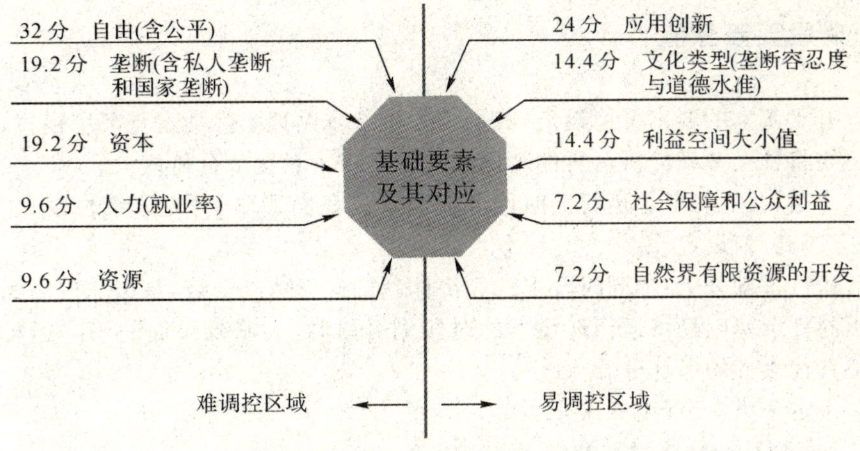

图 6-7　非现场经济基础层面分值设定示意

3. 代表性要素影响分值

代表性要素影响分值是指在基础要素影响下的非现场经济层面的研究体，在一个特定的行业内应用非现场经济的运行体，根据非现场里智慧劳动的单位使用价值的劳动消耗分析、非现场三要素平衡点分析以及非现场边际成本特点分析等，结合东方哲学思想，对非现场经济影响力的各结构要素对该运行体运行原始的影响力进行分值设置。

我们暂时选取了 4 组 8 个要素开展分析研究。

同样系研究者的设定值：取名为东方系数 I，用 I 加数值来表示。

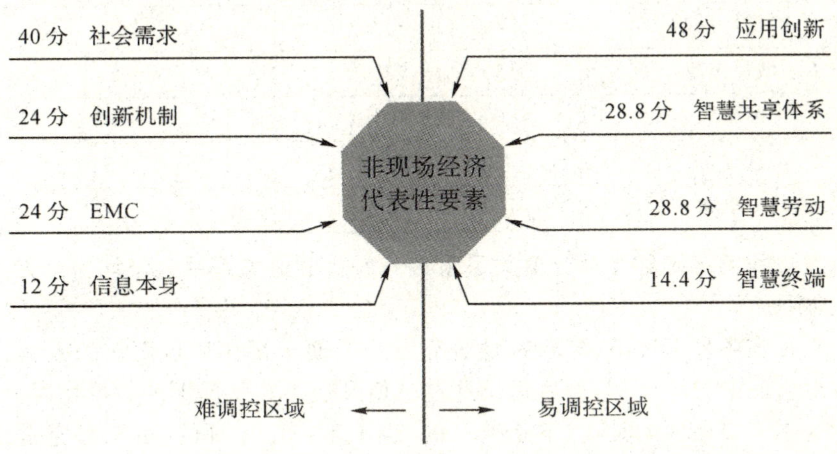

图 6-8　非现经济行业层面代表性分值设定示意

二、时段要素分值

有了基本的要素分值设定，我们为了进一步贴近实际的运行环境模拟，我们还要将社会基础经济运行的不同状态转变成可量化的分析值。

于是，我们就有了运行的时段分值设定。我们采取了“先分级再设分”的方法进行分值设定。

运行基础分级：不同时段下的经济体基础运行速度分级，是指非现场经济在不同社会基础经济运行环境下的时段划分，即社会基础层面的不同运行时段最具代表性的那部分。

设定分为 6 级（用 S 表示）：

1 级为社会经济增长初期，用 S_1 表示；

2 级为社会经济稳定增长期，用 S_2 表示；

3 级为社会经济高速增长期，用 S_3 表示；

4 级为社会经济下滑期，用 S_4 表示；

5 级为社会经济衰减期，用 S_5 表示；

6 级为社会经济萧条期，用 S_6 表示。

时段分值表的设计：时段分值表是对各时段的相互关系设定的系数比。根据东方人常以 60 分为合格，于是我们就首先追求合格，而不是全对全优的结果，所以我们取 60 为基数进行时段分值设定的基数。

	关　　系	实际分值
高速增长期	60 基准分值	60
稳定增长期	60×(1－40%)	36
增长初期	60×(1－50%)	30
萧条期	60×(1－90%)	6
衰减期	60×(1－70%)	18
下滑期	60×(1－60%)	24

这里我们可统称要素分值关系系数和时代分值关系系数等均为东方智慧系数体系。

它是在各种情况下的归纳，是研究者为了便于量化分析而作的人为设定的各要素间的关系比例，然后运用这些分值开展不同状况下的数据比对分析。

这里需要说明的是，它不是唯一的，也不是一定正确的，更不是完全结论的结果性工具。

要素分值设定的方法，提供的仅仅是一个思维方式和一个非现场经济的分析介质性工具，是分析研究的一个过渡性介质和过渡性桥梁，其分值本身不代表任何现实的经济价值，仅仅只是一个分析工具的天平砝码。

三、各要素变化分值

前面我们讲到各要素不仅仅是静态的，而且是不断地动态变化的。

因此光有静态的分值设定还是不够的，我们还要设定变化分值。这里的变化分值主要是指人们运用理性的技能，人为地通过主动调整某些认为容易调整的要素，干预性地实施某种影响经济体运行的行为，所带来的各分值变化。

用差值 ΔB 或 ΔI 或 ΔS 表示。比如：公权力由 24 分调制 48 分时的变化分值为 ΔB_{24}

1. 人为干预变化分值

要素在动态时被人为地改变其静态分值的行为，而获取的相对应的分值变化值。

主要表现在易调区范围的各要素分值（用红色表示），分社会基础层面干预和非现场经济代表性层面干预。

社会基础层面的要素变动通常是由公权力或政府的干预行为所产生的变动；非现场经济代表性的要素变动，通常是非现场经济活动中由经济运行主体或市场主体或企业的主动行为所产生的要素变动。

“难调区”里的要素往往是被自然力量或看不见的社会体制力量或市场特有的惯性力量所控制，加之这些因素在经济运行时也具有一定的自我修复功能，人们很难在短时间内变动或直接干预它们。

所以，我们在设定完“难调区”静态分值和要素之间或它们与易调区各要素的相对系数关系后，就不再采取人为变动的测算分析方式了，而是结合它们的自然属性的自动变化分值与“易调区”的人为调整分值联动来对分值变化作整体联动的动态分析比对。

2. 自动获取的变化分值

自动获取的变化分值也称自动对应变化分值，是指各要素在动态变化时因为对应的相互影响而自动获取的变化值，将直接作用于动力贡献形式。

这里指的是各要素随着不同的运行状态的改变时，受市场惯性和游戏规则的影响，自发修复或自动变化的现象带来的分值变化，包括“易调控区”的非现场经济代表要素和“难调控区”的基础要素本身自动带来的分值变化。

3. 综合影响力分值

综合影响力分值是指被研究体在被研究的特定时期情况下，各结构元素对运行体运行的实际影响力分值。

也就是我们最后采用运行体自动影响因素与人为影响因素的共同作用下的综合分值，来分析非现场经济运行走势。

综合影响力分值由基础分值和变化分值导出影响力分值。用$\sum$表示，由自动获取值＋人为干预与 ΔS 的差值构成。

它直接导致了各个要素在经济运行体运行发生变化时的能量供应的贡献值。

4. 要素动力分值

这里要表述的是，各要素的变化分值对整个经济运行体的动力提供影响值。

由于各要素的位移变化还会产生对转速推力的影响力，相当于对转速提供正向的外力能量。

这里的正向指的是这种动力作用是积极意义的，这个正向动力分值不仅代表经济运行体增速所需要的能量，也代表超高速时制动所需要的能量。

为了便于量化统计分析，我们采取“去两头”的方式，将综合影响力对应的“超高”和“超低”分值视作再增量无效，以选取的最高最低值为临界，用 P 表示，如表 6-2 所示。

表 6-2

动力提供负	动力提供负	无动力提供	1 级动力线	2 级动力线	3 级动力线	4 级动力线	超动力线
P_{-20}	P_{-10}	P_0	P_{10}	P_{20}	P_{30}	P_{40}	P_{60} 以上均按 50 记分
抵消值	抵消值	分析设定值＋自动获取值＋人为干预与 ΔS 的差值＝对应动力提供值的选取					

第四节　动态平衡分析工具

我们设计的动态平衡分析工具是一套简单的 Excel 表式，而不是复杂的数学模型。是在东方智慧系数体系设定完成的基础上，针对不同时段、不同层级的对象而进行分值统计与比对，最后导出的是统计数据和非现场指数的部分组合数据。它不是一个直接的正确与否的结论性数据，仅仅是参照东方软智慧的哲学原理，为后续深入的文字分析提供一些可量化的参考数据罢了。

一、分值统计与动力贡献导出表

这个 Excel 表式是一个统计和运算综合影响力分值的工具，在前面已经设立的要素关系与各类分值的基础上，利用这套统计表，采取调整人为干预值来求得综合影响力分值，再通过得出的综合影响力分值去触动对应的动力线，最终导出由各种要素变化带来的实际动力贡献值。

项目	内容	静态要素基础分值		要素动态分值		
		要素分值		要素变化分值		
				自动获取值	人为干预	人为干预与ΔS的差值
		分析设定值		（时段分值差+静态要素分值）	（根据不同时段需要人为干预力度的函数关系）	（基础要素为：上行ΔS-人为干预值，下行时对上人为干预值-ΔS；行业要素均为：ΔS+人为之和的关系。）
基础要素	自由	B32				
	公权力	B24				
	[illegible]	B19.2				
	文化	B14.4				
	资本	B19.2				
	[illegible]	B14.4				
	人力	B9.6				
	[illegible]	B7.2				
	[illegible]	B9.6				
	开发	B7.2				
行业要素	社会需求	I 40				
	[illegible]	I 48				
	智慧技术	I 24				
	[illegible]	I 28.8				
	劳动成本	I 24				
	[illegible]	I 28.8				
	信息本身	I 12				
	安全性	I 14.4				
基础时段要素分值	增长初期	S30				
	稳定增长期	S36				
	高速增长期	S60				
	下滑期	S24				
	衰减期	S18				
	萧条期	S6				
动力提供值之和						

动力要素分值								
动力提供负	动力提供负	无动力提供	1级动力线	2级动力线	3级动力线	4级动力线	5级动力线	超动力线
P-30	P-10	P0	P10	P20	P30	P40	P50	P60以上均按60记分
抵消值	抵消值	分析设定值+自动获取值+人为干预与ΔS的差值 = 对应动力提供值的选取						
520分　其中：社会290\行业230								

根据动力贡献值的分析比对，设想产生对该经济运行体提供的动力增补或减退，从而产生该经济运行体的运行速度进行增速或减速推断，直接表现为运行的提速或减速，也就是我们经济学上常讲的经济升温或经济降温。

分值统计与动力贡献导出表设计说明：

1. 自动获取变化值

自动获取变化值是指由于市场机制具有自我修复和自我完善的功能，各要素（不论社会要素或行业要素）在已经设定的基础分值前提下，处在不同时段的社会经济运行环境下，随着整体社会经济运行上行或下行，以及增速减速的幅度的变化而将自动获得相应的分值变化。

2. 人为干预变化值

人为干预变化值是指各要素（不论社会要素或行业要素）里的人为易调区内的各要素，在自动获取变化值的同时，人们发挥主观能动性，对易调区要素进行人为干预而获取的分值再增减。

3. 时段分值

时段分值是指由于整个社会经济运行环境是在不断运动之中，存在着上下行或平行的态势，即使是同在上行或下行，也存在上下行的速度不一样，也就是我们常讲的高速增长期、衰减期等，我们将分别划分了 6 种时段，并给他们设定了基础分值。

4. 时段差值

时段差值是指整个社会经济运行的环境从一种状态演变到另一种状态时，这两个状态的时段分值之差，正值表示经济运行上行态势，负值表示经济运行处于下行态势。

5. 综合影响力分值

综合影响力分值是指各要素在静态分值的基础上，随着不同时段的变化，自动与人为干预叠加作用，最终得到的变化分值之和，它直接决定了实际的动力触发程度。

6. 动力要素分值

动力要素分值是指我们假设运行体内存在着看不见的动力线，随着各要素综合影响力分值的变化，上下浮动而触动不同的动力线，分别不同程度地对整个经济运行体提供维持平衡运行的补充动力。

7. 动力提供导出值

动力提供导出值是指各要素的综合影响力分值，分别不同程度地提供的动力之和，为了便于集中反映核心力量，也便于分析比对，我们采取了去两头的方式进行取值计算。

8. 非现场参考指标

非现场参考指标，这个工具不仅表现出了人为干预的与整个运行的关系，通过不同人为干预值的设定来比对，分析不同时段过高过低人为干预的危害，帮助我们根据不同的状态选择最佳的人为干预程度。

同时也导出一个能在一定程度上反映非现场经济在经济运行体中的贡献程度的参考指标 RFGX(人为的非现场经济贡献指标)和 FCD(非现场经济贡献程度比值指标)，为后续章节里我们的“非现场经济指数”的设计提供一个方面的组合数据来源。

二、比对分析

有了静态分值设计、动态分值设计、动力分值设计和统计分析表设计，我们就可以开展需要分析的对象了，是我们选定时段下的非现场经济比对分析。

为了比较容易说明问题，我们选取了两个较为明显的时间段作为分析对象：

(1)全球金融危机笼罩下的 2008 年下半年。

(2)全球经济回暖的 2010 年上半年。

分析在这两个典型时段里，我们通过适当的人为干预与不适当的人为干预的几种状态，逐个地开展数据比对分析。

我们先根据前面设计的系数方案，将各种要素的假设数据填入这套表式内，再根据不同时段选取不同时代分值，最后选取认为干预的程度，一一录入该表式内，以便求出该时段的一些我们需要的数据。

(1)A 状态：实际的 2008 年下半年度(下行)，社会和行业均适度的人为干预状态。

结果：要素综合影响力总分值为 451；行业总分值为 451，其中行业人为贡献值为 182，行业自动值为 28，社会人为贡献值为 241；动力贡献总值为 430。

2008年6月30日–2008年12月30日（下行）
中国信息经济东方陀螺定律初步分析。

	项目	内容	静态要素基础分值		要素动态分值				要素综合影响力总分值	动力要素分值							
			要素分值		要素变化分值					动力提供负	动力提供负	无动力提供	1级动力级	2级动力级	3级动力级	4级动力级	超动力级
					自动获取值	人为干预		人为干预与ΔS的差值		P-20	P-10	P0	P10	P20	P30	P40	P50以上均按50记分
			分析设定值		（时段分值表+静态要素分值）	（根据不同时段需要人为干预力度的倍数关系）		（基础要素为：上行ΔS-人为干预值，下行时行上人为干预值-ΔS；行业要素均为：ΔS+人为之和的关系；）	自动获取值+人为干预与ΔS的差值	抵消值	抵消值	分析设定值+自动获取值+人为干预与ΔS的差值 = 对应动力提供值的选取					
6	基础要素	自由	B32	32	14	0			14					■			
7		公权力	B24	24	0	2倍	2	90	90								■
8		基础	B19.2	19.2	1.2	0			1.2				■				
9		文化类型	B14.4	14.4	0	2倍	2	61.2	61.2								■
10		资本	B19.2	19.2	1.2	0			1.2				■				
11		利益	B14.4	14.4	0	0倍	0	32.4	32.4							■	
12		人力资源	B9.6	9.6	-8.4	0			-8.4		■						
13		保障	B7.2	7.2	0	1倍	1	32.4	32.4							■	
14		资源	B9.6	9.6	-8.4	0			-8.4		■						
15		开放	B7.2	7.2	0	0倍	0	25.2	25.2						■		
16																	
17	行业要素	社会需求	I 40	40	22	0			22						■		
18		应用性	I 48	48	0	1倍	1	78	78								■
19		智能技术	I 24	24	6	0			6				■				
20		智能保护	I 28.8	28.8	0	1倍	1	39.6	39.6							■	
21		IDC	I 24	24	6	0			6				■				
22		技术创新	I 28.8	28.8	0	1倍	1	39.6	39.6							■	
23		信息本身	I 12	12	-6	0			-6		■						
24		使用成本	I 14.4	14.4	0	2倍	2	25.2	25.2						■		
25					27.6				451.2								
26	基础时段要素分值	增长初期	S30		此阶段为稳定增长期向衰减期转化：属于下行负值，S36-S18 = - ΔS18												
27		稳定增长期	S36						-18								
28		高速增长期	S60														
29		下滑期	S24														
30		衰减期	S18														
31		萧条期	S6														
32					行业自动	社会人为贡献		行业人为贡献	行业总贡献								
33	动力提供值之和				28	241.2		182.4	210.4	430							

RFGX：0.424；$\frac{行业人为分值}{总动力贡献值}$　　　FCD：0.715；$1-\frac{1}{行业总分之值}$，

(2)A1 状态:实际的 2008 年下半年度(下行),均不开展人为干预。

结果:要素综合影响力总分值为 232;行业总分值为 76,其中行业人为贡献值为 48,行业自动值为 28,社会人为贡献值为 157;动力贡献总值为 310。

2008年6月30日–2008年12月30日(下行)中国信息经济东方陀螺定律初步分析。

项目	内容	静态要素基础分值：要素分值 / 分析设定值		要素动态分值 / 要素变化分值：自动获取值(时段分值差+静态要素分值)	人为干预(根据不同时段需要人为干预力度的倍数关系)		人为干预与ΔS的差值(基础要素为：上行ΔS–人为干预值，下行时行上人为干预值–ΔS；行业要素均为：ΔS+人为之和的关系；)	要素综合影响力总分值(自动获取值+人为干预与ΔS的差值)	动力要素分值
基础要素	自由	B32	32	14	0			14	
	公权力	B24	24	0	0倍	0	42	42	
	垄断	B19.2	19.2	1.2	0			1.2	
	文化类型	B14.4	14.4	0	0倍	0	32.4	32.4	
	资本	B19.2	19.2	1.2	0			1.2	
	利益	B14.4	14.4	0	0倍	0	32.4	32.4	
	人力资源	B9.6	9.6	-8.4	0			-8.4	
	保障	B7.2	7.2	0	0倍	0	25.2	25.2	
	资源	B9.6	9.6	-8.4	0			-8.4	
	开放	B7.2	7.2	0	0倍	0	25.2	25.2	
行业要素	社会需求	I 40	40	22	0			22	
	应用性	I 48	48	0	0倍	0	30	30	
	关键技术	I 24	24	6	0			6	
	营运模式	I 28.8	28.8	0	0倍	0	10.8	10.8	
	IT化	I 24	24	6	0			6	
	技术创新	I 28.8	28.8	0	0倍	0	10.8	10.8	
	信息本身	I 12	12	-6	0			-6	
	使用成本	I 14.4	14.4	0	0倍	0	-3.6	-3.6	
				27.6				232.8	
基础时段要素分值	增长初期	S30		此阶段为稳定增长期向衰减期转化，属于下行负值，S36–S18 = – ΔS18					
	稳定增长期	S36						-18	
	高速增长期	S60							
	下滑期	S24							
	衰减期	S18							
	消亡期	S6							
				行业自动	社会人为贡献		行业人为贡献	行业总贡献	
动力提供值之和				28	157.2		48	76	310

动力要素分值:

动力提供负	动力提供负	无动力提供	1级动力位	2级动力位	3级动力位	4级动力位	超动力位
P-20	P-10	P0	P10	P20	P30	P40	P50以上均按50记分
抵消值	抵消值	分析设定值+自动获取值+人为干预与ΔS的差值 = 对应动力提供值的选取					

RFGX:0.155　　　　FCD:0.211

(3)B 状态:实际的 2010 年 1 月 30 日—2010 年 6 月 30 日(上行),行业适度的人为干预、社会不干预的状态。

结果:要素综合影响力总分值为 470;行业总分值为 388,其中行业人为贡献值为 264,行业自动值为 124,社会人为贡献值为—37;动力贡献总值为 400。

2010年1月30日–2010年6月30日(上行)中国信息经济东方陀螺定律初步分析。

项目	内容	静态要素基础分值：要素分值 / 分析设定值		要素动态分值 / 要素变化分值：自动获取值(时段分值差+静态要素分值)	人为干预(根据不同时段需要人为干预力度的倍数关系)		人为干预与ΔS的差值(基础要素为：上行ΔS–人为干预值，下行时行上人为干预值–ΔS；行业要素均为：ΔS+人为之和的关系；)	要素综合影响力总分值(自动获取值+人为干预与ΔS的差值)	动力要素分值
基础要素	自由	B32	32	38	0			38	
	公权力	B24	24	0	0倍	0	-18	-18	
	垄断	B19.2	19.2	25.2	0			25.2	
	文化类型	B14.4	14.4	0	0倍	0	-8.4	-8.4	
	资本	B19.2	19.2	25.2	0			25.2	
	利益	B14.4	14.4	0	0倍	0	-8.4	-8.4	
	人力资源	B9.6	9.6	15.6	0			15.6	
	保障	B7.2	7.2	0	0倍	0	-1.2	-1.2	
	资源	B9.6	9.6	15.6	0			15.6	
	开放	B7.2	7.2	0	0倍	0	-1.2	-1.2	
行业要素	社会需求	I 40	40	46	0			46	
	应用性	I 48	48	0	1倍	1	102	102	
	关键技术	I 24	24	30	0			30	
	营运模式	I 28.8	28.8	0	1倍	1	63.6	63.6	
	IT化	I 24	24	30	0			30	
	技术创新	I 28.8	28.8	0	1倍	1	63.6	63.6	
	信息本身	I 12	12	18	0			18	
	使用成本	I 14.4	14.4	0	1倍	1	34.8	34.8	
				243.6				470.4	
基础时段要素分值	增长初期	S30		此阶段为下滑期向增长初期转化，属于上行正值，S30–S24 = + ΔS6					
	稳定增长期	S36							
	高速增长期	S60						6	
	下滑期	S24							
	衰减期	S18							
	消亡期	S6							
				行业自动	社会人为贡献		行业人为贡献	行业总贡献	
动力提供值之和				124	-37.2		264	388	400

动力要素分值:

动力提供负	动力提供负	无动力提供	1级动力位	2级动力位	3级动力位	4级动力位	超动力位
P-20	P-10	P0	P10	P20	P30	P40	P50以上均按50记分
抵消值	抵消值	分析设定值+自动获取值+人为干预与ΔS的差值 = 对应动力提供值的选取					

RFGX:0.660　　　　FCD:0.845

(4)B1 状态:实际的 2010 年 1 月 30 日—2010 年 6 月 30 日(上行),行业不人为干预、社会强干预的状态。

结果:要素综合影响力总分值为 148;行业总分值为 268,其中行业人为贡献值为 144,行业自动值为 244,社会人为贡献值为—238;动力贡献总值为 330。

1	2010年1月30日-2010年6月30日（上行）中国信息经济东方陀螺定律初步分析。																
2	项目	内容	静态要素基础分值		要素动态分值					动力要素分值							
3			要素分值		要素变化分值				要素综合影响力总分值	动力提供负	动力提供负	无动力提供	1级动力较	2级动力较	3级动力较	4级动力较	超动力较
4					自动获取值	人为干预		人为干预与ΔS的差值		P-20	P-10	P0	P10	P20	P30	P40	P50以上均按50记分
5			分析设定值		（时段分值差+静态要素分值）	（根据不同时段需要人为干预力度的倍数关系）		（基础要素为：上行ΔS-人为干预值，下行时行上人为干预值-ΔS；行业要素均为：ΔS+人为之和的关系。）	自动获取值+人为干预与ΔS的差值	抵消值	抵消值	分析设定值+自动获取值+人为干预与ΔS的差值 = 对应动力提供值的选取					
6	基础要素	自由	B32	32	38	0			38							■	
7		公权力	B24	24	0	3倍	3	-90	-90	■							
8		圣贤	B19.2	19.2	25.2	0			25.2						■		
9		文化类型	B14.4	14.4	0	3倍	3	-51.6	-51.6	■							
10		资本	B19.2	19.2	25.2	0			25.2						■		
11		利益	B14.4	14.4	0	3倍	3	-51.6	-51.6	■							
12		人力资源	B9.6	9.6	15.6	0			15.6					■			
13		保障	B7.2	7.2	0	3倍	3	-22.8	-22.8	■							
14		资源	B9.6	9.6	15.6	0			15.6					■			
15		开放	B7.2	7.2	0	3倍	3	-22.8	-22.8	■							
16																	
17	行业要素	社会需求	I 40	40	46	0			46								■
18		应用性	I 48	48	0	0倍	0	54	54								■
19		智能技术	I 24	24	30	0			30						■		
20		智能终端	I 28.8	28.8	0	0倍	0	34.8	34.8							■	
21		IDC	I 24	24	30	0			30						■		
22		技术创新	I 28.8	28.8	0	0倍	0	34.8	34.8							■	
23		信息服务	I 12	12	18	0			18					■			
24		使用成本	I 14.4	14.4	0	0倍	0	20.4	20.4						■		
25					243.6				148.8								
26	基础时段要素分值	增长初期	S30		此阶段为下滑期向增长初期转化，属于上行正值，S30-S24 = + ΔS6												
27		稳定增长期	S36														
28		高速增长期	S60						6								
29		下滑期	S24														
30		衰减期	S18														
31		萧条期	S6														
32					行业自动	社会人为贡献		行业人为贡献	行业总贡献								
33	动力提供值之和				124	-238.8		144	268	330							

RFGX：0.436　　　　FCD：0.776

(5)B2 状态:实际的 2010 年 1 月 30 日—2010 年 6 月 30 日(上行),行业不人为干预、社会强干预的状态。(B2 开始假设是进入高速增长)

结果:要素综合影响力总分值为 580;行业总分值为 460,其中行业人为贡献值为 240,行业自动值为 220,社会人为贡献值为—118;动力贡献总值为 590。

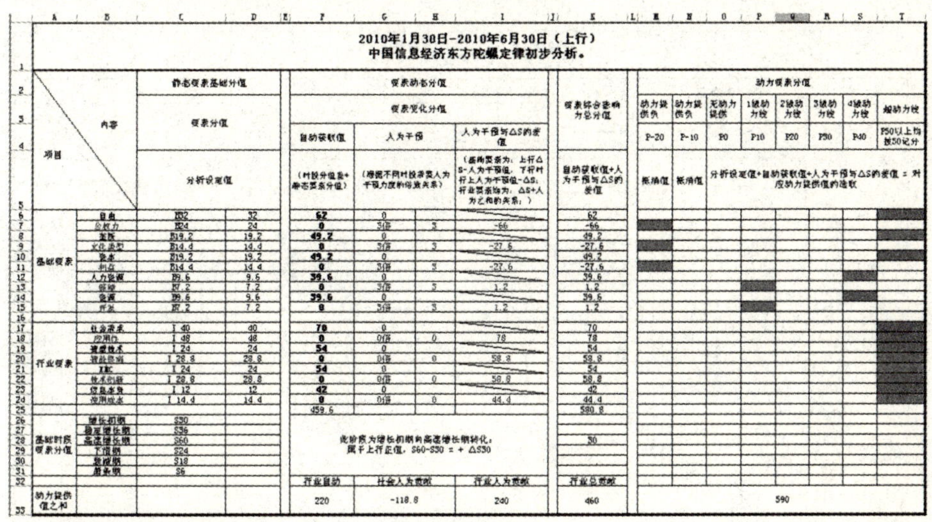

1	2010年1月30日-2010年6月30日（上行）中国信息经济东方陀螺定律初步分析。																
2	项目	内容	静态要素基础分值		要素动态分值					动力要素分值							
3			要素分值		要素变化分值				要素综合影响力总分值	动力提供负	动力提供负	无动力提供	1级动力较	2级动力较	3级动力较	4级动力较	超动力较
4					自动获取值	人为干预		人为干预与ΔS的差值		P-20	P-10	P0	P10	P20	P30	P40	P50以上均按50记分
5			分析设定值		（时段分值差+静态要素分值）	（根据不同时段需要人为干预力度的倍数关系）		（基础要素为：上行ΔS-人为干预值，下行时行上人为干预值-ΔS；行业要素均为：ΔS+人为之和的关系。）	自动获取值+人为干预与ΔS的差值	抵消值	抵消值	分析设定值+自动获取值+人为干预与ΔS的差值 = 对应动力提供值的选取					
6	基础要素	自由	B32	32	62	0			62								■
7		公权力	B24	24	0	3倍	3	-66	-66	■							
8		圣贤	B19.2	19.2	49.2	0			49.2								■
9		文化类型	B14.4	14.4	0	3倍	3	-27.6	-27.6	■							
10		资本	B19.2	19.2	49.2	0			49.2								■
11		利益	B14.4	14.4	0	3倍	3	-27.6	-27.6	■							
12		人力资源	B9.6	9.6	39.6	0			39.6							■	
13		保障	B7.2	7.2	0	3倍	3	1.2	1.2				■				
14		资源	B9.6	9.6	39.6	0			39.6							■	
15		开放	B7.2	7.2	0	3倍	3	1.2	1.2				■				
16																	
17	行业要素	社会需求	I 40	40	70	0			70								■
18		应用性	I 48	48	0	0倍	0	78	78								■
19		智能技术	I 24	24	54	0			54								■
20		智能终端	I 28.8	28.8	0	0倍	0	58.8	58.8								■
21		IDC	I 24	24	54	0			54								■
22		技术创新	I 28.8	28.8	0	0倍	0	58.8	58.8								■
23		信息服务	I 12	12	42	0			42								■
24		使用成本	I 14.4	14.4	0	0倍	0	44.4	44.4								■
25					459.6				580.8								
26	基础时段要素分值	增长初期	S30		此阶段为增长初期向高速增长期转化，属于上行正值，S60-S30 = + ΔS30												
27		稳定增长期	S36														
28		高速增长期	S60						30								
29		下滑期	S24														
30		衰减期	S18														
31		萧条期	S6														
32					行业自动	社会人为贡献		行业人为贡献	行业总贡献								
33	动力提供值之和				220	-118.8		240	460	590							

RFGX：0.407　　　　FCD：0.870

(6)B3 状态：实际的 2010 年 1 月 30 日－2010 年 6 月 30 日(上行)，行业适度为干预、社会不干预的状态。(B2 开始假设是进入高速增长)

结果：要素综合影响力总分值为 902；行业总分值为 580，其中行业人为贡献值为 360，行业自动值为 220，社会人为贡献值为 82；动力贡献总值为 740。

行	项目	内容	静态要素基础分值		要素动态分值				要素综合影响力总分值	动力要素分值							
1	2010年1月30日-2010年6月30日（上行）中国信息经济东方陀螺定律初步分析。																
3		内容	要素分值		要素变化分值				要素综合影响力总分值	动力提供负	动力提供负	无动力提供	1级动力校	2级动力校	3级动力校	4级动力校	超动力校
4	项目				自动获取值	人为干预		人为干预与ΔS的差值		P-20	P-10	P0	P10	P20	P30	P40	P50以上均按50记分
5			分析设定值		（时段分值差+静态要素分值）	（根据不同时段需要人为干预力度的倍数关系）		（影响要素为：上行ΔS-人为干预值，下行时行上人为干预值-ΔS；行业要素均为：ΔS+人为之和的关系；）	自动获取值+人为干预与ΔS的差值	抵消值	抵消值	分析设定值+自动获取值+人为干预与ΔS的差值＝对度动力提供值的选取					
6	基础要素	自由	B32	32	62	0			62								
7		公权力	B24	24	0	0倍	0	6	6								
8		美感	B19.2	19.2	49.2	0			49.2								
9		文化类型	B14.4	14.4	0	0倍	0	15.6	15.6								
10		资本	B19.2	19.2	49.2	0			49.2								
11		利益	B14.4	14.4	0	0倍	0	15.6	15.6								
12		人力资源	B9.6	9.6	39.6	0			39.6								
13		保险	B7.2	7.2	0	0倍	0	22.8	22.8								
14		货币	B9.6	9.6	39.6	0			39.6								
15		开发	B7.2	7.2	0	0倍	0	22.8	22.8								
16																	
17	行业要素	社会需求	I 40	40	70	0			70								
18		应用性	I 48	48	0	1倍	1	126	126								
19		智能技术	I 24	24	54	0			54								
20		智能终端	I 28.8	28.8	0	1倍	1	87.6	87.6								
21		ITC	I 24	24	54	0			54								
22		技术创新	I 28.8	28.8	0	1倍	1	87.6	87.6								
23		信息本身	I 12	12	42	0			42								
24		使用成本	I 14.4	14.4	0	1倍	1	58.8	58.8								
25					459.6				902.4								
26	基础时段要素分值	增长初期	S30		此阶段为增长初期向高速增长期转化，属于上行正值，S60-S30 = + ΔS30												
27		稳定增长期	S36														
28		高速增长期	S60						30								
29		下滑期	S24														
30		衰减期	S18														
31		萧条期	S6														
32					行业自动	社会人为贡献		行业人为贡献	行业总贡献								
33	动力提供值之和				220	82.8		360	580	740							

RFGX：0.486　　　　FCD：0.897

(7)B4 状态：实际的 2010 年 1 月 30 日－2010 年 6 月 30 日(上行)，行业适度为干预、社会强干预的状态。(B2 开始假设是进入高速增长)

结果：要素综合影响力总分值为 700；行业总分值为 580，其中行业人为贡献值为 360，行业自动值为 220，社会人为贡献值为－118；动力贡献总值为 590。

行	项目	内容	静态要素基础分值		要素动态分值				要素综合影响力总分值	动力要素分值							
1	2010年1月30日-2010年6月30日（上行）中国信息经济东方陀螺定律初步分析。																
3		内容	要素分值		要素变化分值				要素综合影响力总分值	动力提供负	动力提供负	无动力提供	1级动力校	2级动力校	3级动力校	4级动力校	超动力校
4	项目				自动获取值	人为干预		人为干预与ΔS的差值		P-20	P-10	P0	P10	P20	P30	P40	P50以上均按50记分
5			分析设定值		（时段分值差+静态要素分值）	（根据不同时段需要人为干预力度的倍数关系）		（影响要素为：上行ΔS-人为干预值，下行时行上人为干预值-ΔS；行业要素均为：ΔS+人为之和的关系；）	自动获取值+人为干预与ΔS的差值	抵消值	抵消值	分析设定值+自动获取值+人为干预与ΔS的差值＝对度动力提供值的选取					
6	基础要素	自由	B32	32	62	0			62								
7		公权力	B24	24	0	3倍	3	-66	-66								
8		美感	B19.2	19.2	49.2	0			49.2								
9		文化类型	B14.4	14.4	0	3倍	3	-27.6	-27.6								
10		资本	B19.2	19.2	49.2	0			49.2								
11		利益	B14.4	14.4	0	3倍	3	-27.6	-27.6								
12		人力资源	B9.6	9.6	39.6	0			39.6								
13		保险	B7.2	7.2	0	3倍	3	1.2	1.2								
14		货币	B9.6	9.6	39.6	0			39.6								
15		开发	B7.2	7.2	0	3倍	3	1.2	1.2								
16																	
17	行业要素	社会需求	I 40	40	70	0			70								
18		应用性	I 48	48	0	1倍	1	126	126								
19		智能技术	I 24	24	54	0			54								
20		智能终端	I 28.8	28.8	0	1倍	1	87.6	87.6								
21		ITC	I 24	24	54	0			54								
22		技术创新	I 28.8	28.8	0	1倍	1	87.6	87.6								
23		信息本身	I 12	12	42	0			42								
24		使用成本	I 14.4	14.4	0	1倍	1	58.8	58.8								
25					459.6				700.8								
26	基础时段要素分值	增长初期	S30		此阶段为增长初期向高速增长期转化，属于上行正值，S60-S30 = + ΔS30												
27		稳定增长期	S36														
28		高速增长期	S60						30								
29		下滑期	S24														
30		衰减期	S18														
31		萧条期	S6														
32					行业自动	社会人为贡献		行业人为贡献	行业总贡献								
33	动力提供值之和				220	-118.8		360	580	590							

RFGX：0.610　　　　FCD：0.897

三、分析比对的结果

动态平衡值比对结果：

	A	A1	B	B1	B2	B3	B4
上行	×	×	√	√	√	√	√
下行	√	√	×	×	×	×	×
社会干预	√	×	×	√	√	×	√
人为干预	√	×	√	√	√	√	√
RFGX	0.424	0.155	0.66	0.436	0.407	0.486	0.61
FCD	0.715	0.211	0.845	0.776	0.87	0.897	0.879

(1)上行：干预力增强为负向，干预力减少为正向。(注：社会分值负向是指控制力或限制力减小。)

(2)下行：干预减少为负向，干预增加为正向。

(3)不论上下行，市场还是存在自我修复机制，只是力度太弱。

(4)不论上下行，均需要社会基础层面适度的人为干预(包含增和减)。

(5)不论上下行，均需要适度行业层面的人为干预增加，不存在减的情况。

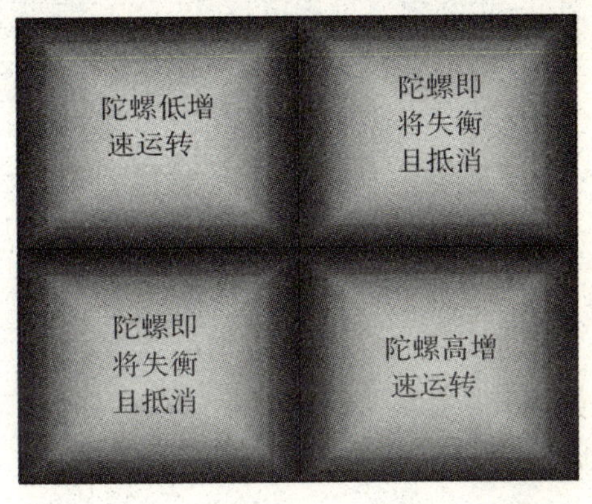

图 6-9　非现场经济运行陀螺现象结果示意

(6)人为干预位移原理：

分值高的，减速回转时加大质量，增速回转时减小质量。

分值低的，减速回转时、增速回转时质量不变。

快速旋转时，这些因素不但影响各要素的变化，ΔS。

慢速旋转时：

(7)上行原理：分值高的在减速回转时加大质量，以提高动力贡献值。

(8)下行原理：分值高的在增速回转时减小质量，以保持与对应要素回升的同步平衡。

小结：我们是指在东方哲学思想的指引下，以“东方软智慧与西方硬技术结合”的经济学思维研究方式，结合东方陀螺动态平衡的现象，运用“东方陀螺分析工具”(一套设定数值、系数和试图表式经济要素动态平衡)作为分析工具，导出非现场经济运行体内各要素相互之间的对应与平衡关系，以及非现场经济的两个参考指标。

通过东方陀螺分析工具分析，我们得出的是(见图 6-9)：

当经济运行体整体上行时，社会基础层面的干预力增强为负向，干预力减少为正向；下行时，社会基础层面的干预减少为负向，干预增加为正向。

不论上下行，市场还是存在自我修复机制。

不论上下行，均需要社会基础层面适度的人为干预(包含增和减)，非现场经济行业层面的人为干预增加，不存在减的情况。

这些均将反映在这样的“回旋体”中，反映在智慧劳动以及与智慧劳动相关的各要素动态平衡上。

东方陀螺分析工具分析最后要导出的是“非现场经济指数”的核心组成数据 RFGX 和 FCD。

并希望通过 RFGX 和 FCD 与其他采样数据的再组合产生出“非现场经济指数”，以“非现场经济指数”来反映智慧劳动效能的快速叠加效应趋势，以及智慧劳动开始冲击以资本为主导的社会经济基础面的影响力程度。

注：东方陀螺现象是反映社会经济各要素动态平衡的好途径，如何科学地设计一个更合理的分析工具和完整的数学模型，有待于日后在各专家的共同努力下再来完成了。

第七章

支撑非现场经济

第一节　智慧经济所处的智能生活环境

前面我们一起探讨了非现场经济的一些要素问题，现在就让我们一起回到支撑这个新经济现象的现实社会中来，再看看社会的承载力。

人类生产力的发展基本经历了动物态时代，石器时代，青铜器时代，铁器时代，蒸汽机时代，机械化时代，电气化时代和信息化时代。

在现代工业生产中，由于采用了科学技术，就能改革生产工艺、更新设备、提高生产效率、改造现有企业、扩大生产规模、降低能耗和成本等。

然而当我们进入了信息化时代，智能化不仅是加深了科技优化生产力的功能，更是突破了这个传统的提高生产效率的界限。

智慧经济的来临不仅仅突破了生产效能的界限，更重要的是，在把人们从繁重的体力劳动中解放出来，还将人们从固定场所的固定劳动时间向劳动自由场所和自由时间方向解放。

这种再解放极大地影响着我们的生活和经济的各个层面的变迁，也决定了我们整个社会经济结构的变化趋势。

为了全面把握智慧经济所呈现出的各种现象与趋势，更好地用经济学角度去观察研究这些新现象，我们从观察当今的智能生活现象的变化谈起。

随着互联网技术应用的日益普及，我们日常生活所使用的信息技术也十分广泛了，从家庭网上浏览到PC辅助理财、远程学习；从智能建筑到信息家电、多媒体信息流；从家用轿车科技到数字影视欣赏、数字旅游体验等。

信息技术实现了数字家庭、数字办公、数字出行，给居住、娱乐、学习、工作、出行、购物和理财等带来了深刻的变化，数字技术正全方位地向日常生活渗透，“数字生活”模式已经成为城市生活人群的主流模式。

它培育了民众的数字生活习惯和IT素质，极大地提高了全民的信息化认识与信息化应用能力，是推动我国信息产业与国家信息化发展的重要力量。

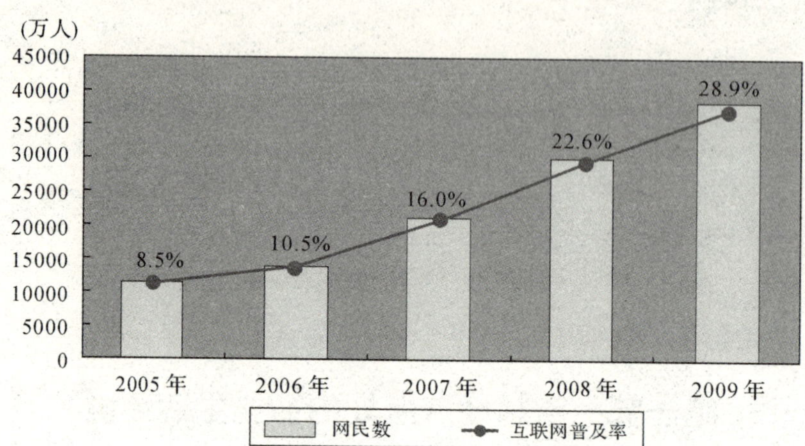

图 7-1 《第 24 次中国互联网络发展统计表》

这些提升了的民众信息化素质又反过来极大地推动着信息技术应用的各相关产业、商业、社会，也推动了政府对信息技术研发和在信息产品的投入与应用，在促进了人们对电脑、通信产品、电子产品的购买与消费的同时，推动的是相关产业的进步。

据中国互联网络信息中心(CNNIC)在京发布《第 24 次中国互联网络发展状况统计报告》显示，我国的网民规模和宽带网民规模增长迅猛，互联网规模稳居世界第一位。

截至 2009 年 6 月底，中国网民规模达到 3.38 亿人，较 2008 年年底增长 13.4%，半年增长了 4000 万人；而宽带网民规模则达到了 3.2 亿人，占总网民数的 94.3%，较 2008 年年底上升了 3.7 个百分点，我国互联网普及率的稳步提升。数据又显示，截至 2009 年 6 月底，我国互联网普及率达到 25.5%，保持平稳上升的态势。(如见 6-1 所示)(注：至 2010 年 12 月，中国网民规模已达 4.57 亿人)

智能化生活在数字生活的基础上也正快速地走向我们，走进我们的现实生活之中。正如互联网影响了我们的私人生活方式一样，智能生活还将彻底改变我们的家、生活环境和生活社区，将传统意义上的生活社区转变为公共资源共享的智能生活社区。

随着传感网与互联网的结合，智能生活也将在家庭生活中体现出来，科技进步让“家”也增添了许多时尚、科学的气息，在通信、IT 技术飞速发展的未来，我们的家庭将会变得更加智能、更加信息化。

可以说科技为我们带来的“家庭革命”：忙了一天回到家，智能厨房已经烧好远程设立的菜单中的佳肴，智能洗衣系统已经自动将衣服洗净烫好折叠好，窗和窗帘自动打开，灯光、电视室、音响也在你快进门时根据主人性格因素和环境因素自动调整启动了，室内温度自动根据主人习性调到最舒适的，浴缸里也已经放满热气腾腾的洗澡水，家庭影院多媒体系统及背景音乐系统，将采取多媒体与背景音乐线路共享，视频和音频系统通过家居布线或 LPC（电力线信号传输），将信号源接入各个房间及任何需要的地方（包括室内、露台及庭院），并加以分别的独立控制；室内仿真疗养小气候、室内仿真景观、新鲜空气置换系统等都成为家装首先要考虑的事项。

智能照明系统会对采集的各种信息进行相应的逻辑分析、推理、判断，并对分析结果按要求的形式存储、显示、传输，进行相应的工作状态信息反馈控制，以达到预期的控制效果，系统根据环境变化、客观要求、用户预定需求等条件而自动采集光源。

如果全家人远途旅游，也尽可放心，"智能管家"系统会帮你模拟有人在家的场景模式；远程监控还使得我们真正地安居乐业，家庭防盗防护、家庭设备监测与报警、周界侦测与入侵报警、家庭安防管理系统，家庭安防系统还与小区、社区的报警中心连接，实现联动报警。

当您出差在外或被交通堵塞困在路上，使用智能移动终端联网，实行远程控制即可，我们可以在任何地方随时在移动终端屏幕上调出即时的监控信息。它不仅表现在安防，还能查看家里宝宝睡得怎样，你只用一部智能移动终端就可以实现远程云台的控制，知道他睡得是否安静踏实或其他小孩有无安心做回家做作业或其他周围的即时情况等。

其实，这些已不再只是想象中所描写的场景，它已经实实在在地开始走入了我们的日常生活，在中国电信的体验厅里都已经能真实体验到。

社会经济的不断发展，信息化、智能化的程度也不断提高，人们对生活的品质追求开始从摆设型转向了智能型，于是住宅智能化也就提到议事日程上了。

智能家居改变了人们传统的生活方式，不仅使家居生活充满新奇时尚的个性，乐趣无穷，也使得我们的生活小区、生活环境智能了起来。

国家建设部住宅产业化办公室对于住宅小区智能化的基本概念是这样叙述的："住宅小区智能化是利用 4C（计算机、通信与网络、自控、IC 卡）技术，通过有效的传输网络，将多元信息服务与管理、物业管理与安防、住宅智能化系统集成，为住宅小区的服务与管理提供高技术的智能化手段，以期实现快捷高效的超值服务与管理，提供安全舒适的家居环境。"

简单地说，就是利用先进的网络通信技术、电力自动化技术、计算机技术、无线电技术，将与居家生活有关的各种设备有机地结合在一起，通过网络化的综合管理，让居家生活更轻松。

正如邹世昌院士描绘的“无线网络全覆盖”后的场景：看病不用出门，只要把芯片放在身上，信息就会通过网络传回到相关医院。中科院、材料学家邹世昌认为，上海世博会为中国留下怎样的“财富”？世博会所留下的将是科技成果的推广，通过世博会，芯片技术将更为被大家所熟悉。

“我们的生活中将充斥着形形色色的芯片技术。汽车、电脑、手机、交通卡、身份证、电子支付等，芯片技术给我们的生活带来了便利。”

如今3G、4G、物联网、云计算这些技术、数字工程、数字工具及系列智慧科学技术的应用，将为我们承托起的一种更便捷、更舒适、更安全的高品质智能生活模式，极大地改变着我们的生活，推动了我国经济结构整体的升级转型进程。

在数字生活正逐步进入我们的日常生活时，我们还来不及认真体会及享受数字生活带来的愉悦生活，IBM就率先提出了“智慧地球”口号，自这一概念提出之日，仿佛地球人一夜之间都变得“智慧”起来。

“智慧国家”、“智慧城市”、“智慧社区”等词汇频繁出现在各种正式与非正式大小场合。

这样看来如今建设部的这个要求显然偏低了，还是仅仅属于“数字生活”整合的范畴。

今天的“智慧”两字以前所未有的魅力，已经开始启动变革我们生活模式的步伐，预示着我们的“数字生活”已经提前过渡到了“智能生活”的第一阶段。

“智能生活”远比前面讲的数字生活的要求高得多，特别是物联网和云计算等技术的应用性加入，更是数字生活模式与智能生活模式区别的标示点，也就是《项目管理学》上常讲的里程碑性质，它标志着我们开始进入智慧时代。

笔者以为：所谓的“智能生活”其实就是在数字生活和ICT技术不断更新的基础上，运用和整合更新的智慧系列相关技术和手段，让我们生活得更加安全、方便、快捷，更加自由自在地去实现我们的智慧劳动和“非现场生活”内容，最终实现的是：可以更自我个性主张地去品质生活。

“智能生活”时代，不光是计算机技术、信息技术、网络技术、传感技术的进步和结合，还是生活品质的进步，承载的是更为精彩的生活内容，体现的是不同民族不同精彩的品质生活。

换句话说：“智能生活”是由互联网技术、物联网技术、云计算技术、智能终端技术等共同搭建的人工“智慧体系”在各民族的现实生活中的具体应用。

也可以说：互联网技术、物联网技术、云计算技术、智能终端技术在特定的应用层面的协同作战，再是不同民族文化支撑下的应用层面上的作用，这样才是真正智能生活。

这其中最为关键的是：科技成果的人性化整合应用与民族文化特征的内容相结合。

因此，中国式的“智能生活”一定是“智能技术”的运用与“中国软智慧”的融合。这就是：

“互联”+“物联”+“云计算”+“智能终端”=“智慧体系”

“智慧体系”在生活中的应用体现=“智能生活”

“智能生活”+“中国软智慧”=中国式的“智能生活”

换句话说：“智能生活”是由互联网技术、物联网技术、云计算技术、智能终端技术等共同搭建的人工“智慧体系”，在特定的中国文化生活环境中的具体应用。

它已经开始来临，并已经或即将对我们的生活模式和经济结构产生重大的变革性影响。

第二节　非现场经济的智能终端

我们从人类的再解放讨论到了智慧经济，从中国智慧经济模式讨论到非现场经济现象，现在让我们再一起来观察非现场经济表现的载体——智能移动终端，从智能移动终端的变迁观察和体验社会经济现象的变迁。

在信息产业经济产业里我们常听到这样的感叹：一流的企业卖标准，二流的企业卖技术，三流的企业卖产品。由于智慧经济时代的各项“标准”基本都是为了实际的应用而设定(应用包含了标准)，所以我们可以将信息时代流行的“三句话”改为：一流的企业卖应用，二流的企业卖技术，三流的企业卖产品。

在20世纪末，ICT技术的应用得到了快速地提升，导致了信息的完全性和对称性的可能性增加，从而更大地降低了单位使用价值中的实际劳动消耗。

于是，ICT应用也就成为产生经济效益的最终，国际各大生产商纷纷从纯粹的提供通用产品转向了提供特制的应用。

美国iPhone终端推出的同时，还推出14万个专用应用程序。

黑梅终端推出的同时，还推出企业版安全终端标准。

这些，标志着信息经济已经实现了从产品级向应用级的转化，也反映了企业经营方向和管理方向从产品型向应用型的转型，从而导致了信息产业和信息经济结构的转变。

我们可以说信息经济经历了市场培育的初试阶段，已经发展到抢占应用端的时代了。

处于全球化经济圈中的中国信息经济发展，其发展趋势也是这种必然性的。

据工信部近日公布的2009年12月通信业运行数据显示，2009年全年，全国累计净增电话用户 7946.7 万户，总数达到 10.6 亿户。其中移动电话用户累计达到 7.5 亿户；固定电话用户累计为 3.1 亿户。依据调查，在已使用手机上网的用户中，有 28%的人表示未来会使用 3G 手机上网，39.6%的人对未来是否使用手机上网态度不明确。

而在未使用手机上网的用户中，14.8%的人表示未来半年可能使用手机上网，而在这部分人中，又有 49%表示会使用 3G 手机上网。

上述数字表明中国正进入数字生活的最佳状态，人们需要更多的智能化的应用产品，为我们带来更多彩的数字生活方式。

随着“智慧地球”概念的盛行，物联网、云计算的热闹登场，人们已经不满足单纯的数字生活模式所带来的生活快感。

他们已经开始盼望更轻松、更便捷、更智能化的，低成本的非直接人工服务的到来，我们开始幻想“饭来张口，衣来伸手”的智能生活了。

对于目前中国信息技术经济的发展总体态势，许多业内专家都认为：中国信息经济的成功须过三关：网络、终端和应用。而事实上在国内的绝大部分从业群体的思维习惯和关注点也正是按这个顺序：先网络再终端其次是应用。

作为信息产业的主力军，各大运营商目前也把主要精力集中于网络建设和提升上，在终端技术层面上运营商只关注开发功能，实际功能基本由制造商来实现，其结果是千奇百怪，运营商也就无法完全满足适应用户的体验，跟不上技术进步和新应用的步伐，且多数应用功能或商务方案均出自技术人员手中。这样，存在着“有深度无系统性、连贯性和文化特征”的严重弊端，往往都属于过渡产品。

因此，笔者结合已有的基础条件，所要提倡的信息经济工作思路顺序是：应用、终端、网络，即优先规划应用，再根据应用需求设计终端，最后由相应网络体系的运行来支撑上述内容。也就是说，智慧经济时代已经不同于信息经济时代，信息经济时代主要是信息交互功能，因此网络架构成为了首选。

可是，当信息经济进入了高级阶段的智慧经济时代，其主要功能由信息交互转向了应用功能。

应用功能主控局面的出现，直接导致了新时代的新经济现象产生。

因此，在该阶段我们首先需要的是应用性的经济研究和应用性的技术研究。

作为对智慧经济的主要表现形式的“非现场经济学”的研究，我们也应该首先是对经济价值的研究，应该由经济研究的专业人士、市场商务层面的专业人士和其他参与者，在经济学思维方式的指导下，去研究新应用功能和新应用内容所带来的新经济现象。

在这样的经济思维的指导下，去设计新应用内容或应用商务方案及其相关的各应用技术研究，最后由各具有技术深度的工程技术人员们，分别去支持和支撑它们的实现。

这个顺序的调整将决定了我们的非现场经济的发展方向，也决定了我们未来的终端设计发展方向和网络建设发展方向。这里我们特别要指出我国的TD-LTE开展已经脱离了一般的网络开发竞争，而是着眼于未来的应用所需（当然包含标准），这是我国非现场经济蓬勃发展的希望支撑。

这是我们提倡的运营商之间可持续的差异化竞争之所在，乃至是各运营商、终端制造商参与国际竞争，实现差异性的信息经济成长的关键所在。也就是说我们的主要运营商该将竞争的重点放在应用性开发上来了。

非现场应用的渗透力直接体现了现实的需求趋势，我们的智慧技术也终将体现在我们智能终端的应用与服务之上，决定着我们非现场经济的生命力。

这种应用性经济的必然性，均将集中体现在智慧技术的窗口——智能终端的应用端口上，从而切实地落实和反映了我们实际的“智能生活”所设计的方方面面。

移动终端智能化程度的提升和应用程序的优化，使得非现场经济越来越活跃，非现场经济的激增现象又决定了整个信息经济的提升，将这种影响传导到了整个经济体的结构体。

到此，我们可以概括起一段具有深远意义的文字：互联、物联、云、终端的联动支撑着智慧体系，智慧体系支撑着智能生活模式，而智能终端又是整个智慧体系的窗口，是智能生活中非现场活动的集中载体，最终智能移动终端将支撑起智慧经济的非现场经济现象。

因此，在智能生活模式中我们所直观感受到的是：智能移动终端将支撑着非现场生活，从而支撑着我们的以非现场生活为核主要表现形式的智慧经济。

随着新科技的不断加入，智能化生活的内容更趋完善和智能终端也更负有趣味和积极的意思。

一名伊拉克副教授比拉勒近日做出惊人举动，他在自身后脑勺植入了一部微型相机。这架微型相机会在一段时间内对他的生活进行拍摄，它每隔一分钟就会拍出一张照片，随后这些照片会以无线的方式被发送到博物馆。

马萨诸塞州一家科研机构研究出一种带有完整电脑功能的“布料”——智能纤维。每一块布料都带有一套完整的电脑系统，包括微处理器、存储器、无线电发射器、感应器、麦克风、显示屏等，把特定布料组合到一起就可以创作出各种各样功能的日用品。也许一件T恤也将变得非常有趣，不用喷绘而直接显示，还可以直接在衣服上冲浪或娱乐，穿着电脑逛大街。

还有甚者，自己手臂神经细胞中植入芯片，希望将来可以直接把他的神经系统与电脑连接。想要开门，就不需要钥匙；想要操作电脑，就不需要键盘；发动汽车，就不需要车钥匙了。因为体内有全部的控制芯片，只需要挥挥手做出相应的动作，这些就全部能够实现。

运用脑电波采集手段控制电脑的技术也已经开始出现，你只要戴上一副特制的耳机就可以不动手，仅靠你的思想就可以控制电脑，从而控制一切与电脑联动的智慧行动机构。

我们还可以利用现代化学技术，把人类的记忆“储存”在一组有生命的神经细胞中。这是人工智能研究领域内至关重要的一步，一旦这项技术趋于成熟，我们也许就可以看到活生生的带有人类思维的机械人保姆诞生了。

这些智慧技术的集成，我们都可以把它看成是智能终端的最终，都属于智能终端的表现形式。

在非现场经济时代，我们所有的智慧劳动，都将是通过智能化的终端这个窗口而展现出来。也许有一天我们的身体与智能终端完美结合在了一起，我们不再需要独立形式的智能终端，我们的身体本身就是一个融合性智能移动终端了。

现在让我们回到现实的生活中来，我们发现可移动的智能终端的发展趋势，已经不再是局限在我们现在通常认为的移动通信（手机）了，它已经开始成为人们工作与生活的一个综合操作平台了。

据最近的媒体报道：一款超越时空的代号为 Mozilla Seabird 概念手机即将问世，这款手机的造型超薄前卫，取消了实体键盘，机身的正面几乎就是一整块屏幕。除此之外，Mozilla Seabird 采用了双投影机设计，手机可以投射出一个虚拟显示屏和键盘，这个投影键盘可以进行控制和输入等等，这款手机具备无线充电功能，目前所研发出的很多高尖端的通信技术都融入了这款产品之上，这同样也是这款手机的魅力所在。

另据报道：三星对外透露将可准备量产 4.5 英寸的 AMOLED 软性显示器面板，解析度可达 800×480 像素；另外也将针对 7 英寸的 Super AMOLED 面板进行量产，而所采用的解析度为 1200×600 像素，准备应用在较大型的装置上，诸如平板电脑或辅助屏幕面板等设备。这种可支持 Android 系统和 Windows Phone 7 系统，在弯曲的时候不会损坏或者让显示的图像扭曲失真。该屏幕在卷曲成直径 1 厘米的圆筒状时仍能正常工作，而且具备目前手机屏幕所没有的耐冲击性，可以在视屏中看到这种柔性 AMOLED 屏在锤子的敲砸中仍能正常工作。

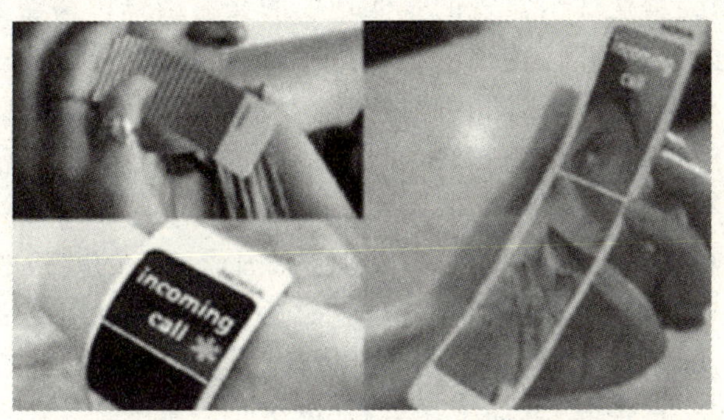

借助这种轻薄的柔性显示屏，许多具有创新概念的电子产品将成为现实。同时之后将可应用于电子书产品或是小型行动装置上。

这些高尖端应用技术与通信技术都融合，这种软性屏幕技术的发展，再次点亮了人们把移动通信变成工作与生活平台的希望。

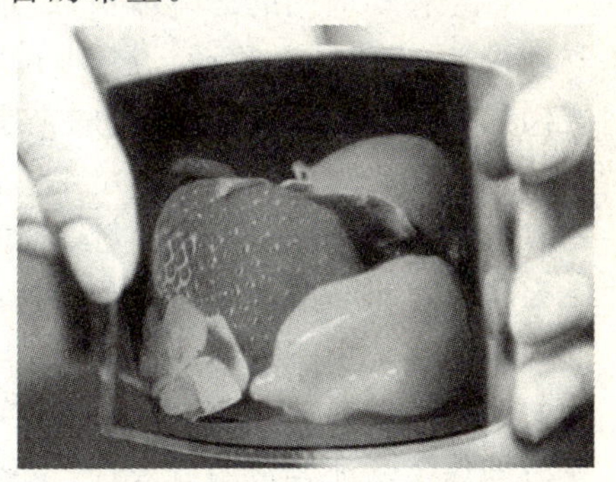

此时的智能移动终端借助于"互联网"+"无线网"的最佳互动平台，使得我们的智能移动终端具有符合金融标准的非现场的高数据吞吐、鉴权能力、安全能力、低时延的高品质互动操作能力。

移动终端的智能化将通过移动互联展现出智能终端的"移动交互功能、移动交易功能和移动支付功能"，是智能终端的这三大基础功能而实现了"从手机向综合平台"的转化。

移动交互功能实现了非现场的信息交互与非现场办公和非现场生活的指令交互。

移动交易功能实现了非现场电子票据的交割与非现场的贸易撮合和所有权的转移。

移动支付功能实现了即时的现场电子货币支付和现场身份识别。

注意:智能移动终端三大功能,其中最为关键的是移动交易,我们在讨论电子商务时就会发现:一切的交易活动都将最终落实到所有权的转移上,而所有权的转移又将集中表现在现在支付与结算上。

智能移动终端如果离开了移动交易功能就只能是停留在移动交互的层面,无法实现真正的工作平台和生活平台的愿望。

这里的“移动交易”和“移动支付”是两个不同的功能概念,现实生活中的人们往往是将两个混淆了。

我们可以简单地拿“可移动的营业厅”和“现金”来比喻,“移动交易”相当于一个“可移动的营业厅”,实现的是非现场的交易结算;“移动支付”则是相当于“现金”,是电子钱包替代传统的纸质货币,进行现场的支付。

移动互联和智能移动终端共同搭建的非现场经济已经展现出了诱人的市场前景,苹果公司的移动应用实践的初步成果,已经给予了非现场经济实验者们极大的信心。

由于金融交易和支付手段往往受到所在国或地区的政策和措施的保护,现在的苹果系列应用实践还只是停留在“移动交互”的应用层面,还未真正进入“移动交易”这个核心领域,一旦我们的智能终端能率先突破“移动交易”、“移动支付”,那么真正的“移动生活平台”就离我们不远了,这其中蕴藏的巨大利益和商机我们也就可以去自由畅想了。

智能移动设备一般都以远高于 PC 的使用时间,可时时地伴随在其主人身边。同时移动设备用户的隐私性又远高于 PC 端用户的要求。

智能移动上网的终端体系,决定了终端之间的访问,即可以是移动设备对移动设备,也可以是移动设备对 PC 设备的访问交互。不同体系之间的设备之间的交互访问,决定了应用的丰富性远甚于 PC 互联网

智能移动通信设备在网络上,与视频、音频的完美融合,如远程监控、远程即时会议、商务导航、车载系统、家电数码组合的客户端操作设备以及基于隐私保护下可担当移动银行支付等,这些与 PC 端无法比拟的。

智能移动设备的随时性决定了沟通与资讯的获取,具有 PC 设备无可比拟的便捷优越性;高隐私性决定了移动互联网终端应用的新特点——数据共享时即保障认证客户的有效性,也要保证信息的安全性。

“小巧轻便”、“综合便捷”及“高安全性”这些特点,决定了智能移动终端与移动互联网的生命力。

非现场经济现象不仅促进了人们从固定劳动时间、固定场所中解放出来,还将进一步运用智能移动 PC,将人们从定点的 PC 中再次解放了出来,此时真正的完整的非现场经济时代也就到来了。

现在我们可以讲:智能移动终端和移动互联的诞生,**将标志着固定 PC 鼎**

盛时代的终结！

我们就以某证券公司的交易为例作个初步的数据实验，在其开户的客户，2009 年在其固定的营业场所实现的股票交易笔数只占其总交易笔数的 20%左右。也就是说其高达 80%左右的交易笔数是在非固定营业现场实现的，网上炒股成为了主流，且表现出来明显的向移动交易应用层面发展的趋势。2009 年该证券公司 80%的非现场交易中移动终端上的交易量从 2008 年的 3%占比上升到了 9%，预计 2010 年度将增至 25%左右。

从中我们可以看到，智能移动终端的直接应用呈上升趋势，将直接影响到非现场活动的占比。

据此我们有理由相信由于央行于2010 年正式推出的超级网银平台，这将加速该图表的数据表现力，会极大地推动非现场交易的再发展。（如图 7-3 所示）

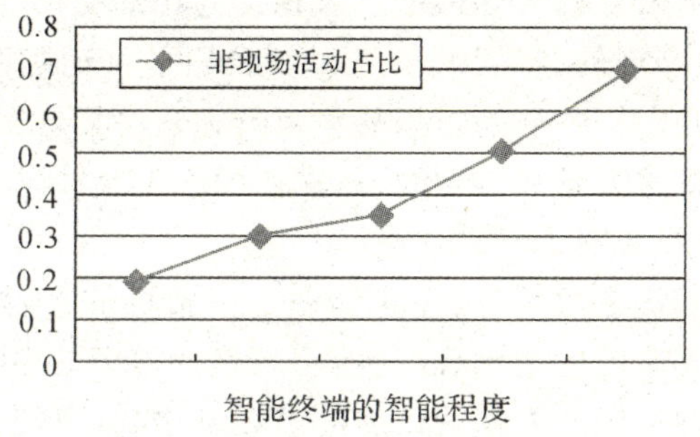

图 7-3　智能终端发展与非现场活动占比关系示意图

智能移动终端和移动互联网支撑起的非现场经济成为当今世界发展最快、市场潜力最大、前景最诱人的新经济现象。

根据权威市场调研机构 Gartner 的最新报告，手机应用程序市场已经逐渐成熟，在今后几年内会以较快的增长速度发展。仅 2009 年一年，iPhone 用户就从苹果在线商店购买下载了 25 亿个应用程序。苹果从应用程序下载市场所获得的 42 亿美元收入。那么 2010 年其在线商店应用程序下载量有望达到 45 亿次，收入将达到 68 亿美元。到 2013 年，苹果在线商店应用程序下载量将达到 216 亿次，收入高达 295 亿美元。（本文来源：手机中国 ）

另据腾讯科技讯最近消息，苹果将于 2010 年 12 月 13 日面向“雪豹”(Snow Leopard)操作系统推出 Mac 应用商店。AppleTell 网站的科克・辛纳(Kirk Hiner)写道：“显然，今天推出 Mac 应用商店并未能够实现，但是苹果已经计划提前推出 Mac 应用商店，以便利用圣诞假期期间的购物热潮。”有消息称，苹果将在近期举办一场媒体活动，宣布 iPad 用户可以通过 iTunes 账户购买杂志等内容，同时有可能宣布推出 Mac 应用商店。

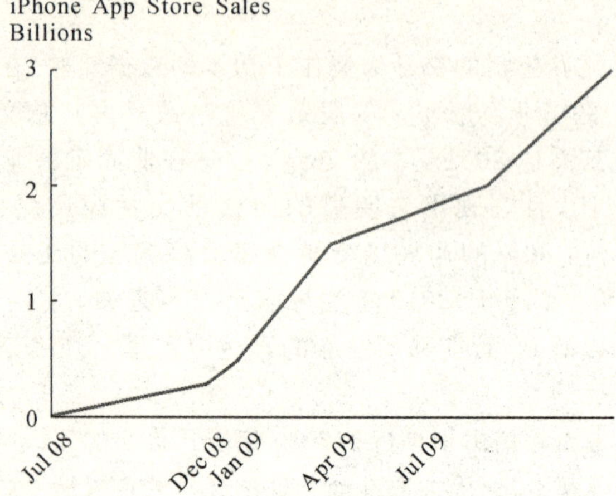

注意:此时的苹果系列行动还未进入真正的移动交易应用领域,单就从现在的苹果公司一系列行动,我们就已经可以看到了移动互联业务的前景。一旦真正意义的移动交易(主要是指以移动银行为核心的各类非现场交易)的启动,线上交易的尝试将大量渗透到线下,真正的线上与线下结合非现场经济模式将成为市场的主要表现力量!

中国拥有近10亿手机用户,在这样一个消费群体上,建立一个如此的新经济模型平台,使其广泛应用到各行各业(特别是今日应用领域)以及城市和农村的日常生活之中,因此而展现出来的新经济增长,可能是任何预测家都未曾预料到的,我们也就可以预见我们自主智能终端支撑下的非现场经济现象,将会创造怎样的新经济神话。(特别是在TD-LTE环境下的TD-LTE智能终端,在自主标准下可能引发的移动金融为核心的应用终端)

现在我们可以简单地归纳为:中国的智慧经济将主要表现为非现场经济现象,而非现场经济的影响力,很大程度上又是通过智慧技术支撑下的智能终端及其应用程序上表现出来的。而这些新经济形态也基本上都将反应在智能终端的应用开发上(包括物联网终端应用也要反应在智能移动终端上),智能移动终端支撑下的非现场经济现象成为我们智慧经济的核心表现形式,也将成为当今和未来中国新经济研究的热点。

在智能终端和移动互联支撑的未来经济,一定是“非现场经济”和“局部无人化经济”的趋势,这是由智慧劳动的“成本极低”和“速率极高”这两个特征决定的,是人类发展历史的必然,谁也阻挡不了。

智慧经济时代将呈现出一个新时代特征:智能移动终端支撑下非现场经济。

第三节　非现场安全经济学

前面我们提出了非现场经济学的主张，分析了非现场经济的一些基本特征。

通过以上的一些讨论，我们知道了智慧时代非现场经济的一些社会作用和发展趋势，也知道了非现场经济是建立在“智慧共享体系”的基础之上，智慧劳动的产品不需要离开它的原始占有者就能够被买卖和交换。

这一产品能够在非现场环境里，通过智慧共享体系而被大量复制和再分配，也不需要太多的额外增加费用，其价值增加是通过智慧劳动而不是传统的现场工作来实现的。

这个过程不光是计算机技术、信息技术、通信技术、网络技术和传感技术的结合，其真实效果更是技术与文化的使用价值整合，这种智慧整合后的新劳动的使用价值主要是通过非现场的“应用和服务”的形式表现出来。

注意：智慧经济不是单纯的科技经济，是智慧科技、时代创新与民族文化的结晶，载体是一个不断完善的共享型智慧体系。

它不是简单地用智慧经济去替代传统产业，提供的是对传统产业的升级支撑。也就是传统的基础产业还将十分重要地继续存在，它仍然还是智慧经济赖以生存的基础，这点非常重要。智慧经济的真正作用是支撑和提升各行各业，包括支撑和提升传统产业经济的再发展，智慧经济最终的支撑和体现就是：共享型智慧体系在各行各业中的应用与服务。

在现实的非现场经济活动中，智慧劳动的实际效应，都将集中反映在了非现场经济的“应用”与“服务”层面上。

它直接决定了“智慧共享体系”能否从一个单纯的“共享的研发平台”而演变成真正的“智慧共享平台”，成为智慧劳动直接的应用和交易的综合平台，也就反映了非现场经济“渗透力”对传统经济的真实影响强度。

于是这个“智慧共享体系”是以数据流形式实现的，非现场经济的“应用”与“服务”的数据流准确性和传输可靠性将被日益重视。

这里的应用和服务所共同指向的“标的”是：在可承受范围内的安全基础上的便捷。

这种便捷就是非现场经济需求面的便捷、安全、低成本三大要素的平衡结果。

便捷：涉及整个运行体系的新科技和智慧劳动的完美程度，是各应用程序的不断充实与完善（包括个人单体或企业或组织的创新应用与直接使用）的体现，属于智慧文化的人性需求。

安全：是立足于非现场活动和非现场交易的个性需求，从应用与服务的可靠性和安全性来保障非现场经济个性化的有序开展，从而扩大影响到整个智慧经济安全保障乃至整个国民经济的大提升。

成本：经济价值评估是建立在成本基础之上的，同理对非现场经济的便捷与安全的价值评价也离不开成本概念。

这里的成本是指使用成本的下降，即非现场经济里获取产品的使用价值或应用与服务或信息来源的代价。是技术产品或服务提供商获取的利益空间减少值，人们可以通过调整自我需求和提供商调整利益期望值来实现。

这里讲的成本与智慧产品劳动成本和智慧产品投资成本有关联，但这里不作重点。这里的成本不是指这些产品制造的直接成本，而是指应用与服务环节的使用者获取这些应用和服务的代价。是在获得智慧共享体系提供的一切服务或智慧产品应用服务时，所需要付出的代价。它是指在应用与服务窗口上所展现出的智慧信息和智慧劳动成果，我们该用怎样的代价去换取。换句话说就是：用怎样的代价获得非现场活动中的便捷和非现场活动中的安全保障。

通常“便捷”与“安全”是一对矛盾，安全措施的增加往往会影响到便捷性，而应用的便捷性一旦离开了安全措施，又将失去了实际的应用价值。

一个昂贵的非常安全的便捷，通常是少数人的特权或科技成果展览或艺术品收藏，不是大众参与的非现场经济应用与服务的所需。

因此，我们将非现场经济研究的重点放在了“便捷”、“安全”与“成本”，重点研究这三个要素的动态平衡。

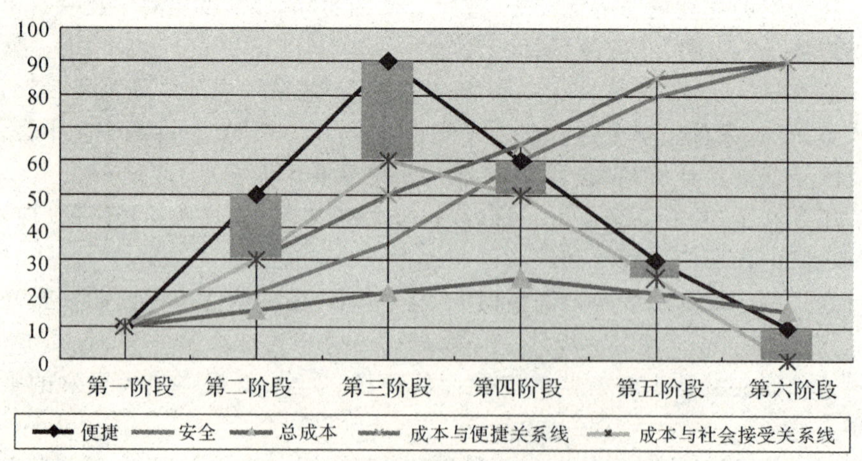

图 7-4 非现场经济三要素平衡示意

在非现场经济里便捷、安全与成本三者息息相关，便捷是建立在安全运行的基础上的便捷，安全是便捷的基础，成本则是非现场行为实施的必要性前提。

非现场经济各要素的联动直接表现在了便捷、安全与成本三者的动态平衡上。

这样也给供给面提出了一个问题：能否廉价地提供安全基础上的便捷？

从图 7-4 中，我们可以看出，成本与安全和便捷成正比，成本投入越大安全提升越快；但成本投入因素与便捷性也提升；由于成本增速平缓时，安全和便捷、成本和社会接受度是抛物折线，适当时与便捷和接受度均为正比关系，超过临界点时，便捷和接受度则均为反比关系。

从第一阶段到地三阶段走势看，对安全的成本投入提高了应用的安全性，对便捷的成本投入同样提升了应用的便捷性，社会接受理解度也得到了上升。

从第三阶段到第四阶段走势看，成本投入的继续增加，安全和便捷自身也增加了。可是，此时安全的增加过了临界点，开始出现阻碍便捷性发展，导致便捷性急速下降。同时，社会对应用成本的涨幅接受度也开始出现了拐点。

从第四阶段到第六阶段的走势看，此时的安全度提升已经出现便捷性下降和社会不接受度的增加，属于进入无意义增加期；同时成本对便捷投入也进入不意义期，这样导致总成本投入进入下降期。

因此，我们选择的将不是便捷的最高点，也不是社会接受度的最高点，更不是安全的最高点，而是在：安全的上升期中的便捷和社会接受度的下降初期（即第四节点左右）。

我们在这个走势节点的基础上，再开展成本优化，降低综合成本。

并非成本投入一开始就越少越好，必须是以在保障这个节点指标的前提下，才开展的成本优化或减少成本投入。

“便捷”、“安全”与“成本”的动态平衡研究，是在假设整个社会经济平稳的条件下，单就非现场经济内部环境下需求面三要素的相互作用和平衡点分析。

这里我们需要说明的是非现场经济环境层面三要素与需求层面三要素是不同的指向，其区别点我们可以通过一张比对表加以区分。

环境层面		应用层面	
信息本身	社会的信息完整性	便捷	应用需求获取的必要性
劳动成本	生产产品或创造服务投入的成本	成本	单一的应用获取代价
智慧技术	支撑非现场经济的基础环境条件	安全	获取的应用可靠性

应用层面的成本是指智慧经济时代的智慧劳动成本，环境层面的智慧劳动成本的下降，既包含了科技应用直接贡献力，也包含了新边际效益贡献力。这种环境层面的智慧劳动成本下降传导到应用层面时，表现为不仅影响到产

品的价格波动,更是表现为应用者获取过程中使用成本的降低。

在非现场经济研究中我们特别需要分清的是:劳动成本和使用成本这两个不同的概念。

劳动成本是指生产智慧产品时的成本概念,包括智慧劳动在传统产品和信息产品中的直接消耗,既包括有形产品的生产,也包括无形产品的生产。

而使用成本则是单指应用者在获取智慧的无形产品,特别共享型产品应用与服务时的代价,并不是直接购买独占某个产品时的代价。

通过智慧经济里非现场经济这些要素联动的观察和分析,我们可知道:非现场经济的活动直接表现在了便捷、安全与成本三者的动态平衡上。

便捷是建立在安全运行的基础上的便捷,安全是便捷的基础,成本则是非现场行为实施的必要性前提。

即非现场经济的应用和服务是在可承受范围内的安全基础上的便捷,应用的便捷性一旦离开了安全措施,将失去了实际的应用价值而根本无法实现。

我们也可表述为:非现场经济的应用和服务是不影响低成本便捷的保障基础。

非现场活动依靠移动互联和智能移动终端而实现,由于交易实施的非面对面和随时变化非固定常所,加之指令和数据流传输的空中化。

因此,这种非现场活动能否有效地成为经济活动,其决定因素就在于安全措施,在于非现场活动的身份识别的唯一性和应用安全保障体系上。

也就是我们的非现场交易不仅仅要提供应用体系的丰富性和便捷性,更为重要的是,这个丰富和便捷的体系是建立在用户可接受的安全保障的基础之上的。

信息经济中的应用与安全方案的演变轨迹,往往反映出了一个国家的信息经济提升的轨迹,也是一个国家信息经济发展程度的一个标志。

由此我们也可推导出:在智慧技术共享的今天,所有的核心竞争力最终都将体现和应用在我们一定的智慧经济安全体系上。

我们在前面已经了解了中国整体社会在创新领域上投入的现状,特别是在核心竞争力(如中国标准、中国操作系统和中国核心芯片等)研发环节的社会投入方面,存在着严重的失衡现象。

我们知道安全经济是靠安全技术支撑的,长期的核心竞争力创新落后现象,逐步演变成了智慧经济安全体系的依赖性硬伤。

这种核心竞争力研发投入的失衡,导致了我们自主研发、自主创新的长期落后,也成为我们安全经济和安全技术进步的瓶颈。

笔者认为这种硬伤不仅仅影响民族 ICT 产业的竞争力,还将是从智慧经济的基础层面的安全上(信息经济的安全基础架构),威胁着我们的整个经济安全。2011 年 1 月发布的《第 27 次中国互联网络发展状况统计报告》披露：2010 年遇到过病毒式木马攻击的网民比例为 45.8%，有过账号或密码被盗经历的网民占 21.8%。网络安全形势十分严峻。

在我们日常的非现场经济应用领域，起初的安全问题仅仅是停留在使用者个人的信息安全和交易安全的层面，需要的也仅安全与便捷和成本的动态平衡上。

随着非现场经济的深入，智慧共享体系的完善，由于非亲临现场和无人化环境情形的加剧，智慧经济的安全问题也随之需要一定的高度和力度了，它将上升至整个智慧共享体系的层面，智慧体系的安全问题将被排在了首位。

此时，我们要发展民族的智慧经济产业，首先需要的是开展应用与安全的不断完善，特别是应用级安全方案的不断提升。

这个问题已经成为我们智慧共享体系宏观统筹的首要问题。

智慧经济的安全不仅仅是涉及信息管理和信息经济的发展问题，更是涉及了整个智慧共享体系运行安全问题，成为国家信息安全和金融安全的大事。它将直接影响到我国智慧经济运行健康，甚至将影响到整个国民经济体的运行，牵涉到国家经济的战略安全。

旗帜鲜明地扶持中国核心技术、中国标准、中国操作系统和中国核心芯片等智慧经济的核心安全构件，这不仅仅是一个经济问题（当然这里的经济利益也是吓人的），也是保护民族 IT 产业发展的需要，更重要的它是关系到国家长远利益和国家战略安全的大事。

《中国管理 C 模型》中有这样一段话：每个事物都有发展的支点或着力点，C 理论实际上就是利用杠杆原理，力点就是要达到的目标，支点是它的根本，重点的摆下去的力量。

C 理论允许多元的发展，不一是千篇一律。不同的行业有不同的特性、不同的支点，不同阶段的公司应该建立什么样的不同发展目标，都是在变化当中的。C 理论体系就是用来分析不同的行业应该建立什么样的支点，怎么样用 C 理论找到这个支点以及如何用 C 理论体系来调整采用的手段与要达到的目标之间的关系。

非现场经济的研究同样也遇到支点和着力点问题，这个支点就是非现场经济的基础点——应用环境和应用内容的保障性措施。

以电子交易为例，随着交易量的攀升，特别是单笔金额的提升（大单交易），交易安全便成为用户们首先的顾虑，也成为我们“移动交易”应用发展的最大瓶颈。特别是随着即将实施的超级网银，将再次带动非现场交易内容和范围的大幅提升，非现场经济的安全问题也将越来越被重视。

“智能生活”时代，不光是计算机技术、信息技术、网络技术和传感技术的进步和结合，最关键的是整合应用和服务，而此时的应用和服务所指向最终标的是：安全基础上的便捷。

在当今的智慧经济时代，非现场交易日趋活跃，各项应用程序和服务体系日趋完善，非现场经济活动中的应用终端，越来越向智能移动终端转移。

非现场经济的"便捷"、"安全"与"成本"动态平衡研究，使我们认识到，安全在应用与服务的作用与地位。

我们在某种程度上讲，安全通过对便捷的影响决定了应用与服务的现实价值。使用成本和便捷平衡节点，成为这个技术基础上的安全方案价值的评价值。

此时，安全不再是停留在配套措施的阶段，安全措施安全方案本身将产生直接的经济利益，将原本无利益的"安全措施"转变为主收入的"安全服务"应用，属于一种经济现象了，成为我国未来的非现场经济最基础的要素。

我们知道应用需求和实现手段是紧密相连的，需求的实现得有技术手段来实现，同样安全方案也是建立在一定的技术发展基础上。（关于移动交易安全方案讨论可参阅附录）

应用方案（含安全方案）是智慧技术成创新的一个集中反映点，也是反映智慧经济民族化程度的一个主窗口。因此，创新与安全也就紧密相连了，也就决定了我们的智慧经济安全乃至国民经济的安全建立在谁的基础上，是人家的核心技术基础上还是建立在自己做主的技术基础上。

为了保障我们的智慧经济安全方案建立在中国人核心技术基础上，我们必须尽快培育我国自己的创新机制，尽快完成"西方硬技术"向"东方硬技术"的转化，尽快实现"公众研发服务体系"向"智慧共享体系"的转变，促使"安全意识"演变成"安全产业"。

这里需要提出的是：此时，智慧经济里，安全概念已经超越了保障这个范畴，而是成为非现场经济的关键要素之一。

非现场经济的安全问题逐渐发展成为一个相对独立的经济现象了，原本的"安全负担"变成了有偿服务，成为一个新兴的产业。非现场经济的安全措施和相关活动产生了经济活动的属性，成为一种新的经济现象。

新的时代出现了新的经济现象，对新经济现象的研究也就顺应而产生。

于是，我们也可进一步地提出："非现场安全经济学"的主张了。

"非现场安全经济学"：是对于当今智慧经济活动所涉及的各种安全措施及其带来的各种社会现象的内在规律研究，是对智慧经济里的安全行为、安全措施等活动所对应产生的经济平衡现象的研究。

此时，我们对智慧经济里的安全问题研究，已经不是停留在一个简单的措施分析，而是分析其内在的经济现象了。是将某个安全方案研究或一个安全技术措施的应用研究，上升到了一个经济学研究的高度，成为一门独立的经济学研究的新分支学科。

提倡的是：安全措施也是有经济价值的经济活动，是智慧经济时代主要的经济活动内容之一。

由于智慧经济主要是以非现场活动形式表现出来的，非现场经济是智慧经济时代最主要的经济活动形式。因此，我们把智慧经济时代的安全经济现象的研究，取名为"非现场安全经济学"。

"非现场安全经济学"通过对智慧经济应用与服务的基础性保障经济价值研究，实现的是不仅是安全技术方案和核心技术的应用研究，更重要的是研究"非现场安全经济"活动本身的内在经济运行规律，从资源利用、技术来源、核心保障、成本平衡等方面的研究，找出支撑整个智慧经济核心竞争力的经济动力点和体系保障点。

这样，"非现场安全经济学"的研究，也就具有了实际应用的研究价值了。

为了培育我国自己的创新机制，我们的把安全意识演变成安全产业，也就是把原本的安全措施变负担为有偿服务，变成一个新兴产业来研究。

由于智慧经济的安全涉及了整个智慧共享体系运行安全问题，是国家信息安全和金融安全的大事。

它将直接影响到我国智慧经济运行健康，甚至牵涉到国家经济的战略安全。所以，我们认为除了把"非现场安全经济"作为新兴产业来做外，还应有社会公权力量的介入。

我们建议增加经济安全特别附加税（尤其是核心竞争力的进口环节），这不是一个普通的产品消费税，而是经济战略安全的特殊税种。

只有"安全产业"和"特别税"这两项结合，才能从根本上取得我国核心竞争力创新推动的持续动力。

至此，我们有理由坚信：一个对于大众的"智慧共享体系"一旦有了非现场安全经济机制的介入，我们的创新机制就能像制造业的"基础产业链"一样在中国得以快速形成，那么中国的智慧经济才能是真正建立在"我的经济我做主"的基础之上，中国整体经济也将会得到更大地可持续地的再飞跃。

在 ICT 核心技术被世界个别国家的个别企业垄断的今天，我们的创新"基础产业链"的搭建是否是空想？

现在来让我们看两个客观存在的现象。

1. 在最近的多数大型国际电子产品展上，只要稍加留意或深入交流，我们就会发现：在各国参展商展示的新产品（包括世界顶级品牌的厂商）中一定能找到中国或印度的痕迹，这种痕迹几乎高达 60%～70%。

这足以说明：以中国和印度为代表的发展中国家，已经蕴藏着大量的软硬件高端技术能力和蕴藏着大量的 ICT 人才。

2. ICT 核心技术被垄断主要集中在基础技术和标准上，而应用技术目前基本是被排在垄断之外，最为明显的是 TD-LTE 应用技术。

我们以智能移动终端为例：国外的厂商主要垄断是通信模块的核心芯片和操作系统，而应用性芯片技术基本未被列入芯片垄断行列，我们完全可以从应用技术先入手，从应用芯片和应用程序开发入手。且随着操作系统的开放和应用占比的提升，这种垄断影响就会被削弱。

试想：当智能移动终端实际的通信基础功能只占整个智能移动终端综合功能的 10%～20%时，其垄断整个终端的实际控制力也只能是在 10%～20%之间，且由于应用群体的产生，这个通信模块的垄断者必须重视这 80%～90%的应用群体，而不得不采取与应用商之间合作的态度。

因此，我们应该尽快从智能终端的应用（特别是交易应用程序和应用芯片以及 TD-LTE 终端）开发入手，逐步建立我们的智能移动技术的核心竞争力。我们坚信我们的智慧共享体系和非现场安全体系所需要的创新基础面在中国已经开始形成，并正在像“基础产业链”一样地快速形成“创新基础链”。（参见后续章节关于“智慧共享体系”相关内容。）

关于创新“基础产业链”和“非现场安全经济学”的研究，笔者在本文中只是先行提出开个头，暂不作一一展开和深入的研讨，待本书出版后再另行组织力量作专题性研究。

笔者希望能获得更多的专业人士和社会的共识，一起研究“非现场安全经济学”，不仅是停留在对应用性技术方案上的研究探讨，更重要的是研究和探讨“非现场安全经济”活动的内在经济运行规律，找出安全智慧经济的市场动力机制，最终试图找出我国智慧经济核心竞争力真正的市场化动力所在！

第八章

新社会协作关系下的非现场经济影响力

我们着手研究非现场经济现象的规律前,有必要先了解和掌握下,智慧经济时代到来所呈现出的一些社会生活现象。

第一节 电子商务与放大了的数字鸿沟

电子商务是智慧时代的非现场经济活动中最活跃的现象,研究智慧经济当然也离不开对电子商务的观察。

目前电子商务的模式主要为线上(在线模式),分为B2B(企业对企业),B2C(企业对消费者),C2C(消费者对消费者,即个人之间的电子商务)三大类。

电子商务成为不久前中小企业渡过全球性的经济危机的重要途径,所以越来越多企业也就是B方加入了电子商务大军,从事对乙方企业的业务或者直接面对消费者的业务。

在这里笔者必须提醒的是:我们指的电子商务不再是以因特网为前提了,而是指线上线下结合的以电子支付为核心的一切非现场交易,它已经从C2C走到B2C,又从B2C走向B2B,当今更是进入了B2B2C的时代,同时最终都将直接或间接地归结到C方。

我们时常可以听到一些专家们这样描述:电子商务是指在全球各地广泛的商业贸易活动中,在因特网开放的网络环境下,买卖双方不谋面地进行各种商贸活动,实现消费者的网上购物、商户之间的网上交易和在线电子支付以及各种商务活动、交易活动、金融活动和相关的综合服务活动的一种新型的商业运营模式。

电子商务是一定建立在因特网前提下的吗?笔者个人观点:不正确,定义过于狭窄。

特别是在已经到来的智慧时代下,更是错误,是一种误导!举个例:我们是通过电话或视频达成协议，再通过移动终端指令物流发货，还是通过移动终端指令银行 POS 系统以电子货币形式结算货款，这种不直接使用因特网也不谋面的交易，是什么？

笔者的回答也是肯定的：它也是电子商务的另一种形式。

因为他虽然没有在互联网上直接招揽客户或实现交易，但他是借助于各种电子手段实现了最终的交易，特别是电子货币的支付手段。

当然我们不是鼓励绕开互联网，而只是想说明把电子商务定义在局限于互联网为前提是过窄的错误。

我们应当把互联网的线上优势发挥至尽，同时更不能忽视线下的电子商务领域，特别是线上与线下结合的电子商务。

因此，我们可以说：电子商务是包含一切的线上与线下的，是基于电子货币交易上的所有交易，是在数字技术支撑环境下开展的一切贸易撮合、贸易实现的交易行为，其核心是电子手段的支付与结算。

由于货币充当商品交换媒介的职能，叫做货币的流通手段职能；货币被用来清偿债务或支付赋税、租金、工资等，就是货币支付手段的职能。

这样，电子货币（electronic money）也必须具备这两个基本功能，它是指用一定金额的现金或存款从发行者处兑换并获得代表相同金额的数据，通过使用某些电子化方法将该数据直接转移给支付对象，从而能够清偿债务。

电子支付是信息技术革命的产物，它的诞生使得将来的金融服务业将不再局限于以单一的分支机构作为服务渠道，ATMS 已经不再单指银行业，而是包含了所有的电子支付领域所涉及的问题，以及其新应用领域所发生的各种现象。

央行发布的《电子支付指引（第一号）》所称的电子支付是指：单位、个人直接或授权他人通过电子终端发出支付指令，实现货币支付与资金转移的行为。

电子支付的类型按电子支付指令发起方式分为网上支付、电话支付、移动支付、销售点终端交易、自动柜员机交易和其他电子支付。

金融服务业可以通过借助信息技术为不同的客户提供各种不同的服务、信息技术，特别是支撑非现场经济的智慧技术，使得金融经营成本变得十分低廉，非现金支付中电子支付取代纸质支付，电子支付成本仅为纸质支付的 1/2 到 1/3。

同时，支付服务的渠道也发生变化，客户也可以在任何时间任何地方，获得很方便地处理金融业务和其他应用服务。

我们知道在大多数群体协作中，人与人之间的关系是用规则来协调的，产权是一整套规则中的一大部分，具有相当重要的地位。

在经济学的思维方式下，市场经济的基础是私有产权，即以法律所有权的形式把所有权利指派给特定的个体，私有产权明确的界定在法律上拥有什么。

假设你是个私有产权者，那么，未经你许可，他人也不得使用你的财产，也不得改变你的财产的物理属性。

但私有产权可以在自愿的前提下和其他商品或服务进行交换或交易。

我们非常清楚：一切交易的实质不是物的时空转移，而是所有权的转移。

所有权转移是以最终的结算行为来实现的，这是一切交易的实质，电子商务也是一种交易实现，也是实现所有权的转移。

因此，在新的智慧经济时代里更是离不开电子支付与结算。

这里，既包含金融业提供的支付与结算服务，也包含第三方提供的支付与结算服务。

无论是何种电子商务模式，电子支付与结算都是不可缺失的环节，特别是第三方支付，它是电子商务产业的重要组成部分，两者相辅相成。

据统计，2009 年第一季度中国第三方支付市场交易规模达到了 1092.7 亿元，其中互联网支付达 1039.6 亿元，环比增长 28%；第三方手机支付达 50.1 亿元，环比增长 26%；第三方电话支付达 3 亿元，环比增长 24%。就在全球经济一片低迷中，中国的第三方支付市场却呈现了逆市增长。

这种相对于传统的资金划拨交易方式，第三方支付可以比较有效地保障了货物质量、交易诚信、退换要求等环节，在整个交易过程中，都可以对交易双方进行约束和监督。在不需要面对面进行交易的电子商务形式中，第三方支付为保证交易成功提供了必要的支持。

第三方支付行业正从一个单纯的“网购”工具，向一个独立的产业蜕变，并有可能迎接行业真正意义上的喷发。根据 2011 年 1 月 19 日《中国互联网发展统计报告》称：截至 2010 年 12 月底，我国网民规模达到 4.57 亿人。其中最引人注目的是，网络购物用户年增长 48.6%。网上支付和网上银行也以 45.8%和 48.2%的年增长率，远远超过其他类网络应用。在非现场经济环境中，这种增长速率在“移动金融”的带动下将极度提升。这里的“移动金融”是未来电子商务再发展的基础，是“移动交易（含移动网银）”加“移动支付”加“移动金融服务”。

电子商务和“网商阶层”的诞生，人们开始逐步从固定劳动时间和固定劳动场所逐步走了出来，各种非现场工作和非现场交易日趋活跃，非现场经济现象里生活者属性和劳动者属性的同一性开始出现。

随着智慧时代的到来，智能移动终端和移动互联的不断完善，非现场经济现象不断活跃，这种同一性趋势呈现了急剧扩大化的态势。

其结果既有正面意义，也存在负面倾向。

积极的是生活者属性和劳动者属性趋于同一，促进了智慧劳动的产生和发展;负面的是不加注意,智慧经济将导致“数字鸿沟”的加剧。

由于人们在占有和使用先进的智慧技术和智慧工具的差距,造成了劳动力群体分化的加剧,那些掌握了智慧专业技术与没有掌握智慧技术的劳动力之间开始出现分离。

提姆·鲁克曾指出:“在不同收入和学历的、不同人种和种族的、年老的和年轻的、单亲家庭和双亲家庭的、有能力的和无能力的美国人之间,存在着惊人的网络接入方面的鸿沟。”

他进一步指出:“财富的不均,以及非在线状态下地位的差异,直接导致了网络环境下巨大的不平等。”

而且随着智慧时代的脚步和非现场经济的渗透,智慧技术的应用,特别是“传感网”和智能移动终端的普遍使用,加速了线上线下的融合,我们不再注重线下线上之分,也就是说智慧技术将数字鸿沟带到了线下,将会带到我们社会生活的方方面面。

提姆·鲁克等人提示的数字鸿沟现象,不仅已经出现在线的网络社会,还出现在非在线的线下生活。

这样的数字鸿沟现象的加剧,不仅是表现出劳动群体间的习性分层,更为关键的是:随着这种分离的加深造成了我们社会的“财富鸿沟”和“民主鸿沟”。

由于社会普遍存在着贫富不均和机会不公的20%:80%现象,财富越多、教育程度越高、权力越大的群体,享受信息社会的好处就越多;反之,越是贫穷、越是没有权力、教育程度越低,享受信息社会的好处就越少。

那些处于社会最底层的弱势群体,很可能不仅没有享受到信息社会的好处,反而增加了一种新的剥夺。

“贫富差距导致了数字鸿沟,反过来,数字鸿沟又进一步加剧了原来存在的贫富差距,扩大了原来的财富鸿沟。”

在改革开放的中国,“鼓励一部分先富裕起来”精神释放出来的创富热情,造就了中国经济的飞速发展,成就了平民致富的希望。

少数平民创业的成功实例,让我们广大平民看到了富裕的希望,那些积聚财富的成功者们,也就成为了广大平民学习的楷模,他们的成功经验理所当然地被当作了成人激励以及教育子女的活教材。

可是30年后的今天,我们的国人突然感受到了一名政协委员提到的现状:中国目前0.4%的人掌握了70%的财富,相比之下,美国20%人掌握了50%财富。

这样的情形出现,造成了一个事实:当人们还来不及享受整体财富增长带来的幸福感时,却已经逐步发现成为富裕阶层的事与自己越来越不相关,不论自己通过何种学习和努力尝试,也无法改变这种实际的日益拉大的贫富差距。

起初的致富期望热情，逐渐地被日益拉大的贫富差距所灭杀，众多的国人心理结构也开始发生了重大的转变。

昔日的崇拜对象和学习的楷模，逐步演变成了今日的泄愤和仇恨的对象，“仇富心理”现象开始抬头。

如果平民没有了“搏”的希望，就会开始产生仇恨那些曾经羡慕与学习的榜样，就会促使“仇富心理”的加剧，进而开始演变成仇恨这个社会了。

这种被快速拉大的贫富差距，以及伴随的“仇富心理”和“社会仇视心理”，在智慧经济时代，在被放大的数字鸿沟的作用下，将会呈现出急剧恶化的趋势，会成为日后社会动荡的总根源。

数字鸿沟不仅存在于一个国家内部，也存在于国际的层面，还不同程度地存在于地区、性别和种族之间。

发达国家由于其强大的经济实力和先进的科学技术，正在享受信息经济和网络社会所带来的种种好处，而广大发展中国家，特别是那些经济不发达国家，则正致力于解决温饱问题，甚至正在饥寒交迫中挣扎，没有更多的资源和机会去享受信息社会的好处。

我们可以说网络时代产生数字鸿沟现象，在电子商务活动中已经得到了真实的印证。

随着非现场经济现象的加剧，这种鸿沟现象将被极大地放大。

智慧时代里，智慧技术及非现场经济现象，在一定程度上会将已存在于社会关系中的这种不平等，再次把它推向一个新的高度。

任其发展，穷人与富人之间、穷国与富国之间的两极分化均将进一步加剧。

因此，我们在研究智慧时代的非现场经济学本身、非现场经济与新社会协作关系、非现场经济与其他经济关系、非现场经济与管理关系等时，必须时刻地注意到新的“数字鸿沟”可能带来的各种严重后果，并提前做好积极的应对措施，这也是“非现场经济学”研究的积极意义所在了。

这个积极的应对措施就是“新的就业理论思考”。（参见后继相关章节）

第二节　智慧共享体系

通过观察和分析，我们知道了智慧劳动的“极低成本”和“极高速率”决定了非现场经济的生命力。

智慧劳动是人类劳动在信息经济高级阶段的表现形式，是一种人类适应环境、高效快速地发现事物、创造新事物运动的能力。

这种随着环境变化而变化的动态能力，在智慧经济时代达到了一个新的高度，展现出了前所未有的劳动效能，催生了非现场经济的诞生。

智慧劳动通过展现这两个特征来产生推动非现场经济发展的实际效果，这两个特征通过一个适宜的舞台表现，真正地实现了智慧劳动的“成本极低”和“速率极高”，这个平台就是由智慧技术、智慧文化共同搭建的“智慧共享体系”。

因此，完善和建立我国自己的智慧共享体系成为了当务之急。

下面我们就推进智慧经济的创新机制和智慧共享体系的建立，开展一些初步的探讨。

谈及中国 IT 产业的发展，北大阎雨教授在《思想的碎片》中指出：“中国发展 IT 产业，一定要有国家战略，充分考虑到三点：技术发展的累积性和不确定性、国家安全和国际关系、我们已有的产业基础。”

笔者以为我们的智慧共享体系建立也应紧紧抓住这三个核心点，我们可以从“已有的产业基础”谈起。

中国社会转型期的初期，长期被“极左思维”束缚的人们，被释放出来的强烈致富欲望，在传统“轻商重实业”的观念驱使下，大大小小的中国制造业如“雨后春笋”，遍地开花结果，以至于中国快速地迈入了世界工厂的大门。

中国制造业为什么能得以如此的高速发展，而在短短的时间内被誉为世界工厂，仅仅是靠廉价的劳动力？

笔者个人有一个深刻的体会。那是在 2000 年的夏季，站在波斯湾的海滩上，笔者突发奇想地想在这里创建一个中国式的工业园区。

这里没有税收；海、陆、空交通便捷；基础设施完备，成本也不高；当地印巴、北非、斯里兰卡的劳工供应充裕，劳动力成本也比中国高不了多少，为什么不能将中国的制造业和中国的工业园区的模式引进到这里？

于是，笔者与阿联酋乌目干湾王子协商，一起策划了“乌目干湾中国工业园区”的项目。很快，我们获得了园区一期的用地——30 万平方米的土地，随即土地平整和公共设施的施工工程，也在两三个月后开始进场施工，中东首个中国工业园区启动了。

几个月后，笔者怀着激动的心情，带着各种招商文件，踏上回国招商的旅途。

回到中国，特别是在浙江的各种专业市场转了一圈，猛然发现“乌目干湾中国工业园区”要想持续发展，前景是艰难的。

这不是招商上的问题，而是园区建起来后，将面临一个严峻的发展持续力问题。影响这个持续力的因素，是笔者发现了供应链问题，即一旦工业园区的中国制造业主们运转起来，将面临实际存在的一个供应链问题。

也就是这些中国制造业主们，为了生产产品不得不从中国进口大量的各种配件或辅料。这将大大提高生产成本，削弱园区内的中国制造业的竞争力。

在浙江黄岩，你到一条摩托配件街去走一圈(摩托配件市场)，花几百元人民币，你就能轻易地买到组装一台摩托车所需的各种零部件。大到发动机、车架、轮胎，小到一个活塞圈、一个密封圈、一个配套的螺钉，各种型号都有，且非常便宜。类似这样的现象在浙江的服装业、电子业、五金制造业等，比比皆是。

至此，笔者明白了：中国产品之所以“价廉物美”，除了中国人的聪明和廉价的劳动力外，更重要的是，它已经形成了一个结实的生产供应链基础。

这个供应链的形成，无与伦比地提供给中国企业丰富的组合元素，这也正是中国之所以能成为“世界工厂”的实质所在。

正是这种“基础产业链”的形成，使得中国的制造业主们获得了便捷、低廉的各底层环节的配套服务，大大地降低了制造业主们的创业难度和创业成本。

换句话说：基础产业链的形成，客观上提供了制造业前所未有的丰富组合元素，最终导致当代中国制造业震动了全世界。反过来这种“世界工厂”的实绩，又再次为中国的企业家们提供了更高层次的组合元素和组合需求。

这种原始的资本主导的初级市场，最终诞生了我国制造业的基础产业链，也逐步形成了中国特色的传统制造业模式。

无论根据何种标准，近几十年来，中国与世界经济一体化的进程中，是最令人瞩目、最富于戏剧性、也最引人入胜的经济发展过程，这已是一个不争的事实。在这样的基础下，我们的再发展模式又会是怎样的形式，其出路又在哪？

如今的中国公司已经不满足于充当海外公司提供非商标产品的无名供应商，也不满足于单纯的劳动密集型低端加工商，他们正在努力成为知名品牌和自主知识产权的新型民族工业。

可以说：中国走过了初级市场经济时代，进入了品牌经营、高技术含量、高附加值追求的第二时代了。

《董事会》杂志 2005 年 4 月号，南京大学商学院副院长刘志彪教授撰文《国际品牌建设，中国制造业的国家战略》，文中指出：“中国应尽快转变制造业的发展模式，即从承接订单加工转向委托设计加工或转向经营自有品牌，并将其提升为国家战略。”“降低生产成本转向产品创新战略；培育和扶植本国品牌的市场基础；取得民族文化的认同、培植自信心和国家凝聚力；政府应该为实施国际品牌战略的企业提供制度环境。”

读完这篇短文后，笔者以为：刘志彪教授已经体察到中国需要自有品牌的迫切性，并试图找到解决问题的途径。

可是，刘志彪教授却未能真正发现影响中国品牌发展的问题核心，于是也只能停留在呼吁社会和政府重视的层面。

因此,笔者并不十分赞同这样的观点,以为:影响品牌的关键是核心竞争力匮乏和缺少创新的市场机制。

全球一体化的到来,特别是智慧经济时代里的非现场经济现象带来的决策加速功能,使这些矛盾越来越被显像化。

这种被显像出来的滞后性所造成的危害也越来越强,不仅危害到企业的再竞争力提升,还危害到群体竞争力,甚至危害到国家竞争力。

也就是我们一味地只是跟随智慧经济脚步,缺少创新的市场机制,不去主动壮大智慧劳动来搭建智慧共享体系,那么在智慧劳动成为稳固的经济主导地位前,我们将付出比现在更大的代价!

我们传统文化的一些内涵,一直表现出了"万事皆下品,唯有读书高"的"重文轻商"。当年中国社会转型期到来,这种传统的观念却又经受不住了改革大潮的冲击,人们被释放出来的强烈致富欲望,又使得"轻商重文"的观念进一步衍生出"轻商重实业"的观念。

在"轻商重实业"的观念驱使下,大大小小的中国制造业如"雨后春笋",遍地开花结果,以至于中国瞬间迈入了世界工厂的大门。

可是,中国人深受传统"轻商"观念和"封建官本位主义"残余的制约,表现出了长期封闭意识惯性和急功近利的现实。

由于,中国制造业的迅猛发展,不论是企业内部和还是中国整个经济格局仍以制造业为主角,使得现有社会的大量财力支配权仍旧掌握于制造业主们的手里,创新和品牌生命权的拥有者往往是直接从事制造业的业主。

传统的"轻商观念"加上"制造业主们掌握着大量财力支配权"的事实,使得中国企业家往往追求"高附加值成品"时,往往是在"急功近利"和"控制欲念"的思维惯性的支配下,只注重成本的内化,将一些原本的市场交易内化了。

这样,流通领域的核心——营销,就成为各单体内部的供销科,无法实现完全的社会化营销,仅仅停留在这些制造行业的一个部门而已;创新领域的核心——研发,就成为各单体内部的小组,仅仅停留在制造行业某个单体内部的小改小造而已,核心技术储备也就成为口号。

于是,世界工厂的中国相对于初级制造业的主动性发展情形,我们的创新领域就显得相对滞后了,处于了被动发展的状态。

这种中国人"围城"意识的变异带来的不幸,已经严重影响到了中国品牌、中国创新的环境营造,阻碍了中国核心竞争力的健康发展。

中科院院士、材料学家邹世昌院士于 2010 年 8 月指出:缺乏核心竞争力是中国相关产业的硬伤。

中国人已经体察到拥有自有品牌和核心竞争力的迫切性,并试图找到解决问题的途径。

中国对于技术开发投资的优先程度还较低，中国研究开发资金的重点主要是投向了国有企业或公办大学；国有部门主导的技术革新系统不发达，对知识产权的保护意识较低，对技术开发的支持基础还不成熟；存在"不好的评价制度"，如吸引到看上去比较亮眼的项目就会成为政府干部的业绩，在现实中还没有考虑到技术开发问题；政府主导的措施与私营企业或外资企业的研发措施相比，明显地不充分且效率低下。

这些现象的存在，不仅阻碍了我国的创新发展，也使得好不容易开发出来的一些技术，最终也往往不能转化为实际的应用，而被搁置在技术文档之中，且出现了占比上的愈演愈烈。……

今天，中国正快速地从"世界工厂"向"智慧经济"转型，这种智慧经济核心竞争力的匮乏，已经严重影响到了我国智慧经济的健康发展，这一瓶颈性的矛盾在中华民族再次崛起的特定时段里就表现得尤为突出。

我们知道智慧经济是建立在智慧技术基础之上的，智慧技术的进步离不开对核心竞争力的投入程度。

可是，我们通过细致的观察就会发现我们整个社会在核心竞争力研发环节上的实际投入，与能快速出效益的其他领域的投入相比，显然是存在着严重的失衡。

这种严重的失衡，严重挫伤了创新的社会参与动力。

面对这种投入比严重失衡的社会现状，在这个现实的资本主导经济的社会里，我们不得不去正视这个两难的"短期利益与长期利益"的平衡问题。

这样看来我们还必须找到这其中的经济运行规律，从创新机制特有的经济规律中去发现和健全创新动力提供的市场机制，让我们的创新意识真正演变成创新产业，只有创新机制的产业化才能顺应经济运行规律，才能从经济这个根本上获取我国核心竞争力创新的持续动力。

也就是：我们还是必须重视"利益导向"的问题。

核心竞争力的提升光靠社会呼吁或政府扶持是不够的，光靠人们足够高的认识程度同样也是不够的，还得要有个"创新激励"的市场机制，一个创新投入与创新的实际产出回报率以及回报时间性需求相结合的新市场机制。

这个创新机制首先会涉及的是：由谁来投？为什么投？创新的利益保障又在哪？

面对这些实际的问题，我们来回望下传统的研发流程，也许对我们的再思索会提供些启发性的帮助。

通常的"研发"流程我们的初步感受是：灵感、概念、专门人才的试验（小试、中试）或设计、检测、生产化试验或深化设计、市场勘验、修正、定方案或施工设计、正式工业化生产或施工、正式市场营销或应用，根据市场反馈信息再调整或再研发，最终实现产品市场化，产生实际的经济效益。

笔者以为这个流程的首尾(主要是：灵感、概念和营销、应用)阶段，非常重要。因为，现实中的许多“研发”灵感和“需求”概念，基本都不是坐在办公室内凭空想象出来的。

这些“灵感”和“应用”需求有很大程度上是出自各行各业直接在市场中跌打滚爬的一线人士身上，特别是那些满世界跑，又具有敏锐观察力的那部分人。

可是，作为一个非技术专业的人在生活或工作环境中，往往在产生了某个灵感时，却受到自身专业技术知识、研发能力以及研发成本和预期效益等的限制。

这种灵感往往是只能成为了“一时的感叹”而已。稍有心的人士即使能将灵感引入概念阶段，基于经济平衡的原因，也是绝大多数过早地夭折掉了，只有极少数的灵感能发展到概念的阶段，并在外界的力量介入下，才得以进入真正的研发环节。

这是非常痛心的浪费，我们大量有价值的来自市场第一手的珍贵灵感，就这样被白白地麻木掉了。

我们设想一下，如果我们能非常容易地找到一家只要接受灵感或概念，就能提供专业技术和承担各项试验，帮助你实现研发的后续各环节，而最终的产品知识产权又属于自己，成本支出却远远低于我们自建研发机构成本的“公众研发服务”体系，我们会如何呢？

答案是显而易见的，我们的“大量有价值的来自市场的第一手的珍贵灵感”就又可能都会转化为新技术、新产品，将极大地提升我们创新研发的产出率和实际的有效性，从而增强我们的企业在国际市场经济环境中的竞争力，且反过来又会更大地激发我们更多的直接来自市场的主动灵感和应用概念。

日前，据《中央电视台》报道：“长三角”大型仪器公共服务平台已经建立，使得该区域各大院校和科研机构的大型研发设备和实验室，可通过该平台向社会公众提供服务。一方面服务于社会，另一方面又使得各大院校和科研机构能得到其他的收益，更利于增添新的科研设施。从这则报道中我们可以看出“公众研发服务”模式的初端在一些高端技术领域的单位之间已经开始，这是一个“利好”的信息，为“公众研发服务”体系的建立提供了高层次的可行性支撑。

我们需要的就是“公众研发服务”体系的综合组合能力，一旦该组合体组合完成，则要求各组合元素之间的工作程序化、功能单一化、简单化，不再拼命追求工作单体数和工作单体的自身能力，而是追求工作单体是否能完成设定的各环节工作内容和是否遵守这个组合规则。就是在系统内做好自己的事，百分之百地发挥各自的单一功能。

这是各研发参与者们利用一个“共享型研发体系”来实现“共同创新”的组合体。一旦，这一体系基本成型。那么，它将有效地帮助我们克服组合体内薄弱的“研发”瓶颈，我们可以说：此时，我们的研发已经从被动走向了主动，既实现了工作单体“轻松做创新”，又实现了群体和个体的利益最大化。

前面的章节，我们已经谈到了制造业的“基础产业链”与中国成为世界工厂的内在联系。

同时我们也体察到“中国科技距世界水平还存在着距离”，特别是我们的应用产品研发氛围和新技术的革新与运用工作整体上尚停留在“吸收新技术培育新产业这一点”，自主创新、自主研发还是一个比较薄弱的环节。

因此，尽快推广“公众研发服务”模式，建立、健全“公众研发服务”的初级、中级服务平台成为当务之急。

有了“公众研发服务”体系的设想，我们又遇到了一个新问题：如何实现“低成本的研发”？如何解决“公众研发服务体系”的运行成本？也就是说“公众研发服务”体系还必须有创新的利益机制支撑。

现在我们就智慧经济的创新机制的利益支撑作个探讨分析，看看能否找到实现“公众研发服务体系”的运行成本化解和创新动力机制的经济途径。

经济学就是为了解决其中的利益冲突问题，我们研究非现场经济也绕不开利益问题，“利益导向”是我们当今社会还无法回避的现实问题，是高效能地推动中国企业“自主创新、自主研发”的核心动力所在。

我们除了提高认识和建立“公众共享研发服务”平台外，我们还必须有一套适合创新发展并符合“利益导向”的社会动力机制。

这里我们可以把它描述为；

共享平台＋动力机制＝智慧共享体系

平台解决的是：创新的低成本交互和低成本实现。

这是一个采用了组合说、添加了生命元素、适应中国人文环境、具网络经济精髓的创新机制建立的模式，突破了传统单体研发体系运行的思维。

在市场经济的运行规律中我们可以看到：只有当市场交易费用比单体内化的监督管理费用还小的现象出现时，也就表明了存在着一些企业或经济单体还不如出售看似零部件、半成品的产品到市场去，而成为产品的某道工序的专业制造商；另一些企业或经济单体则不如在市场上直接采购零部件、半成品，最终完成产品的制造，进入成品市场。

随着这种情形的发展加剧，也就逐步出现了各种专业的备件市场，于是中国出现了基础产业链市场，最终支撑起了中国制造走向世界。

我们可以鉴戒我们的制造业基础产业链形成的经验，通过来营造一个“创新产业的基础产业链”，使得我们的研发和创新的各个环节也能像制造业基础产业链形成一样地诞生一个中国式的“创新基础产业链”，使得我们创新领域的各环各链都有了不同的可延续的上下游，把一个单体难以承受的整个创新过程分解到了各环各链之中。于是，我们的整体创新和氛围也就有了可能。

机制解决的是：创新的高收益和回收的短周期性实现，快速高利益的回报是创新的实实在在的社会动力。

从组合说的角度看，笔者认为：“人力、财力”是“自主创新、自主研发”成果产出的必要条件，是核心的也是现实的真正动力。

我们有了“研发共享平台”，单靠这样的平台来推动“创新基础产业链”的形成还是非常困难的，俗话说“杀头的生意有人做，亏本的生意没人做”。

于是，我们还必须在“研发共享平台”和“创新基础产业链”之中找到或添加进利益要素。智慧共享体系就是培育了“创新基础产业链”，是将我们的“核心研发”和“智慧创新”植入到了“创新基础产业链”内，成为组合体内的一个组合元素，而不是组合单体中的一方面。

我们先一起来看个现象，我们现实的社会在获取高新技术途径时，其利益受益者只存在于两个环节：①高新技术出让方，直接获取高新产品巨额利润；②高新产品购买方，通过应用购买的高新产品再制造应用产品而获取再生产利润。

这样的简单流程导致了一个非常严重的现象，那就是高额利益已经被先占技术的国外获取，而且他们又借助这种利益回报，进一步拉大与其他国家的核心技术的距离。

就拿手机芯片来说，单一个手机里的一个核心片和通信的 EVDO 芯片，国外付给中国生产加工商在 2 角钱人民币/片左右，然后返回国外写入数据再包装，然后再卖回给中国手机生产厂商在 40～48 美元/片左右。

这里面的利益差是惊人的，还把高环境污染的负担丢给了中国！

中国的手机拥有量接近 7 亿户，平均 3 年左右更新(包括新机型淘汰老机型)，7 亿台每台手机按平均 2000 元计算，就是 1.4 万亿的营业额，这其中的最大利益者是拥有核心技术的国外芯片商的手中。

从一个智能手机的例子，我们可以联想到整个智慧经济总量有多大，也反映了其中的核心技术创新有多重要。

由此看来，我们的创新行为是有利可图的，只是问题出在分配环节和分配时效上了。

分配环节的集中和分配时效的久远，就会扼杀多数人的创新参与积极性，就会助长“急功近利”的蔓延。

这个动力机制不是一个简单的社会激励机制，单靠政策性补贴与反垄断措施还不足以弥补这个巨大的动力亏空，且容易造成市场的不公平竞争和区域性的贸易壁垒。

因此，我们的创新动力体系的重点应该是在建立自身的造血功能上。

这个造血功能就是：把“创新研发共享平台”演变成“智慧共享体系”。

高效率、低成本的智慧劳动的发布与智慧成果共享的获取，培育的是智慧共享体系的自我造血功能。

“智慧共享体系”不仅仅具备了“创新研发共享平台”的功能，更是一个直接的应用交易平台。

它不仅分解了研发环节和研发成本，还提供了直接的应用获取，从而解决了创新成果的“分配环节的集中和分配时效的久远”难题。

这样我们的政策性补贴与反垄断措施也有了明确的方向：我们的政策性补贴与反垄断措施的方向与目的，也应该是支撑这个造血机能，而不是直接的向特定单体进行体外输血。

我们应该在获取高新技术途径的两个环节中增加一个环节，那就是在核心竞争力利益“分配的集中环节”增设特殊使用税种。设置这个新分配环节，且将这个特殊税种专款专用地作用于智慧共享的公共基金，而不是直接地补贴或保护某个特定的对象。

政策性补贴与反垄断措施营造的是全社会的创新氛围，直接解决了“智慧共享体系”运行成本和间接解决创新者的利益机制问题，使得共享平台真正与动力机制相结合，我们的智慧共享体系也就真正诞生了。

这样，我们的创新动力体系就有基础保障，我们的智慧劳动基础产业链就有望快速形成，我们自主的核心竞争力——“东方硬技术”也就离我们不远了，智慧劳动也就实际地成为我们社会经济的新主导者。

这种根本性变化是因为内在诱发动力发生了变化，主导经济的要素发生了变化，智慧劳动开始与资本一起主导这个社会经济的方方面面。

这个革命促使了智慧劳动成为经济的新主导者，我们的广大平民又有了致富的新希望。

我们粗略地分析了智慧时代里，中国经济要保持高速发展，所需要的部分内在因素，提出了立足于共享的“创新基础产业链”和“智慧共享体系”上的交易社会化与协同的扩张原则。我们进一步可以知道：

原始的资本主导，决定了初期的社会经济格局形态；以资本市场的兴起为代表的进一步的资本主导，推动了第二时代经济现象的发展。

现在可以自豪地说：以智慧市场的兴起为代表的更进一步的智慧劳动主

导，推动了第三时代经济现象的高潮。

这个新经济的高潮将通过非现场经济的形式而展现在世人的眼前。

第三节　智慧劳动引出的组合说

笔者现在想要说的是："我们的智慧劳动是站在众多的巨人肩上"。

这里的众多巨人不是某个单一或特定群体的巨人，而是指不断进步的由各路精英和各种智慧技术共同搭建的共享型智慧体系。

智慧劳动将智慧劳动成果应用到产业链的各个环节中去（再次申明不是替代），是各环节、各参与者"竞争和妥协"的结果，这是一个顺应智慧经济时代脚步的组合。

"世界就是建立在竞争和妥协基础之上的。"诺贝尔经济学奖得主托马斯·谢林和罗伯特·奥曼，将"竞争和妥协"为主要研究对象的"博弈论"引入社会学、经济学等领域，使"博弈论"成为社会科学的分析工具，并为此奠定了理论基础。

"博弈理论"指出，击败对手自己未必得利。

这就像拔河一样，双方都用尽力气要把对方拉过来，然而企业之间的关系就像是在相互拉一根细线，在谈判中的双方之间不是绳子，而是细细的极易断的线。

如果双方拼命拉，线就会断，谈判就会破裂，结果就是鸡飞蛋打。

这一现象也充分表现在了"囚徒困境"理论。在囚徒的困境中，因为背叛的诱惑力非常大（能逃避被起诉、减少受惩罚），所以共犯间很难实现合作（往往会出现背叛的情形）。

但是，奥曼却运用"强均衡"的概念（引申到社会学上、经济学上，就是任何参与者团体都不可能通过单方面改变策略来增加其收益），在理论上解释了在"重复博弈"的环境下能够实现合作，"重复博弈理论"由此诞生。

现实中的人们（经济单体或经济团体）不仅像传统的市场理论设想的那样，只对抽象市场被动地作出反应，它们还在关注于对手（经济单体或经济团体）动向的同时采取相应行动，对市场积极地发挥作用。

往往的结果是：过度竞争（即拼命拉连接企业的细线）导致了消耗战，使得经济效益恶化。

人们有时也是理性的，在重复交往的前提下，如果今天因背叛对方而获利，明天对方就不会再合作。进而，在每一天都持续发生背叛的情况下，博弈各方就会达成协议，即大家都要合作，如果哪一方背叛就解除合作关系，这就有可能摆脱持续地互相背叛的状态。

在短期的交易关系及雇用关系盛行的工业社会情况下，奥曼的功绩在于指出了长期关系的重要性。

“妥协”、“背叛”、“合作”的交互作用，我们已无法仅以简单的“合作”两字来实现成为赢家的目标，而是一种较为理性的博弈。

如今的全球一体化促使了区域性经济的交融，此时的区域经济呈现出了“你中有我我中有你”的现象，商界的博弈也已经不再是简单少数的竞争对手之间的博弈，而是演变成集体性的群体博弈。

于是，世界性的利益群体间的贸易战争、石油战争、粮食战争、货币战争等也就不可避免。这种带着区域特征的群体博弈，在资本主导的经济末期将越演越烈，争夺的焦点是控制国际资本的流向，控制市场经济的主导。

在智慧经济时代里，虽然市场经济的主导者由单一的资本主导转向了“资本与智慧劳动共同主导”，但同样也还是存在着任何参与者或团体都不可能通过单方面改变策略来增加其收益的社会现象。

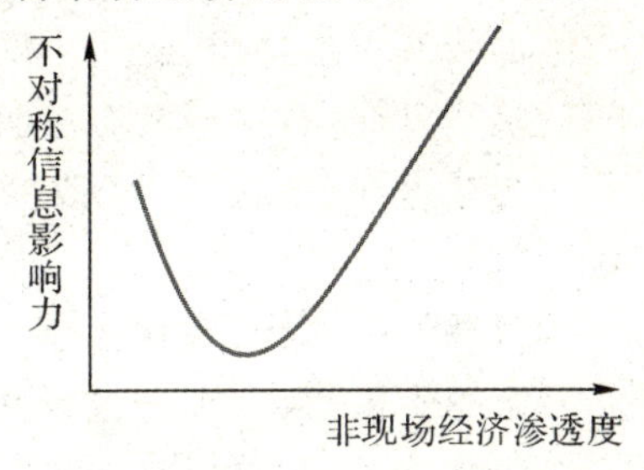

图 8-1　示意

由于智慧经济时代“维系长期关系”的要素发生了变化，核心是“智慧劳动”正逐步成为了经济的主导者。

在这样的新形式下，“重复博弈理论”的社会长期关系基础，又会通过什么来实现的呢？这种“妥协”、“背叛”、“合作”交互作用下的长期关系，又该是怎样的维系形态呢？

智慧经济时代，表现出来的是智慧共享体系和非现场经济的新特征，这使得整体经济信息获取的完整性得到了提升，这在一定程度上缓解了由于信息不对称带来的剥削力度。

可是，我们也应注意：数量级和表面上的信息不对称引发的矛盾趋于缓解，但实质上是还有一些少数的信息不对称现象将更隐蔽，这些更加隐蔽的不对称信息，在智慧经济时代的非现场快速行动机制下，其实质作用将被急剧放大。（如图 9-4 所示）

也就是说在非现场经济现象扩展的未来，信息不对称的绝对量会下降，可是仍然存在的那小部分不对称的信息所起的实际作用却被急速放大了。

于是，我们就不得不重新审视和组合这些要素的变化或添加进来的新要素，以缓解这些更具隐蔽性的小部分不对称信息带来的负作用。

综观当今的客观社会，我们的经济结构体中不但存在着无数个有形和无形的、可供随意组合元素，还同步出现了结构元素的变异，以及产生了新的组合元素。随着智慧技术的不断进步，非现场经济渗透的加剧，这种变化了的元素影响力与众多的变化元素组合联动，特别是智慧劳动这个元素的急变，对新经济体产生了重大的影响。

这样的新形势，各种新旧元素重新组合的状态，也就决定了智慧经济时代里长期关系维系的持久性。

我们知道在所有的物体里，最坚硬的要数金刚石了。金刚石为什么硬？据科学家分析，原来金刚石的内部结构是最平衡的，它的各个要素非常有规则地按顺序排列，它们之间的互相作用不会随着时间和环境的变化而改变。

它以稳定而显示出了坚强，而这种稳定来源于内部的平衡。这使我联想到中国的中药铺，药铺柜台后是一面有着无数小抽屉的大壁柜，每个小抽屉里存放着各种原始的“草根树叶”，正是这些平庸的、进补的、有毒的、无毒的、不起眼的天然草本物质，经过不同的质和量的组合，竟形成了千变万化、神奇工效的治病良药，有些还具有“起死回生”高效能。

当然这些“草根树叶”改变配制方案，也很有可能变成令人立即毙命的毒药。

智慧经济时代，随着智慧共享体系的完善和智慧劳动的激增，这些组合元素越来越丰富，组合方案也越来越多，配比变化也越来越快，功效也越来越大。

因此，我们所提倡的智慧组合说，是建立在智慧劳动日益壮大基础上的一种全方位的新旧元素组合，是新旧元素在智慧共享体系里“非常有规则地按新的顺序排列”，是结合时代主导特征的新组合。

这里的组合，既包含着“妥协”、“背叛”、“合作”和“隐蔽”，更包含着一切客观存在的新旧事物，各种元素从自由的组合到选择性的组合，最终达到持久性的组合，实现持续的共赢，追求组合体的效益最大化。

我们不妨粗线条地观察一下智慧经济时代里可能存在的几种组合的形态和内容：

(1)旧元素的组合，组合体内主要包含的内容：传统的文化，古老的手法，自然界的物质，历史的科技积累、资本的积累，存在的信息技术，习惯的模式，默认的市场规则等。

(2)新元素的组合，组合体内主要包含的内容：解放的思想，创新的手法，合成的新物质，智慧技术、标新立异的新智慧方案，智慧劳动、共享的智慧体系、非现场经济带来的新劳动效益和新的劳动效能属性，新时空环境下的新市场游戏规则，等等。

(3)新旧元素的组合，组合体内主要包含的内容：选取以上新旧元素其中的多部或一部进行混合式组合。

这种新旧组合，既包含了创新和新科技、新模式的组合元素，也包含了传统的文化和现实的客观事物的组合元素。

中国经济社会发展到现今的时代，其特征决定了这种组合一旦运用在商界，它将是站在众多制造业巨人的肩上，这是以智慧经济为工作中心的组合，是对抗信息不对称存在的有效方法之一，其立足点是智慧经济的共享体系，需要的是“组合率”。

记得笔者小时候学的一篇英文课文，上海江南造船厂因“独立自主”地建造了万吨轮“风庆号”，而名噐一时。

可是，如果当今要制造一艘现代化的航空母舰，恐怕已不可能再由某家造船厂来“独立自主”地完成。它的主持者必须组合船舶制造元素、飞机制造元素、卫星通信元素、计算机元素、武器元素、核动力元素、建立在国际关系之上的补给元素和各种专门的人元素等。只有在各种元素的最佳组合，才能真正赋予一艘现代化航母的生命力和战斗力。

时隔 40 多年，上海江南造船厂未能驶出中国的航空母舰，却成为 2010 年的世博基地。

我们呼唤不是航空母舰，而是呼唤能创造出航母的“时代组合手”出现。

在科技发达、新产品繁多、社会分工日益专业化的今天，“时代组合手们”将运用智慧经济的智慧共享平台，结合非现场经济现象，有效地利用丰富的组合元素，不断地来进行最佳的组合。

这个“时代组合手”就一定是新时代里的真赢家。

正是这些“时代的组合手”营造的组合型企业或新商业组合模型，成就了智慧劳动的经济主导地位，推动了新游戏规则的自动修复，最终将造就真正意义上的“中国经济再飞跃”。

我们了解、掌握并遵循新时代的新特征，结合智慧劳动的新主导作用，重新选择和组合这些实际存在或即将出现的新组合元素，重新设计配比方案，寻找到一个以智慧经济为核心的新组合平衡。

这才是我们研究“非现场经济现象”的真正目的，是希望通过“非现场经济现象”的研究，找到“智慧劳动”壮大的真实推动力所在，以便使我们的组合率能尽快推动市场机制自动修复的新游戏规则的到来(包括社会财富分配的新规则)。

理论上讲，它可以促使中国经济再进入一个更高的良性互动循环之中去。因此，我们必须重视影响我们“智慧劳动”壮大的因素。

笔者认为目前影响这个因素的关键首先是思想因素，由于我们的多数还存在着的封建残留意识，我们的智慧劳动和智慧创新发展缓慢。

这种残留意识导致了相比于制造业的主动发展，我们智慧劳动的基础核心科技、流通服务和应用服务领域就显得相对地被动和滞后了。

“万事皆下品，唯有读书高”和“两耳不闻窗外事，一心专读圣贤书”的思想境界，最后诞生了“轻商重文”的传统观念，进而又使得“轻商重文”的思维惯性衍生出了“无商不奸”和“轻商重实业”的残缺性市场经济观。

封建残留意识主要表现在潜意识的“轻商”观念和“官本位主义”的思维惯性，这种传统文化的内涵一直表现为“轻商重文”和“领地意识”。

“领地意识”的传统观念，体现出了“官本位主义主”思潮。这种思维的惯性，在利益高涨的初级制造业市场环境里，造就了“屁股决定脑袋”和“急功近利”思想的泛滥。

中国制造业的迅猛发展，使得现有社会的大量财力支配权仍旧掌握于制造业主们的手里(他们不能称为时代的组合率)，资本和品牌的拥有者往往是直接从事制造业的业主，与研发和流通领域的接轨，仅仅停留在这些制造业的一个部门而已。

这种官本位主义主导下的“急功近利”和传统的“轻商观念”，加上“制造业主们掌握着大量财力支配权”的事实，使得中国企业家往往追求“高附加值成品”时，只注重成本的内化，将一些原本的市场交易内化了，创新、流通和服务成为整个经济格局中的配角局面。

注意：这里讲的内化与内部扩张是两回事，是指本该社会化交易的成本内化了，实质是交易的内化。

这从中国企业最常见的企业内部力量(财力、物力、人力)的配置情况就不难看出，不论是企业内部和还是中国整个经济格局仍以制造业为主角。

传统的商品流通和产品创新受到了全球化的严重挑战，这种挑战回过头来也势必将影响到我国制造业的再发展。

我们知道，过去和现在的多数制造业主们往往是通过扩大规模来增强竞争力，为了获取高额利润和降低成本，尽可能地提供高附加值成品给市场，正如MBA教程中所描述的那样。[①]

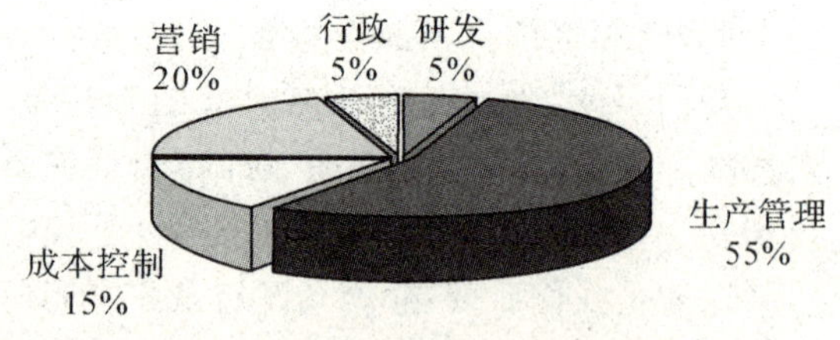

图 8-2　企业内部资源配置示意

劳动社会分工的发展，使单个生产者的生产活动不断地专业化，客观需要某种机制把生产者协调起来。

市场提供了一种协调机制，它通过价格把供求双方协调起来。

但是，并不是所有的经济活动都是通过市场协调为最好，一部分可以通过企业内部的分工管理来协调。如各车间、各工段上的工人并不是把他们各自的零部件、半成品拿到市场上去出售，而是由经理和工段长来协调，这就是企

---

① 《美国商学院 MBA 核心课程：管理经济学》安徽人民出版社 2002 年版。

业内部协调，即企业管理人员通过权威和命令来协调企业内部的劳动分工。

建立企业内部协调的原因是为了减少市场的交易费用。

市场的使用并不是免费的，需要市场信息、询价报价、讨价还价、验货收款等环节，这些都要发生费用，这样的费用称作交易费。

为减少交易费用，就要把交易转移到企业内部，将交易“内化”。

交易内化需要监督管理，监督管理也发生费用，是“内化”的交易费用。

从图 9-5 我们可以不难看出：最为关键的研发环节和流通领域成为整个经济格局中的配角局面。由于传统轻商观念和制造业主们掌握着大量财力支配权的事实，使得中国企业家往往追求“高附加值成品”时，只注重成本的内化，将一些原本的市场交易内化了。

国际著名的品牌索尼由盛转衰，给了我们极其重要的启示：单靠品牌而研发能力下降的厂家，最终要被那些有销售能力和资金、但品牌实力弱的新兴厂家买走，或被后来的创新型企业赶下舞台（苹果崛起的事实），这就是制造业经历的兴衰之路。

而索尼在前任掌门人过渡之时期，忽视的正是创新储备和研发能力。中国幅员辽阔、人口众多，其本身就是一个大市场，这个大市场的创新活跃相比于制造业的迅猛发展态势，还是落在了后头。

封建的“官本位主义”和潜意识的“轻商”，使得中国的制造业即使成为世界工厂，而最为关键的流通领域和产品创新却还是落在了别人的后面，也许这种世界工厂现象在历史的长河里只是昙花一现罢了。

这在当今的中国经济格局调整和企业新组合时，我们该引以为戒了。

在市场经济高度发达的当今社会，在部分制造业密集的区域内还是出现了一种新现象，就是生产过程中的许多产品，市场交易费用出现了比内部监督管理费用还小。这样，我们就不得不考虑和重新审视一下“企业的组织规模将发展到市场交易费用正好等于企业内部监督管理费用”的现象了。

出现了市场交易费用比监督管理费用还小的现象，也就表明了存在着一些企业还不如出售看似零部件、半成品的产品到市场去，而成为产品的某道工序的专业制造商；另一些企业则不如在市场上直接采购零部件、半成品，最终完成产品的制造，进入成品市场。随着这种情形的发展加剧，也就逐步出现了各种专业的备件市场，促使了中国出现了基础产业链市场。

图 9-6 为“我们所要提倡的智慧组合型企业”的力量分配状况（当然这只是想说明问题，具体的数值要根据不同时段和不同企业的具体情况而设定）。

这里特别要说明的是，社会化营销是指智慧产品的直接应用。包含有形社会营销网络和无形营销网络，无形营销网络更是，而且智慧经济不是要替代传统制造业，而是去支撑传统的制造业，用低成本的共享型智慧平台去将不必

要的"直接生产管理移植掉"。(见图 8-3)

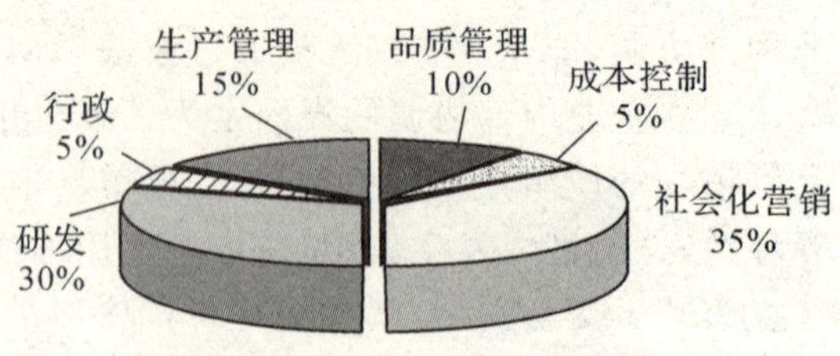

图 8-3 企业内部资源配置示意

这里,并不是放弃制造业或直接的生产管理,而是强化了共享智慧与社会分工的理念,通过智慧共享体系提升企业创新和将直接的生产管理移植给了众多的专业性很强的其他中间体型制造业。

智慧经济下的非现场经济,在智慧技术和智慧共享的推动下,在有形网络经济与无形网络经济形态中,这种交易内化成本的变化就表现得更突出了。

我们提倡的是站在创新产业链形成和智慧技术日益成熟的基石上,站在众多智慧劳动参与者巨人的肩上,依靠"智慧共享体系",以及线上线下结合的各个网络体系,而建立的"智慧组合型"新企业。这些"新智慧组合型"企业家,才是我们时代的组合率,他们是借助智慧共享体系的重新组合,是将原本份额较小的"品质管理"、"社会化营销"、"研发储备"和"直接应用"转为占比加大。

这样的新组合体,再去充分运用非现场经济的提速工具,持续地保持综合实力和提升综合竞争力。也就是改变交易内化,促进基础产业链的进一步完善,同时积极开展内部创新和内部扩张。

共享型的产业链与智慧共享平台,是智慧时代实现交易社会化和扩张内部化的基础,推动了智慧劳动的进一步发展,削弱了资本在传统经济的主导地位作用。

一旦我们失去了"产业供应链"和"智慧共享体系",我们将不得不回到传统的商务模式,我们自己只能去做一名原始的制造业主或做一名纯粹的中间贸易商。因此,我们首先需要充分认识到我们实际存在的封建残余意识危害,在认清自己和周围的同时,尽快推进智慧经济的步伐。

"天底下只有一种方法可以影响他人,就是提出他们的需要,并且让他们知道怎样去获得。"(卡耐基《人性的弱点》)。

下面我们将进一步探讨分析,推进智慧经济步伐的关键措施,以便我们尝试着能找到怎样去获得需求。

第四节　新社会协作关系下的管理学

管理学是属于经济学的一个重要分支,科学管理理论创始人泰勒认为,管理是一门怎样建立目标,然后用最好的方法经过他人的努力来达到的艺术。

当社会发展到智慧经济时代，这种追求最佳效益的“最好的方法”也将随着新的社会协作关系的变化而变化，它必将与智慧时代的发展程度紧密相联。

由于智慧时代下的典型现象是非现场经济现象，因此我们也就有了探讨“非现场经济学与管理学的关系”的必要了。

一、非现场经济与公共管理

所谓管理，是指组织中的管理者，通过实施计划、组织、人员配备、领导、控制等职能来协调他人的活动，是他人同自己一起实现既定目标的活动过程。

管理学也称系统管理学，涉及行为科学、系统工程、全面关系流、管理学等理论，其中决策论（Decision Theory ）、博弈论（Game Theory）和运筹学（Operations Research）在社会经济与企业管理、军事战略等领域具有广泛的用途。

公共管理学是系统管理学中的一个分支，公共管理则是以政府为核心的公共部门整合社会的各种力量，广泛运用政治的、经济的、管理的、法律的方法，强化政府的治理能力，提升政府绩效和公共服务品质，从而实现公共的福利与公共利益。

这种集体性的社会公共管理行为，随着信息时代和全球经济的一体化，逐步集中到了对社会变革引导和社会协作的管理上来了，反映的是集体利益至上的总原则。

由于，经济学的思维方式有助于我们认识法律和政策的后果，从而避免制订出“事与愿意违”的公共政策；也有助于人们看清隐藏在“公共利益”背后的私利动机，从而减少公共政策被利益集团俘虏的可能性。

因此，运用经济思维模式来指导公共管理行为，比任何一个时代都显得必要了。

张维迎先生（北大光华管理学院院长）曾这样描述：什么是经济学的思维方式？在我看来，经济学的思维方式可以用一句话概括：世界上没有免费的午餐。做任何事情都有成本的，我们只能在不同的选择中权衡。

个人选择需要权衡，公共政策和法律制度的制定也要权衡。

公共政策必须建立在理性的人这个假设的基础上，否则，就会事与愿违，导致整个社会的损失。

计划经济制度就是一个很好的例子：它与个人理性不相容，所以一定失败。

为什么没有免费的午餐？因为人的行为基本上是理性的。

现实中，人们总是喜欢免费午餐，这不是由于他们不理性，而是因为理性的人总是希望让别人为自己支付午餐费，除非制度规则使得他们没有这样做。

比如说，当一些人希望政府控制价格的时候，他们的真实意图是为获得同样的东西少支付一些费用，而不是为了真正的公共利益；类似地，当一些人主张政府应该限制某些行业的准入的时候，他们的真实意图是保护自己的垄断地位，而非维护市场秩序。

如果我们忘记了这一点，不断满足他们的要求，社会就会陷入"囚徒困境"：每个人都选择吃免费午餐，最后的结果是每个人都不得不支付比本来高得多的费用。以"城市两难"现象举例：我们不能简单地采用限制出行的方式来应对"城市两难"问题，只满足一部分群体的利益要求。因为，任何限制性措施均属于过渡性的临时措施，它违反了人类社会发展的基本原则：便捷与轻松。

作为公共决策和权衡应该是长远性的整体公共利益，非现场生活和非现场工作占比的提升，直接体现在了人们在固定时间向固定场所的流量减少，从而缓解高峰时间在大都市区域间的路面出行压力。

这是从源头来抑制都市现象中"城市两难"恶化的趋势，它不仅降低了人们生活、办公或交易的成本，也是应对这对日益恶化的矛盾的良好方法。

运用与时俱进的经济思维模式来指导公共管理行为是现实的所需，更是新时代的必须。

经济学是一门研究理性决策的科学，它对指导公共决策的制定很有价值。这是因为，公共决策的制定是一个政治过程，人们对公共政策的不同看法，既可能源于认识水平，也可能出于对自身利益的考量。

就认识而言，不仅取决于立法者和政府官员对相关问题的认识，而且也依赖于普通大众的认识，这在民主化的社会尤其如此。

亚当·斯密曾对社会幸福指出：任何政治社会中，下层阶段都占最大部分，大部分成员陷于贫困悲惨的状态的社会，绝不能说是繁荣、公正、幸福的社会。

因此，为人民服务就是为绝大多数人的利益服务，让绝大多数人远离贫困悲惨的社会状态。公共管理行为也就顺理成章地要以社会共赢（至少是多数人共赢）为最终目标了。

在此前提下，"通过高效率地追求公共利益来为人民服务"也就成为公共理管的核心价值观。

这样，提高公共管理效率和化解公共理管成本，也就成为公共管理的主要任务之一。公共管理主体的多元化趋势是提高效率、化解成本的有效途径之一。这里既涉及公共管理方式问题，也涉及管理工具的成本化解问题（含人的因素化解和非人的因素化解）。

公共管理的主体应不仅局限于政府，而且还应包括居于特殊地位的执政党、国家机构和各种非政府、非营利性的民间组织、公共组织，亦即第三部门，这些都是化解公共管理的主体成本、提高公共管理效率的途径。

我们知道公共管理行为是决策权衡下的行为，这种权衡是自由与公权力的平衡，是一种动态平衡。特别是在战争、救灾、突发性事件、金融灾害、公众整体利益受损等情形下，决策权衡显得尤为重要。

通常这种决策平衡涉及自由与公权力的平衡、正确与错误的平衡。

这两个平衡都将涉及公众的集体利益和公众的参与度。

在信息经济不发达的社会环境下，广大民众往往只采取两条途径来实现这种动态平衡：①期盼明君；②多数人参与。

期盼明君：主要表现在平民无奈的社会形态里，明显带有赌博性，将赌注压在了明君身上，与命运对赌。

随着社会的进步，人们越来越放弃对赌形式而采用多数人参与的模式。

于是，就出现了西方式民主模式，也就是多数人使用选举权选择他们心目中的“明君”，再配以适当的制度约束。

多数人参与：主要表现在西方式民主社会形态里，参与途径也往往只能是通过选举权来推举领导个人或集体领导阶层，多数人还是无法直接参与公共管理的决策权衡。且这种模式还由于各民族不同的文化土壤基础，在很多土地上容易造成水土不服的现象。

笔者认为：现存的所谓西方式民主并不是全优型的多数人参与模式，基本属于“期盼明君”的改良型，还是带有一定的赌博性，仅仅是变“长赌”为“短赌”，多数人仍停留在间接参与层面。

深入观察我们会发现实际是“参与成本”和“参与速度”成为多数人参与公共管理的决策权衡的瓶颈。

在工业社会里或之前，百姓承担不起过于频繁的参政支出，政府也无法支付庞大的频繁的全民参与权衡的成本，加之陈旧的信息传输渠道造成的传递速率的局限，使得公众不得不放弃决策权衡的参与权，而成为决策的旁观者和结果的被动承受者。

于是，新的问题也产生了：怎样才能降低公众参与社会公共管理权衡的成本，使多数人能真正参与公共管理的决策权衡呢？

今天，我们暂时抛开“意识形态”的困扰，仅就公共管理的管理手段和管理工具，作个简单的探讨。

随着信息经济的发展，智慧经济时代的到来，这种“参与成本”和“参与速度”所造成的瓶颈将得到极大的缓解。

智慧共享平台为我们提供了一个全民的低成本高速率的可参与决策工

具,非现场活动现象的发展更使得我们的民众在不受时空干扰的情形下,以极低的成本(几乎可忽略不计)瞬间地作出即时性的判断,并将这种自我判断瞬间传递到决策汇总平台,最终导致了综合的权衡政策的出台。

因此,我们可以说通过智慧共享体系,非现场经济现象的影响和作用远远超出了经济领域,而扩大到政治和文化等所有领域。

智能化活动的文化性、科技性和便捷性决定了非现场经济的渗透力,其超强的渗透力包含了"权衡"所必需的要素——参与性、社会责任、经济思维、信息畅通、平等公平。直接的表现结果是:导致了高效、低成本与大众的主动参与性。

我们也可表述为:非现场经济现象极大地推动了公共管理和公共权衡"高效低成本的大众参与"进程,提升了我们公共管理和公共权衡的全民性参与指数。

这种高效、低成本使得非现场方式成为公共权衡最有效的工具,直接影响到公共管理核心价值的实现程度,成为社会公共管理的最佳道具。

与此同时,我们还必须注意到上节谈到的"放大的数字鸿沟"现象,照顾到社会弱势群体民主权利,"放大的数字鸿沟"对社会弱势群体的政治参与和精神生活产生了极其不利的影响。

由于弱势群体拥有智慧技术和智慧工具有限,他们很难享受电子政务带来的便利,也很难运用先进的智慧工具参与民主政治生活。

因此,我们在智慧时代里公共管理活动中,也应更加警惕"文化鸿沟"和"民主鸿沟"的再扩大现象的可能。在已经可能的多数人参与之时,不要忽视了尚存在的小部分弱势群体。

讨论了智慧经济时代的公共管理决策权衡,我们再对智慧时代的公共管理行为提出希望,我们通过"东方智慧分析工具"对"智慧经济"的分析和研究(参见本文第八章)得知:泛自由市场与集权控制均不符合。

在智慧经济时代里,作为核心现象的非现场经济领域,仅仅需要的是人为主动式正向干预。

这里的主动式正向干预是指:要求公权力只能适度干预,且必须随时盯盘调整干预度。因此,在智慧经济时代,由于智慧共享体系的出现,决策权衡的效应被放大,自由的市场机制向主动式人为干预倾斜,此时的公权力将成为市场机制的负责者。

也就要求公权力的决策权衡更具准确性和即时性,既要求公权力人为干预的适度作为,也反对公权力人为干预的不作为和滥作为。

在新的智慧时代里,智慧共享体系和全球一体化,使得这种公权力人为干预的不作为和滥作为的实际结果承担者,不仅仅是公权力机构的本身,而是全体人民,也可能不再是一国人民,而是全球人民了。

二、非现场经济与企业管理

企业管理同样需要经济学的思维模式。

现实的残酷分配法则，全世界 20％的人拥有这个国家 80％的财富，80％的人在为 20％的人实现梦想。20％的是富人，80％的是穷人。

中国也已经开始进入一个 20∶80 的两极分化时代，并伴随着“放大的数字鸿沟”，这种财富差距还将被拉大，越来越多的人将落入相对贫困化的境地。

现时的竞争环境中，人们总想要保持竞争优势，苦苦地坚守自己已经占有一定份额的优势领地。

但在速度经济的时代里，无论个人和企业的发展过程，都像是逆水行舟，不进则退。

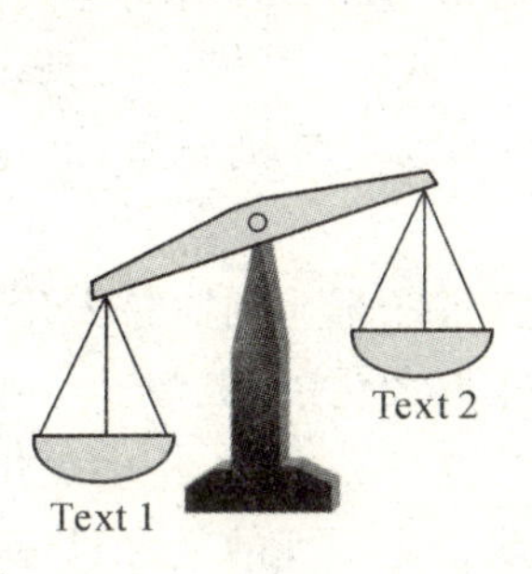

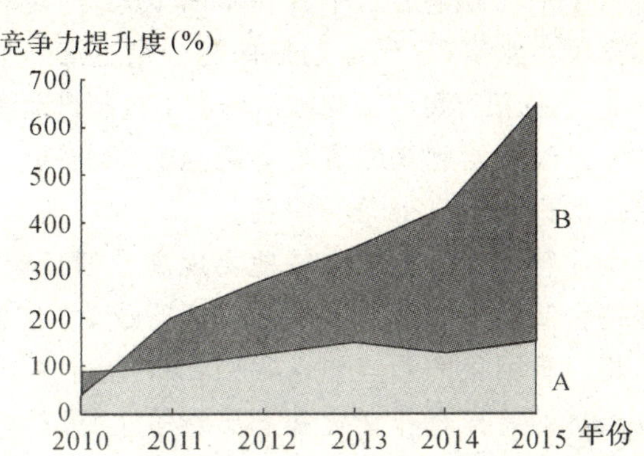

图 8-4　竞争力提升示意

我们均需要重新审视一下我们目前所从事的工作或事业是否能让自我或服务的单位成为 20％的富翁行列。即使你已经站在了 20％的行列中，同样也将面临持续卓越的维系问题困扰。

我们需要注意非现场经济里一个突出的现象：你可以用传统的手法保持你竞争力的稳步地提升，可能提升的幅度是每年 10％～20％的提升；

可是，此时也许我们的竞争对手们，由于采用了最新的非现场经济手段，已经取得了每年竞争力提升的幅度可能是 100％到 1 千％了。（如图 8-4 所示）

竞争力走势图：从此图表我们可以看出，当竞争力差距拉大时，社会平均综合竞争力水平也会提升(0 线上移走势)。

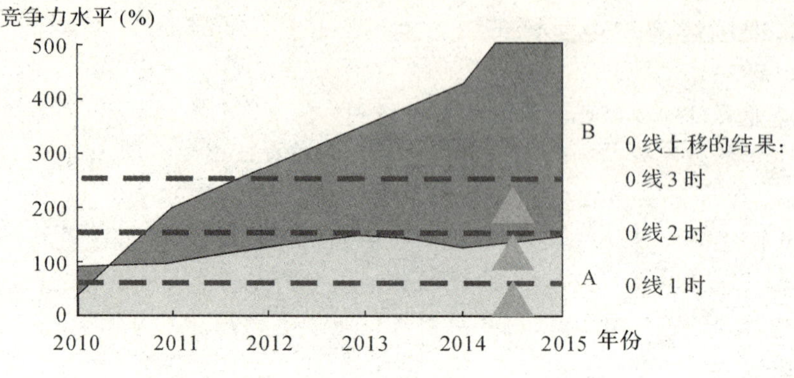

图 8-5 竞争力相对弱化示意

由于平均竞争力水平线在不断上移，一定时间后，当平均竞争力超过你的实际竞争力水平(虽然你还是保持小幅上涨)，你的竞争力动态优势将会丧失。

此时，你很有可将面临被市场退出机制自动清出场的威胁。(如图 8-5 所示)

在已经开始到来的资本与智慧劳动共同主导的市场竞争机制里，对竞争力保持的再认识显得尤为重要。

企业管理就是为了高效地实现高效的目标，永远争取企业利益最大化，持续保持企业竞争力对比度的高位运行成为"企业利益最大化"的关键。企业竞争力相对贫困化的趋势要求我们:关注企业差异化的竞争力提升，正确运用非现场经济的差异企业文化和差异竞争工具，持续实现企业管理的最终目标。

国外经济分析家的一些资料表明:增强一个劳动力可获得 1∶1.5 的经济效果，增加一个工程技术人员可获得 1∶2.5 的经济效果，增加一个好的管理人员可获得 1∶6 的经济效果。

显然在智慧时代到来的今天，我们还得加上一条:增加一个掌握非现场经济学原理，与时俱进地运用其各种新技术手段的管理人员，至少可获得 1∶12 以上的经济效果。

运动是绝对的，静止是相对的，时代是发展的，企业竞争力对比发展也是动态的发展。

智慧经济领域里商机无限，即使在恶劣的环境中也存在着竞争性商机，特别是表现在非现场经济领域。可是，我们也别忘了智慧经济时代存在着企业竞争力相对贫困化加剧的趋势。

由于人们的思维习惯通常是以自我的进步为参照物，而不是以对手或环境的发展为参照物。

因此，这种相对被弱化趋势性的认识，在日常的工作中往往容易被忽视。

犹如两个人同处在步行的起点开始竞争，此时的平均竞争力线为步行线。一年后第一个人进步到骑自行车参与竞争；而另一个人跨越了自行车、摩托车，快速发展到开着汽车去奋斗。

此时的平均竞争力线应该是摩托车，我们的第一位竞争者虽然得到了进步，却不仅竞争力差距被拉大，还从平均竞争力线水平掉到了新的平均竞争力线以下，造成了隐性倒退的事实。

显形的倒退往往会刺痛竞争者，甚至激发革命性的动力。

隐形的倒退则往往是不会刺痛竞争者，而且将成为自我安慰的道具。

这种隐形倒退的最大危害是"神经麻痹"，被自我的小进步所麻痹了。

我们可以把这种现象称作"饼干效应"。

记得小时候在极度贫穷的年代，在我小学快毕业时，我们所生活的大学校园（父亲在那里当校工）的副校长夫人当着我的面跟我母亲讲："这么机灵这么聪明的小孩，正是长身体的时候，要每天早上给他（指我）吃个鸡蛋喝杯牛奶啊。"

我们是靠吃泡饭长大的，我的母亲那有能力买得起鸡蛋和牛奶。

于是，母亲每天早饭在吃泡饭边给我增加一块饼干。

母亲给了我生活改善的信心，哪怕是一丁点；

我给了母亲未来生活的希望！

我们的人民是善良的宽容的，他们乞求的仅是希望，他们是生活在期望值中的一个群体，只要他们感受到未来还有希望或自己没希望只要感受到子女有希望，他们就会放弃对"公平"的诉求心理！

然而我们的企业管理不能乞求的仅仅是希望，追求的不仅仅是"饼干效应"，而是企业利益的最大化。

企业管理在激烈的竞争环境中，特别是在智慧时代，一定要看清被放大了的数字鸿沟现象直接表现为：相对贫困化和竞争力相对弱化趋势的急剧拉大。

隐形倒退的现象，在智慧共享的指挥经济时代里，将会变得越来越快和越来越普遍。新形势下，我们的企业管理者务必清醒地认识到这点，并主动掌握智慧经济新特征和积极运用先进的智慧工具加以克服。

第九章

撼动资本的市场主导地位

第一节　资本与非现场经济

人类发展到后工业经济时代，由于财富积累的加快，直接导致的不仅是人们物质财富的增加，而且更重要的是导致了其中的资本积累的加快。资本的作用再次被极度放大，我们的社会经济基础被资本所单一主导的程度达到了顶峰。

随着资本主导经济下的新资本积累加速，这种"资本主导"逐渐演变成了"资本雇用劳动"，直至发展到"资本绑架"社会的恶劣现象。

我们现在可以看到：频繁的全球性金融动荡、脱离市场规则的离谱炒作性价格波动、甚至国家主权债务危机的频现。

我们也可以看到我们的经济专家、财经人士和政府官员们整天都是在争论与资本相关的话题或钻进一大堆湖里糊涂的资本分析工具和经济数学模型里，为那些资本主导下的动荡不休的经济怪现象而疲于奔命。

后工业时代的资本不仅通过资本市场绑架了整个社会经济、绑架了社会生活，还绑架了我们的经济学研究的方方面面。

这些形态的形成，除了社会性的变革因素外，与市场经济单一的资本主导有关，特别是后工业时代的新资本积累所形成的资本结构相关，也与企业的投资行为和投资意识无不存在着千丝万缕的关联。

这是资本的独占性主导地位和"唯利是图"极端化的恶果。

为了看清资本单一主导经济的来龙去脉，我们先从企业投资行为开始观察：

最初，投资是企业运用资金的一种经济活动，这种资金被称为资本。

企业就是用新投入的资本来建立各种生产经营条件和开展某种生产经营的活动。企业在投资时，通常考虑到市场需求趋势、竞争态势、社会发展方向以及企业自身发展的阶段、自身的积累和投资能力等因素，同时需要有足够的资金(已经自有的或外部筹措的)用于各种投资活动。

于是，就有了企业筹资活动。这种为了再投资的筹资活动，往往取决于企业的资本结构。

企业的资本结构是由于企业采取不同的筹资方式形成的，表现为企业长期资本的构成及其比例关系，即企业资产负债表中的长期负债、优先股、普通股权益的结构。反过来，各种筹资方式及其不同组合类型，也影响着企业新的资本结构及其变化。

企业在筹资决策中，应通过不断优化资本结构，而使其趋于更合理，直至达到企业综合资本成本最低的资本结构，方能实现企业最大化这一财务管理目标。

现代的经济界普遍认为客观上存在着资本结构的最优组合，通常我们在传统的公司里可看到的组合是以负债筹资为主的。

通常是：首先通过提高企业的盈利能力，通过合理配置资产，加速资金周转，降低产品成本，改进产品质量和结构等措施，促进企业盈利能力的增长，并将企业各类负债的加权平均利率作为投资利润率的最低控制线。

再者是降低企业负债利率，由于企业负债利率与财务杠杆利益呈反方向变动关系，降低负债利率能增加财务杠杆利益。从理论上来讲，投资利润率与负债利率差额为正，负债比例越高，则正财务杠杆利益越大。反之，差额为负，负债比例不宜过高。

在市场经济条件下，任何国家的经济都既不会较长时间的增长，也不会较长时间的衰退，而是在波动中发展的。

这种波动大体上呈现复苏、繁荣、衰退和萧条的阶段性周期循环，即为经济周期。一般而言，在经济衰退、萧条阶段，由于整个宏观经济不景气，多数企业经营举步维艰，财务状况常常陷入窘境，甚至恶化，经济效益较差。在此期间，企业应尽可能压缩负债，甚至采用“零负债”策略，不失为一种明智之举(但也会造成整个社会经济疲软的持续)。

企业对待风险的态度也是影响企业负债比例高低的重要因素，那些对经济发展前景比较乐观，并富于进取精神，喜欢冒风险的企业往往会安排比较高的负债比率；而那些对宏观经济未来趋势持悲观态度，或者一直以稳健著称的企业，则只会使用较少的负债资金。

事实上企业对这些情形的判断和采用往往综合了企业预计的投资效益情况和企业对待风险的预测。

负债筹资的资本成本虽然低于其他筹资方式，可是，我们多年的商业实践证明：成本最低的筹资方式，未必是最佳的筹资方式，我们隐约感到还应有更好的形式。由于财务成本和代理成本的作用和影响，随着负债比重的增加，企业利息费用在增加，企业丧失偿债能力的可能性在加大，企业的财务风险在加大。

这时，无论是企业投资者还是债权人都会要求获得响应的补偿，即要求提高资金报酬率，从而使企业综合资本成本大大提高。

因此，我们不能用单项资本成本的高低作为衡量的标准，只有当企业总资本成本最低时的负债水平才是较为合理的，这种状态下的资本结构应是最优的组合，那就是多种资本组合。

我们了解和分析了传统公司的资本结构理论，就不难看出一个现象：传统公司谋求企业最大化，往往是通过财务管理优化资本结构，从而确定新投资资本的组合来实现企业的扩张。

这种扩张实际是向企业外的扩张（少部分内部结构调整和优化内部结构、产品的除外），正由于是对企业外的扩张，需筹集新的投资资本。

随着社会因素的变化、市场竞争的推动，企业往往采取不断地扩张来应对，这种规模性的扩张，直接导致了新资本的筹集活动也在不断进行，不可避免地产生了举债情形的扩大。

举债的扩大，相应地对投资决策提出了更高的要求，同时企业的危险性因素也成正比地上升，抗风险性系数大为下降。

虽然我们采用了多种资本组合，有些风险也已经预计到了，即所谓的战略性提前量规划，但还是无法满足经济社会的发展步伐，还是会遇到企业扩张带来的种种窘境。

我们了解了一般的企业资本结构和财务管理目标，以及与资本结构理论的关系，分析了影响企业资本结构有关因素等，对企业的资本运用和资本结构有个较高的认识。

所谓的先见之明，充其量是社会发展长河中的一段。

这就是传统公司开门多，持续几十年以上少，上百年更稀有的原因之一，也是百年老店值钱的根本所在。

于是市场化的多种资本组合就有了必要，虚拟资本也就有了市场基础。

此时，我们可以看到：在传统经济里货币资本一直起到主导经济的作用，特别是在工业经济高度发展的20世纪后叶，货币资本急剧膨胀，其中的虚拟资本份额更是达到了前所未有的高度。虚拟资本不仅运用市场的正常供需杠杆，还虚拟了表现为资本投资需求的市场需求，通过不断制造这种虚拟需求的手段，来主导并干扰自由的市场经济。

20世纪50年代中期开始，美国率先完成了工业化，进入“后工业化”时代，70年代中期，英国、法国、德国、意大利、日本等主要资本主义国家也相继完成工业化，进入这一时代，资本开始具有从物质生产领域向外游离的趋势。

第二次世界大战后确立的布雷顿森林体系宣告瓦解，货币脱离黄金，世界货币体系开始进入不受物质生产增长约束的时代，加上各种金融衍生工具的发展，虚拟经济急剧膨胀，世界资本主义经济的主体已经从物质生产部门转移到非物质生产部门，并成为世界资本主义经济的主体。

从全球看，1997 年国际货币交易额高达 600 万亿美元，而其中与生产流通有关的货币交易只占 1%。此外根据有关资料，目前全球的货币存量已相当于全球 GDP 年总值的 60 倍。

这些情况都说明，世界资本主义经济的主体已经从物质生产部门转移到非物质生产部门，由此引出资本主义经济的一系列深刻变化，我们可以把这个新阶段叫做“虚拟资本主义”。

传统的资本主义生产过程是：从货币资本出发，经过产业资本、商业资本等环节再回到货币资本，在这个过程中，产业资本占据最重要的位置，因为它担负着创造剩余价值的职能。

但是在“虚拟资本主义”阶段，由于货币脱离了黄金，资本的膨胀可以摆脱物质生产过程的束缚，表面上看似乎产业资本和物质生产过程就变得可有可无了。这就会对社会实际财富的递增造成威胁，是实业经济精神危机的实质根源。

在实际的经济活动中我们可以看到：在实物过程中，实物最终将被消费而消失，但在虚拟价值的金融流通过程中，价值不仅不因物质消费而消失，而且通过转型、转移而得到了增殖。

实物过程：生产→消费

价值流转过程：生产→(价值增值)→销售(价值转型，附加值加入)→再生产(二次生产，价值再度增值)

这样，货币资本家就有了介入的环节。于是，货币资本家和产业资本家，不仅在法律上有不同的身份，而且在再生产过程中起的作用也完全不同了。

这种分离是货币资本主导经济不可避免的结果，这其中的预期收益也具有一定的积极意义。

我们知道，劳动者没有生产资料，在分配过程中与资本比较又处于弱势，但是劳动者有未来，资本市场的伟大贡献就在于将劳动者的未来也可作价进入分配。这在一定程度上提高了劳动在与资本分配上的比例，一定程度上缓解了资本主义的基本矛盾，可以说是比之凯恩斯主义，在更深层次上的第二次延续了资本主义的生命。

可是，我们知道资本贪婪本性是不会改变的，随着预期收益的非理性化加深，这种资本贪婪的本性，如今再次激化了资本主义的基本矛盾。

此时，资本主导下的市场经济促进了投资资本(主要表现为货币资本)创造虚拟价值的激增，这种预期收益叠加了虚拟需求，不仅导致了部分商品价格的畸形波动，还吸纳了相当的产业资本转移，这种叠加效应在一定程度上制造了经济的泡沫。

“虚拟资本主义”的“附加值加入”开始偏离正常的价格波动规律，不再是原始的实际供需理论，而是货币资本家们不断地制造出了短暂的虚拟需求，通过透资性的预期收益这个渠道，能将劳动、劳动者的未来都转化为现时资本，虚拟资本的总额再次被扩充。（如图 9-1 所示）

当这种预期收益被虚拟需求的假象远远高估时，加之货币供应量的推高，这种泡沫膨胀就会达到一定的极限，经济危机也就光临了。

在“虚拟资本主义”时代，国家与国家、地区与地区之间争夺的焦点从独占生产物质产品的资源与市场转向国际资本，争夺的焦点是控制国际资本的流向。

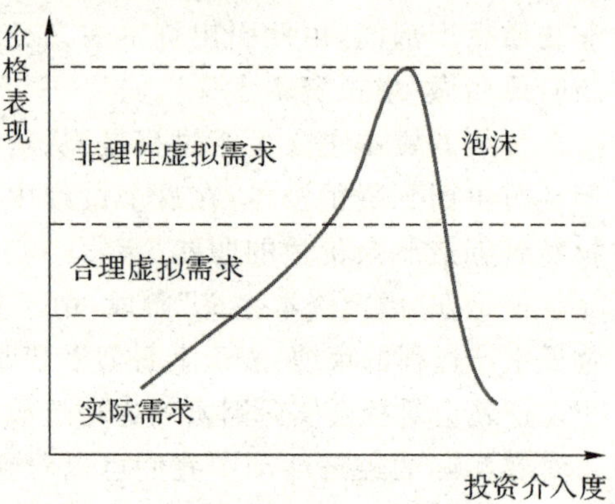

图 9-1　资本主导下的泡沫经济形成示意

这种状况越演越烈，席卷全球的金融危机也就成为必然。

资本主导下的预期收益最后造就的是：“虚拟资本主义”更加寄生与腐朽，那些主要的资本主义国家可以不事生产，仅凭创造货币资产的游戏就无偿地占有和剥削它国人民所创造的物质产品。

此时，我们可以看到我们的社会经济越来越被动，整个社会经济几乎完全被资本所绑架，连仅有的一点产业资本也被虚拟资本所绑架了。

原本已很脆弱的产业资本也经不起虚拟需要造就的赌博性获利的诱惑，而加入虚拟资本的行列，“实业精神”的危机开始显现。

虚拟资本就像一个巨大的磁盘，不断地吸引着各种货币资本，造成了货币资本结构严重的比例失调。

这种货币资本结构的比例失调使得虚拟资本占比越来越大，造成了“产业”因产业资本的短缺而萎缩，“消费”也因消费货币的转移而停滞。

传统的“投资”、“出口”、“消费”三驾马车中的后两驾马车病弱了，同时这头驾马车又是虚高，且通过资本雇用劳动而控制着我们的社会财富分配的实际，我们的社会经济发展的可持续性也就岌岌可危了！

那么，我们如何才能克服这单一资本主导经济带来的社会进步瓶颈，真正实现社会幸福的可持续发展呢？

特别是新智慧时代的来临，这种现象又会发生如何的变化呢？

通过细心观察我们注意到:在智慧经济时代里的非现场经济领域,已经出现了小额资本或无货币资本的运用,却产生了实现的企业快速成长或急速扩张的真实效果。此时,我们可以说:确保企业持续价值最大化的可能性出现了。

这是因为他们已经开始了由简单直接的外部扩张,转向了企业的内部型扩张。企业的内部复制式扩张,解决了企业扩张所遇到的新资本筹措问题,极大地降低了负债的可能性,从而提高了企业的安全性和抗风险力,极大地提速了企业网络化的扩张进程。

此时,企业的内部扩张借助于智慧时代里的共享智慧体系的低成本高效率,从而避免了新资本筹措带来的风险,企业采用"智慧型内部扩张"的经济效用将起到倍增的效果。

于是,新型的"内部扩张"就成为我们克服这一瓶颈要找的良方,资本为单一主导的市场结构也就遭到了新技术、新智慧劳动的挑战。

这种源自企业内部的扩张,靠"智慧系统功能细胞"的复制和新边际成本的运用,不断推动新的组合和新交易内化的产生,而非通过纯粹的单体膨胀来实现企业的扩张。

也就是我们要提倡的扩张模式不追求简单的单体膨大,而是追求"系统细胞"的不断复制繁衍和平均成本的降低来实现,同时追求的是组合元素具方向性的相互占有发展模式。

这里的"智慧系统功能细胞"指的是:创造智慧产品或充分应用智慧产品的个人、企业或部门。

新时代里,那些借助于共享智慧体系,开展企业内部扩张实现膨胀的新贵们,既造就了企业规模经营的新增长,也实现了持续高涨的商业竞争目标。

这些"智慧系统功能细胞"不再单纯依靠资本来实现自我的再创造,而是通过新的"智慧劳动"形式来实现。

"智慧劳动"是劳动者在智慧经济时代里,借助于智慧共享体系,创造新财富的能力行为,是劳动者与智慧文化、智慧技术、智慧应用联动的结果。

这种情形下,我们会发现一个事实,那就是资本的市场主导地位正逐步被削弱,正在被某种其他东西所替代。

智慧经济时代下的非现场经济领域,已呈现了大量的非固定时间非固定场所的劳动力形态,甚至还可能会出现这种劳动力从业数超过产业劳动人数的发展趋势,这些新劳动形态支撑着智慧经济体系的发展。

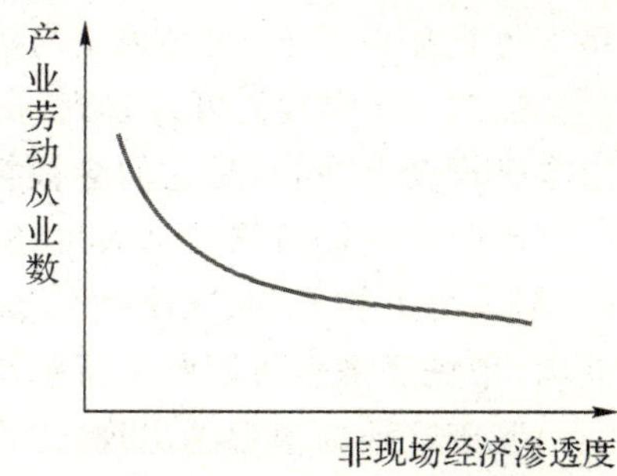

图 9-2　效应产业劳动参与数变化示意

于是,这个正在逐步替代资本的市场

主导份额的“某种其他东西”就是智慧劳动，智慧劳动不光是依仗着智慧技术，而是智慧文化、智慧技术、智慧应用相互融合的劳动形式。

智慧技术是智慧劳动的工具，智慧文化、智慧技术、智慧应用等联动的智慧劳动属性发生了变化，智慧劳动实现了低成本的自我发展和低成本的企业内部扩张，导致了智慧劳动逐步成为市场的主导因素，正在逐步地成为市场的主导者。

“智慧系统功能细胞”的智慧劳动，正逐步与资本一起分享市场主导地位的影响力。

这一分享作用，淡化了资本单一的经济主导控制力，从而削弱了虚拟需求非理性膨胀的必要性。也就是说，智慧经济时代通过智慧劳动，人们完全可以摆脱资本的影响而实现自我膨胀。加之借助于智慧共享平台，信息不对称的现象将被弱化，人们理性的智慧判断力逐步提升。

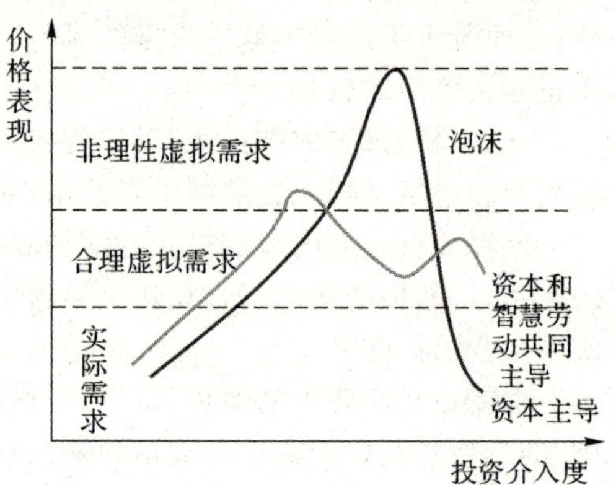

图 9-3　经济双主导效应示意

这个年代再不是以资本为唯一的市场经济主导者了，新劳动形态正朝着市场主导地位转变，智慧劳动将与资本并立，一起成为市场经济的新主导者。

智慧劳动以其独特的时代属性，正逐步摆脱被资本雇用而形成与资本共同主导市场经济的局面，对单纯资本主导下的虚拟需求的膨胀起到了遏止作用。（如图 9-3 所示）

注意：智慧劳动成为经济的新主导者后，并不是真正地劳动雇用资本的开始，也并不意味着资本就退出经济的主导地位而不再起主导作用，相反的是资本仍然是经济的主导者之一，仍然对我们的经济起到决定性的作用，仅仅是它将不再是独霸天下，而必须是与智慧劳动一起协同才能统领天下。

从图 9-3 中我们可以看到，资本作用和虚拟资本还将继续存在，虚拟的需求也一样会存在，只是它们会被智慧劳动所制约，而更趋于理性。

此时的市场价格波动表现还会受到虚拟资本的作用而脱离实际需求的影响，但不再可能是“疯狂作乱”了，也仅仅只能在实际需求与合理虚拟需求之间波动，市场经济也将回归到可承受波动的可持续发展之路。

鉴于这种新情形的出现，也许我们有些人会问：虚拟资本在智慧时代无法再制造非理性的需求来获取泡沫经济带来的利润，会不会转为通过对已经成为经济主导者之一的智慧劳动本身的操作，而制造劳动的虚拟需求或虚拟价值呢？

笔者认为：资本可以创造物质的虚拟需求，却无法创造劳动的虚拟需求，就像资本无法最后真正雇用劳动一样。

这是因为劳动使用价值和劳动交易途径的特殊属性均不同于物质世界。

物质世界的商品在使用的过程，使用价值递减；而劳动在使用过程中，使用价值不但不递减，还就会创造出了新的使用价值。

同时，物质商品（有形的或无形的）的交易双方，是脱离产品本身的交易行为，商品仅仅是交易的标的物，而不是参与方；而劳动交易双方的其中一方一定是产品的本身，也就是交易的一方既是标的物又是参与者。

这样的产品属性和交易特征，使得资本无法单方面制造大规模的需求假象或单方面控制最终的劳动量，就是说资本无法直接操作智慧劳动。从而也就无法在当智慧劳动作为主导经济的地位稳定后的智慧经济时代里，通过制造“智慧劳动”的超级泡沫而获得巨额利润，只能与智慧劳动结合而获取合理利润。

注意：这里需要说明的是，曾经发生过的互联网泡沫，仍然属于资本主导经济时代里，资本对互联网产业的操作，而不是对智慧劳动本身的操作。

到此，这种扭曲的虚拟需求现象，将随着智慧劳动主导作用的强化，而逐步淡出由智慧经济所倡导的理性经济市场。

现在我们可以说：“预期收益”的引入比凯恩斯主义，在更深层次上的第二次延续了资本主义生命；

而“智慧劳动”则是在摆脱了第二次延续的末期危机，第三次延续了资本主义（所有的市场经济）的生命。

第二节　FXC 与新自愿绑架现象

智慧技术加剧了非现场经济的发展，引发了我们对智慧时代出现的各种与劳动者命运相关的新现象和新结果的思考。

现在我们回过头，再观察一下劳动者解放的路线图：

科学技术的发展，首先把劳动者从繁重的体力劳动中解放了出来，提高了劳动生产效率，缩短了劳动者的固定劳动时间；到了信息经济时代，又把劳动者从单一特定的固定劳动场所中解放了出来，呈现出了劳动场所的多样性；如今的智慧经济时代再从固定的 PC，到智能的移动终端，实现的是更大的自由和自主。

非现场经济指数的变化，一定程度上反映了劳动者在固定场所固定劳动时间的解放程度，从而反映出了这个时代的特征。

现在我们可以看到：一方面 FXC 上扬，劳动自由度带来生产率的提高，GDP 增量加快，财富创造的总量加大；另一方面非现场经济促使了智慧劳动的大发展，逐渐地成就了智慧劳动的经济主导地位。

非现场经济的这种成就使得我们逐步摆脱了资本主导经济带来的“资本绑架”，开始进入一个智慧劳动与资本共同主导经济的新时代，为缺乏资本积累的广大平民带来了新的致富希望。

可是，我们也应看到非现场经济同样将经历一个新事物到旧事物的发展过程，一个与资本单一主导经济一样的发展历程，那就是“初期的促进社会经济”到“后期的绑架和阻碍社会经济”。

非现场经济的快速发展(尤其是后期)，在放大了信息经济带来的数字鸿沟作用下，也许数十年、数百年后，此时的数字鸿沟已经不再是简单的贫富鸿沟，而是结合新的利益驱使，再次演变成所有人将自觉或不知觉地被非现场经济所绑架。

这里的绑架已经不再是“谁绑架谁”了，既不是哪个国家绑架哪个国家，也不是哪个群体绑架了哪个群体，而是统统被智慧技术所再次绑架，并且是呈现出了一种自觉自愿的全新的被绑架趋势。

那时的绑架不再是像“资本绑架”那样地被经济主导者所绑架，也就是说新的绑架者不是新的经济主导者“智慧劳动”，而是脱离了经济的主导者，被经济主导者支撑起的非现场经济现象所绑架。

世界大同，全球一体化的趋势，将人们的国与国、群体与群体、群体与个体、个体与个体间的博弈，从直接的资源博弈和资本博弈，演变到了知识的博弈、智慧劳动及智慧应用的博弈。

这种博弈的发展趋势是：不论是博弈的哪一方都将自觉自愿地被智慧经济所绑架，谁也不愿落后。

这是不同于单一资本主导经济后期出现的“被资本绑架”，资本的绑架是由社会经济的主导者作为一方，是资本作为唯一的经济主导者，而掌握资本的往往是特定的少数人群体；而非现场经济的绑架并非是智慧劳动最为新的经济主导者去替代原有的主导者而绑架社会，是非现场经济现象绑架了大家。

这种绑架是“社会整体现象的绑架”，既不是原有的主导者资本，也不是新的主导者智慧劳动，而是在特定的智慧经济时代里，由一种新兴的非现场经济所表现出来的新社会现象绑定了社会经济的发展趋向，这种绑架行为并非是特定群体可以掌控的，它是一种社会性综合力量。

非现场经济通过“解放”和“绑架”这两个方面作用于社会经济，解放是形态的，绑架是实质上的。

解放(形态上的)			绑架(实质上的)			
时间形态	地点形态	参与形态	劳动经济效益	游戏规则	财富分配	判断时效

一方面人们参与智慧技术应用的活动加剧，追求信息的完整性将越依赖于智慧技术。人们的判断思想、谈判思路等不知不觉地被智慧环境所绑架，劳动者的思想和信息获取，遭到了前所未有的绑架；另一方面借助于智慧技术，信息不完整性和信息不对称性带来的负面影响减弱，取而代之的是"判断时效"与"系统控制"上。

判断时效：人们的判断依据主要是完整的信息量和对称的信息量。在智慧经济时代里，随着借助于智慧系统公平获取信息渠道的完善，这种信息的不完整和不对称性日益弱化，于是另一个现象被放大，那就是判断的时效性。

这里的时效性包含获取等量信息的时间消耗，以及等量信息获取后作出的判断时间消耗两部分。

这种时间和速度上的比拼，导致的结果只能是人们更自觉自愿地被智慧经济体系所绑架。

系统控制：这里系统控制不是指整个社会智慧体系被某个国家或某个利益团体所控制，而是主要指构成智慧体系的大大小小的各智慧系统，不断地被创新、不断地被更替。

智慧时代里，非现场经济表现出的主要是集中在劳动力的时间形态、地点形态、参与形态上的解放，体现的是人性的自由主张。

可是，就整个社会经济面看，这种解放也对应产生了实质性的绑架，这种通过"判断时效"与"系统控制"使得劳动经济效益的改变，导致了市场游戏规则和分配规则的重新制定。

游戏规则和分配规则再次被智慧环境所改写，人们不再单单以劳动时间的多少或资本投入的多少来实施市场游戏规则和利益分配规则，"自愿绑架"的程度将成为新规则的核心，使得这种绑架性剥削更具隐蔽性和"合理性"，成为了人们争相追逐的"自愿绑架"理由。

自愿绑架者并不表示就是接受被剥削而成为受剥削者，剥削者同样需要自觉的绑架，而且正是这种自觉的绑架程度决定了剥削者与被剥削者之间的身份转化。也就是说，绑架得越紧，被剥削者越有可能转化为剥削者；绑架得越松，剥削者越有可能沦落为被剥削者。

这里我们要给剥削者传递的信息是：新游戏规则下如何巩固自己的剥削者地位，财富积累型的剥削基础将被削弱，洗牌频率在加快，新的剥削者可以不靠资本积累而颠覆原有的剥削者。

我们给被剥削者传递的信息是：明白新游戏规则的诞生机理，明明白白地

被剥削，有机会通过绑架而转化为剥削者。（见图 9-4 所示）

这里的“绑架”词性属于中性词，不带有贬义，只有当你退出社会竞争，仅作为一个旁观者，笑看这个疯狂“过山车”时，“绑架”二字才又理性地回到了犯罪感的词义上。

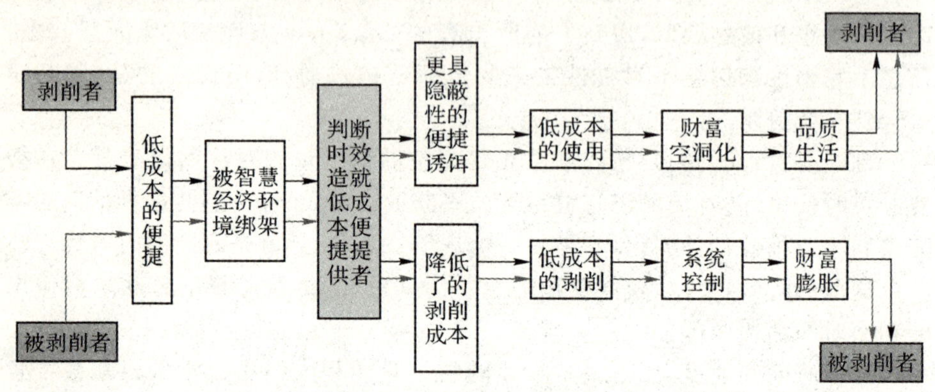

图 9-4　新时代下剥削与被剥削及动态变化示意

新时代的特征集中反映在了“低成本的便捷”和“被智慧经济环境绑架”两个环节。当非现场经济成为主流时，信息产业、知识经济、智慧劳动效能等几乎达到了“生死时速”。

信息流、知识流、智慧流，交织成这个时代的主旋律，人们在拼命地捕捉信息、感知信息、加工处理信息、丢弃信息，运用智慧体系创造新信息、应用新信息，构成了一个智慧信息的生命循环网络架构。我们相关产业界的各路精英将会“毫不犹豫地、几乎没有选择地”加入这股时代的智慧劳动的洪流之中。

在智慧时代里，随着非现场经济的深入，这种自愿的绑架现象将推动社会财富分配或再分配的游戏规则修正。劳动的经济效益提高和分配规则的改变，剥削和被剥削的程度也将拉升，产生了“相对性贫富分化”加剧和“平民参与机会”概率提升同步的现象。

这样，作为非现场经济程度的反映指标 FXC，其展现出来的最终结果是：指数越高，国民总收入增加越快，非现场经济在 GDP 的贡献比越高，直接绑架和隐形绑架现象也越来越厉害，贫富两极分离速度越快，同时由于资本作为市场动力霸主地位的弱化，不靠资本力量而单靠智慧劳动，产生新贵的速度也越快。

由于，绑架是解放的对应产生物，因此一个国家或一个群体的 FXC 指数越高，被绑架程度也越高。

非现场经济现象的出现，无法消除贫富差距，其积极意义仅仅在于：

(1)人们的生活品质整体得到提升。

(2)富豪榜更新加快,平民具有了均等的竞争机会。

整体生活品质提升:使得我们的社会发展将是:“朱门酒肉臭”还将存在,“路有冻死骨”却再也找不到了。

机会均等的可能:使得但丁名言“生活于愿望之中而没有希望,是人生最大的悲哀”的场景不再出现。

由此看来,“消灭资产阶级”的乌托邦,难以真正的实现;“消灭无产阶级”的资本主义,却剥夺了机会的平等。

现在我们可以说:在现阶段我们能感知或借助于这种感知而作的预测性结论,只有智慧经济时代的“机会均等”的社会特征,更接近于和谐经济、和谐社会的要旨。也许若干年,也许数百年,随着人类社会的发展,非现场经济带来的“机会均等”又被打破,新的经济时代的到来终将产生更新的经济现象和新经济平衡的新动力。

第三节　和谐经济的曙光

过于遥远的未来我们无法准确预知,可是我们知道在当今由资本单一主导经济的现实社会里,金钱已经成为人们满足各种需求不可缺少的媒介。

因此,挣钱就成了致富的代名词。挣钱,通过挣更多的钱,不断地去实现自我的需求欲,成为我们生活的主旋律。

正如马斯洛“人的需求”结构理论所言,社会生活中的人们均存在着一定的需求欲,自我实现的需求,尊重的需求,社交的需求,安全的需求,生理的需求。

这样,人们在追求和实现这些作为人的基本需求时,事实上却演变成了获取金钱。那就会产生一个问题,那就是如何才能真正获取金钱,而且是公平地或正当地获得?

这是一个古老的问题,问了几千年回答了几千年,且在每个时代的不同回答中,总是增添了新内容。

为了更好地观测和分析非现场经济现象,现在也让我们从社会基础关系层面,一起来看看那些有关人们需求获取需求或金钱方面的普遍话题。

我们先看一个原始的共性现象:有两个共同行路的穷人,他们都感到了饥饿,其中一个人有两块饼。这时,其中的一个很容易拿出这两个饼,分一个饼给另一个,两人一人一个,一起开心而轻松地充饥和聊天;同样是这两个人,如果其中一个人需要几百元钱,而另一个人正好有一千元钱,他就会想一想,或许还会分一半给另一个人；可是如果其中一个人需要几万元钱，而另一个人正好有 10 万元钱，即使有很多理由，他原则上就不会轻易分给对方了，纵然最后他还是分了一半给另一个人，但他肯定会感到心痛；如果其中一个人需要几百万、几千万钱，而另一个人正好有成千上亿的钱，即使有再多理由，他基本上是不可能还会分一半给另一个人，因为他会感到愤怒……

所以我们可以说："再好的朋友之间，分一个饼容易，分几千元有想法，分成千上百万，几乎无可能。"

这就又引出了一个基本的社会财富分配和再分配的问题。

笔者以为，从这个原始的共性现象中，我们可以看出，我们始终摆脱不了"普遍存在着的社会财富分配基本规则"现象，那就是：

当这种财富的分配处于较小的时候，人们往往采取的是穷人的相处规则，即情面、义气、按需、亲情为原则；当这种财富的分配处于较大的时候，则转而采用富人的分配规则，即遵循财富游戏规则，是财富取得的规则和财富分配的方案或制度(包含法律法规)。

由此，我们也可从中区分出穷人和富人的生活道德标准基础，穷人的生活道德标准是以"情面"为基础，富人的生活道德标准是以"规则"为基础。

换句话说：社会极大部分的财富分配是按"规则"分配的，不是按穷人的"情面"原则分配。

这样，了解和知道这些规则是怎样形成、由谁制定，又将向哪个方向发展就显得很重要了。

原始的财富分配是按需分配的，随着社会总财富的积累进程，一些人除去生活必须外，还产生了个人剩余财富。当财富具有剩余并伴随着不同社会形态进化，使得一些人拥有了一定基础财富。而这些人将这其中的剩余财富的那部分，不再用于生活所需而是用于再获取另外的财富，使其演变成再获取财富的工具，原始的资本也就出现了。

当这部分用于再获取财富的财富眼达到一定规模，即当这种资本沉淀积累到一个临界点，它就开始主导着这个世界的分配与再分配的游戏规则。

这是一个以资本为主导的社会财富分配与再分配的富人规则，也就是我们常讲的一套看得见和看不见的所谓的自由市场规则。

资本主导财富的再分配，而掌握资本的人是富人！

资本通过主导"规则"而主导社会经济，此时整个社会经济也将逐步地被单一的资本所主导，这里所谓的"自由市场"的"自由"，实质上是紧紧围绕着资本的自由，是富人游戏规则下的自由。

这种由资本主导经济的游戏规则和市场自由，随着社会财富积累的进一步扩大，导致了资本主导力的进一步强化。

资本主导经济的社会特征，发展到了后工业社会时代，出现了虚拟资本的急速膨胀，新的社会性灾难也不远了。

关于这个资本主导经济后期的恶化和是否会削弱这种单一主导型的社会弊端问题讨论，我们已在前面的专题章节讨论。

分清了穷人与富人之间基本的处世不同点，我们就不难看出“穷人之所以穷，之所以无法轻易地摆脱贫穷”的关键：是穷人们生活在以富人为主导的社会游戏环境（资本主导经济的社会环境）中，他们没有可剩余的财富去转化为资本，也不清楚富人们的游戏规则，而是执著地按穷人间相处的习惯（亲情和人治）去处理身边的事，更危险的是他们以这样的方法与富人们打交道。

这就是穷人的悲剧开始，贫穷不是罪过，也不是光彩，却是糟糕的。

在资本主导市场经济的今天，有时“穷”是非常可怕的，因为实质上穷人的生活成本和经营成本通常是远远高于富人的。

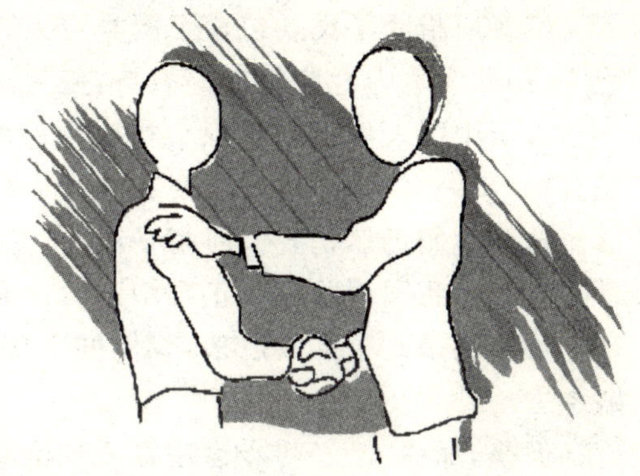

不要小看穷人生活的简朴，他们只能经营自身的劳动力或做些小本生意，但从成本核算的角度去看，却是高成本的运作。

我们来看一个小故事：一个穷人家里的水龙头坏了，由于贫穷一时买不起一个新水龙头。于是，他就用破布条缠住它，不让它漏水，只有隐隐的一点渗水。时间一长，有一天自来水公司前来讨债，才发现自己欠水费的增加之债，已经可以买好几个新水龙头了。

如果他又一次无力支付这项欠款，同时一时又无法借到钱。那么，等待他的将是利息的增加，也许最终还将面临官司的缠身。

由于“贫穷”而买不起一个水龙头，就有可能出现这样的局面，这就是典型的穷人生存或经营成本的构成。

我们再看看一个典型的富人们生活或经营的成本构成：一个富人，由于他拥有豪宅，生活得很奢侈。表面上看，他们的生活成本很高，高过穷人成千上万倍。但几年或几十年后，我们会发现他们的房产（或某些资产）增值部分，已经远远超过了他们以往的花销。

也就是，他们可以无成本地奢侈，同时因为资本的作用（投资性行为）还可以积累财富；至于生活以外的成本，那更是以追求投资利润为目的的投资成本，中国民间流行的一句土话：“杀头的生意有人会做，但亏本的生意没人会做。”

这就道出了资本主导经济的实质：资本的唯利是图。

资本主导经济的游戏规则是不讲“情面”只讲“唯利”，于是资本主导经济时期的社会，要想脱贫就绕不开原始的资本积累或原始的资本取得。

现在我们可以说：由于穷人很难获取原始的资本，且穷人的生活成本是真实的，是实在的正数构成；而富人的生活成本往往是零，甚至是赢利的，成本的负数构成者大有人在（俗称的“败家子”除外）。

这样穷人就会因缺乏资本而被挡在财富再分配规则之外。

“贫穷”是个可怕的恶魔，有时它会不断地拖你进入一个更贫穷的境地，稍不慎就会领你进入一个债的怪圈，使你无法自拔，甚至毁灭你的一切，这是穷人的悲剧。

穷人的悲剧也是社会的悲剧，是资本主导经济的社会悲剧！

这里所指的穷人，在中国可分两类：一类是仍在温饱线上下挣扎的人们；另一类是解决了温饱问题，却无法应对普通教育或稍大疾病的平民。

笔者所指的平民既包含了两类穷人，更包含了那些接近中产阶级的“生活稳定，却非常吃力地应付高等教育，更无法应对突发性事件或大病”的人们。

由于中国人均土地面积小和社会保障体系的匮乏，我们的中产阶级至少是有房、不一定有车，但一定要有几十万的存款，否则他们无法安心地稳定生活。这样他们仍然是我们所指平民中的一员。

这也是我国现阶段真正在中产阶级几乎没有的原因了。

可喜的是改革开放以来，我们的平民已经开始觉悟和投入富人规则的实践中去。

但是，那些“已经初步运用富人规则”的平民创富实践者们，由于资本少又处在资本主导经济的社会环境中，他们的多数都遇到了最多、也是最原始的两个问题：生意难、生意累。

事实上，我们时常听到一些已经是“富人规则”的参与者们共同而普遍的言论：做生意，真难、真累。

在摸索的这 20 多年里，笔者不间断地听到“生意越来越难做”。几乎天天有人在讲“现在生意越来越难做，以前好做”，类似的话题我们听了太多了。20 世纪 70 年代末开始有人讲，80 年代末有人讲，90 年代末也有人讲，21 世纪还是有人讲。

这里，既反映了整体社会经济的进步，又反映了实际的生活质量被苦累所冲淡，更反映了社会竞争的激烈。

看来我们平民要致富，要加入本已经十分激烈而残酷的社会竞争中去，绝非易事。笔者以为：即使有好的生意，有时也不能进行完全的自我实现。

尤其是在资本不够充足的实际执行过程中，也往往会出现一些强迫自己违背自我意愿的现象，只能是“身不由己”了。

初步观察分析了以上的“苦经”，我们就不难看出问题的所在：我们所掌握的资本还不足够大，且你正在用“现在的眼光”，甚至是“过去的眼光”看待现在的生意，当然竞争激烈，生意难做了，加上一时无法调整或回避得“身不由已”，当然也就生意累了。

笔者想说的是：我们要用“未来的眼光”，来解决用“现在的眼光”，甚至是“过去的眼光”来看待现在的问题，以“与众不同”的“未来眼光”来看现在和未来的生意，并以此来抗衡平民的资本不足。

这里我们要说明的是“与众不同” 的“未来眼光”，是要有科学实际作支撑，而非盲目、自大，不切实际的乌托邦。

这个“未来的眼光”就是认清“智慧劳动”正逐步成为社会经济的新主导者，所带来的一系列社会经济的变化趋向。

现在笔者想告诉读者的是：随着智慧经济时代到来，这种“生意真的难做”和“身不由已”有望得以缓解。

由于我们开始进入智慧经济时代，智慧劳动的发展和全球一体化的进程加剧，市场经济的游戏规则将被改变，资本不再是唯一的经济主导者，智慧劳动开始逐步替代资本的部分功能，成为社会经济的第二主导者。

此时，社会财富的分配与再分配规则的变革，不再是靠传统的革命性洗牌手段(主要表现为社会变革、政府更替)或单一的商战洗牌手段(主要表现为恶意竞争、恶意兼并)。

这些手段将逐步被智慧劳动和智慧共享体系的影响力所替代，财富榜的洗牌频率将以前所未有的速度出现，财富积累型和虚拟经济里培养出来的富豪们也将面临“智慧型新贵”们的挑战。

社会财富的高速洗牌现象，使得中国民间俚语“30 年河东 30 年河西”、“富不过三代”等不再灵验，也许该成为“3 年河东 3 年河西”、“富不过 10 年”了。

这种高速洗牌带来了前所未有的富豪榜更替频率，使得大众的成功欲望大大地被激发。想成功吗？不靠资本靠智慧劳动或利用智慧体系，还是有可能把你送上全国首富，甚至是全球首富的宝座。

别丢掉野心和欲望，穷人首先最缺少的是野心(盲目、狂妄的除外)，让我们用心地去驱赶“胆战心惊”的贫困。

不要对神秘大人物，也不要把财富的积累规则神秘化！

事实上，在很多时候，我们平民往往都容易陷入一个误区：把简单的事情复杂化了。问题就出在我们把成功看得太复杂了，把原本简单的问题复杂化、神秘化，而不是把复杂问题简单化。

正是如此，它就成为阻碍大多数人无差异化竞争或与成功无缘的要因。

在现实的实际生活工作中，我们的思维时常会被经验和时空局限框住，往往不知觉地跟着思维的惯性走。

我们以新酒店的定价思维惯性为例来说明摆脱习惯思维的重要性。我曾经为一家准五星酒店的开业做顾问，当时管理团队将价格体系设计出来征求我意见，我分别问了总经理、业务副总、市场部总监和其他部门的参与制定者，设计价格体系的依据是什么时，他们回答的几乎是一样内容，不外乎：城市总人口、城市商务人员和外来人员的占比、周遍同类酒店的价格参考等。

于是他们的定价依据思维也就决定了经营方向和营销对象和营销方式，一个300间套的酒店他们将面临年300×360＝109500个间夜的销售任务和面对几十万的准客户的营销，单凭几个营销人员每年要营销和服务上万个准客户，其实际的营销效果和客户服务也就可想而知了。

我的观念恰恰是要求他们首先忘掉设计产品的本身和周边参考的固式思维路线。

首先要求他们抛开市场参考的前提，而是仅仅锁定核心的35％左右的核心客户，那么由于核心客户的带动效能，通常会有其他的15％增加值，而这些35％＋15％的群体在实际的入住过程有会稍稍滞后地产生辐射效应，通常在随后可辐射出25％左右的客源，由于有了70％左右的热闹场面再加上散客和自主上门客的带动，这样酒店的年入住率也就有了支撑，再波动也差不了太大了。

于是，关键问题出来了，那就是问题集中到了这35％的客户上了。此时我们假设我们能在这个城市里找出平均每月能自己入住或招待其他人入住本酒店2个间夜的人，那么我们的核心客户人数为：109500×35％/2×12＝1596人。

我们现在可下个结论：我们真正要主要营销和主要服务的对象是谁？是109500还是1596？显然我们所有的设计和服务首先要针对的是这1596人，我们的一切标准都是首先围绕着他们，那我们的定价也是以这1596人的承受和需求来制订的，而不是几十万人的需求或周边同行的参考。

至此，该酒店的经营方向、营销对象、营销方式和客服措施等也就清晰可见了，酒店的经营业绩要就有了可靠的市场动力保障了，差异性竞争也就实现了。（通常的习惯思维不是针对35％的人群设计方案，而是总客房数的年间夜数）

从这个真实的案例我们可以看到思维惯性对我们的影响有多大。我们的思维往往被眼前现象所束缚，常常无法回归到基本点上。

因此我们的平民必须克服常规思维的惯性影响，尽可能暂时抛开眼前的影像。不要简单问题复杂化，更不要盲目神秘大人物，其实那些已经成功的

“大人物”并不是他们特别能干，仅仅是他们掌握了方法，顺应了时代的脚步。

在新的智慧经济时代里，我们的平民应当首先接受新事物，并积极参与到智慧劳动或积极利用智慧共享体系中去，这就是顺应了新时代并从中去掌握智慧劳动的主线，因为新时代的智慧劳动是抗衡资本不足和改变由资本单一主导经济的唯一解决办法。

智慧劳动和智慧共享体系，不仅可以造就个别的平民新贵，更在于通过它能削弱资本单一主导经济的功能，有效地遏制了虚拟资本贪婪疯狂的恶性泛滥现象，使得我们的社会财富分配或再分配重新回归到理性，重新趋于公平与合理的方向上来。（参见后继章节关于新就业理论思考的内容）

这里需要说明的是在智慧经济时代，非现场经济促进了智慧共享体系的完善，推动了智慧劳动成为经济的新主导者，这种进程并不代表贫富差别就会很快减小，其作用在于：它是一个平民的希望所在和一个社会发展的总趋势。

这不是哪个机构或哪个政府给予的，也不是哪个机构或哪个政府阻挡的了的，机构或政府的主动式与被动式的参与只会影响到它的进程速度的增减，不会影响到其实质的发展进程。其积极意义在于：

(1)资本积累型富豪不再是唯一。

无资本的平民单靠智慧劳动而快速成为富豪的可能性大大增加，广大的平民又一次看到了希望，精彩怎能错过?!

(2)资本不再是经济唯一的主导。

由于资本不再可能独家绑架我们的社会财富，也就不再可能随意地掀起市场经济的惊涛骇浪。

这里我们要注意：智慧劳动主导经济的力量崛起，并不代表资本将退出经济主导的地位，智慧劳动不是替代资本而成为新的单一经济主导者。而是资本还将长期存在，资本的经济主导功能仍然发挥巨大作用，只是需要和智慧劳动一起作用于社会经济体，智慧劳动和资本并肩占据经济的主导者地位。

此时，我们的社会政策的制定者和执行者们无须再一味地扶持那些先富起来的人，而灭杀了广大平民拼搏的可能或希望。现在，他们可以转而扶持和帮助更多的底层民众，整体抬高全社会的富裕度。

通过以上的简单分析，我们总体上可以得出以下的结论：培育平民以“未来的眼光”对待现在的事业，主动地去实践智慧时代的非现场经济学理论。并让我们的平民们在学习这个理论和实践这个应用体系时，不仅要认清“富人规则”的实质，还将利用这个理论体系去积极创新和自我创业，主动地参与到智慧经济的新市场游戏规则变革之中去。

非现场经济的影响力使得在单位劳动消耗里，提供了成倍的使用价值量！

一方面随着低成本的智慧劳动，带来了生产率的提高，社会 GDP 总增量加快，创造可分配财富的总量在不断增大；另一方面智慧劳动正逐步摆脱资本主导经济的唯一性，使得智慧劳动的作用、地位和自由度均在加大。

我们相信在智慧时代的平民智慧劳动将借助于非现场经济的共享体系和新市场游戏规则的建立（社会财富再分配规则的改变，参见后续章节内容），而避免单由资本主导经济带来的“身不由己”，使得我们的平民也可以通过自身的智慧劳动，而摆脱原始资本积累艰难的索博，从而就有可能地轻松实现自我主张的快速致富目标。

我们的平民通过智慧劳动涌向了真正的中产阶级，那么我们真正的和谐经济社会也就到来了。

第四节　非现场经济环境下的新就业理论思考

机会均等不代表财富分配的均等，智慧经济时代社会是提供了一个社会财富分配机会获取的平等，并不代表智慧经济时代就可能实现直接的财富分配平均化。智慧经济时代的社会财富分配还将按一定的规则来完成，只是这种规则与以往不同，极大地提升了全民机会均等的程度。因此，我们应当了解掌握现在的市场游戏规则，同时还须洞察未来可能产生的社会财富分配规则变化趋势。

笔者在本书籍中提出“非现场经济”及其相关领域的其他新概念，并非仅仅为了几个字面上的差异化表述，而是试图从中发现和找出新时代下的社会经济发展趋势，特别是其中的社会财富再分配规则的演变方向。

回顾整个人类社会经济的发展史，我们不难发现人类社会经济发展的轴心始终是紧紧地围绕在“社会财富的创造和社会财富的分配”上。理论上讲：社会财富创造在前，社会财富分配在后，只有创造出了社会财富才有可分配的对象。

我们知道社会发展的原始驱动力是人类的生存需求，而财富是生存需求的首要表现形式，人类社会对生存需求的追求也就主要表现在对财富的追求上。

现实社会生活中，我们的平民思维非常朴素。他（她）们的忙碌，其实要的就是为了“经济来源”，有了“经济来源”生活就有保障。不论是传统就业的种地、打工，还是个体经济、网络销售、投资理财或接受教育或直接接受物资资助，仅仅是直接或间接的生财方式不同罢了。

此时的生财方式＝社会财富的分配方式＝生存权的获得。

生存发展权是人类社会最基本的人权内容，也是也是人们追求财富的最原始的出发点，社会关系的基础也将建立在社会财富的公平平等的基础上。

前面我们分析了智慧经济时代，在非现场经济环境下劳动形态的变化，以及我们的平民将借助于非现场经济的共享体系和新游戏规则的建立，而获取社会财富分配的“机会均等”权利。现在就让我们一起来探讨在这个新时代里，我们的平民们可能遇到的“机会均等”话题，让我们从人力资源的公平理论谈起：（参见中国人民大学方振邦 教授《战略性人力资源管理》）

公平理论

$$(\text{自己的})\frac{\text{报酬}(O_A)}{\text{投入}(I_A)} = (\text{别人的})\frac{\text{报酬}(O_B)}{\text{投入}(I_B)}$$

报酬相当，A感到公平(满意)

$$(\text{自己的})\frac{\text{报酬}(O_A)}{\text{投入}(I_A)} > (\text{别人的})\frac{\text{报酬}(O_B)}{\text{投入}(I_B)}$$

A报酬过高，A感到自己多得(满意)

$$(\text{自己的})\frac{\text{报酬}(O_A)}{\text{投入}(I_A)} < (\text{别人的})\frac{\text{报酬}(O_B)}{\text{投入}(I_B)}$$

A报酬不足，A感到不公平(不满意、愤怒)

这里的报酬是直观的，而这里的投入就比较复杂，如果投入的是相同参照物 IA 与 IB 之间，且只是投入量的大小，那么其可比性就比较简单明了。

可是现实生活中，我们遇到的却是存在着各不相同的投入内容。不仅仅是劳动量的投入或资本量的投入，还存在着时常被分配所忽视的自然界投入和生命运动的投入。这样，就比较难直接开展投入与报酬之间的比对了，我们就需要结合时代的特征而找到一个新时代里统一的：“既是人人都拥有，又是与人人能机会均等地获取社会财富创造资格和分配资格相对应的可参照物”，从而才可开展更有效的投入与报酬之比。

单从人类生存发展的角度出发，基于全体地球公民享有社会基础财富的平等拥有权，似乎“按需分配”是最合理、最公平的一种社会财富分配原则。可是，“按需分配”虽然实现了人类全体成员享有平等的分配权，但这种分配原则却很难落实人类社会财富再创造义务的全民化，社会财富的再创造将失去基础动力。

社会财富再创造的义务一旦无从落实，可用于分配的社会财富将日益减少，直至消耗殆尽，终将出现无任何可供于分配的标的物。此时，再好的社会财富分配原则也将失去意义。

显然“按需分配”无法实现：人类社会财富创造和分配过程中的权利与义务对等原则，只能是一种理想主义的乌托邦。

随着人类社会的发展进步和社会财富的不断积累，社会财富的分配原则成为了这对矛盾的主要方面。这不仅仅是因为它涉及社会财富分配的公平性问题，更重要的是社会财富分配直接影响或决定了社会财富再创造的原动力。因此，对社会财富的平等拥有权，并不表示可以完全地按需或平均分配社会财富。

于是，就出现了按劳分配的原则，也就明等于明确表示了“不可以不劳而获”的人类社会发展的基本共识。由于按劳动量分配社会财富的原则，基本实现了多数人群对应社会财富分配权利和义务的落实，基本解决了该领域的权利义务对等原则。长期以来按劳分配成为了人类社会财富分配的基本准则，奠定了人类社会一切经济行为和经济规则的基础。

人们为了满足不断增长的物质和精神的需要，产生了对于经济财富的需求。为了实现这种需求，人们才把各种类型的劳动与其他生产要素结合在一起，使得个人财富和社会财富不断增长。作为创造财富的最为主动的生产要素，劳动在创造客观财富的同时创造了人类社会生存的一种方式——就业。

劳动的权利、义务和劳动机会的获取，表现在社会行为时就产生了就业现象。按劳分配原则的确定，使得劳动权力和劳动机会的获取，就等同于人们参与社会财富分配权利的资格获取，直接决定了这部分人的基本生存权获得。

人类进入工业化时代后，大量采用机器进行生产，出现了通过“资本雇佣劳动”的形式，大批劳动者进人工厂从事规模化生产活动，并且逐渐形成了劳动要素对资本要素的依附。

由此出现了资本积累进而影响整个经济增长的结果，而经济增长反过来又决定劳动力就业以及相应的收入分配问题。在传统工业经济条件下，劳动者就业增加的速度与规模，一般须依赖于资本(物质资本)的积累与扩张情况。

这也就是为何当今世界上许多国家的劳动力就业率仍主要依赖于经济总量增长速度的原因。在现实的市场经济环境里，也确实存在投资者和劳动者两大社会财富分配阶层，存在着“按资分配”与“按劳分配”并存于社会再生产过程中的客观现象。

美国人约尔·思腾恩创立的经济增加值(EVA＝资本收益－资本成本＝税后净营业利润－资本总额×平均资本成本率)就顺势提出：要求先于利润支付给投资者资本成本，以降低投资风险，体现出真正的资本价值，进而保障资本收益的权益。这样，客观的大工业社会经济的后期就表示出了“按资分配”将优先于“按劳分配”的现象，进一步使得“按资分配”的实际盛行。

众所周知，在工业化时代，世界各国劳动力流动都存在这样一个趋势，即劳动力由第一产业转移到第二产业，等到第二产业有了一定发展后，大量的劳动力又由一、二产业转向第三产业，这种现象在理论上被称作“配第一克拉克命题”。人力资本理论的奠基者 W. 舒尔茨充分地研究了来自人力资本的经济增长，并进一步界定了人力投资的范围和内容，他指出，“随着经济的不断增长，这类资本（指物质资本——引者注）与收入相对而言使用得越来越少了。……然而，人力资本则无疑是在按照一个比再生产性（非人）资本高得多的速度不断地增长着。”在 W. 舒尔茨之前，历史上曾有一些杰出的经济学家关注人力资本，一位是亚当·斯密，他在当时大胆地把全体国民后天获取的有用能力视作资本的一部分；另一位是 H. 冯·屠，他进一步主张将资本概念应用于人；欧文·费雪则“明确而令人信服地提出了一个完整的资本概念”。经济学家的上述研究思路说明，人力资本在现代经济发展中的作用增强是一个历史趋势。1965 年 D.J. 罗伯逊在《技术变革的经济影响》中又进一步阐述了技术进步对就业的作用。罗伯逊分析道：采用新技术，只要它意味着能够节约生产成本，就会被认为是正当的。而在节约生产成本方面，通常只指节约劳动成本而言，而对于资本的节约却被忽视。（参考“公务员之家”论文：新经济时代就业的基本特征）

于是我们通过回顾人类社会经济发展史，可以看到在机器大工业的初期，劳动者人力资本在生产过程中作用较小，机器是作为劳动力的替代物出现的，因此当时的技术进步是偏向物质资本型的。随着工业革命的进程，特别是大工业后期，在技术进步快速发展的作用下，人力资本积累在经济增长与就业中的作用得以凸显，劳动力转移呈现出新特点，一些知识密集行业投资于劳动的份额相对于物质资本增加更快，从而造成这些行业资本有机构成呈现出下降的趋势。

现代通讯与信息技术的突飞猛进，科技对就业的影响就更大了，一些代表新经济特点的行业像 ICT 技术、计算机、高新技术等领域，其劳动力需求尽管也需要从第二产业转移一部分，然而更多的却是依靠新增劳动力群体中的高学历、高技能人才来填充，且劳动形态也在发生着巨大的变化。表面上看：人力资本开始出现了替代物质资本的苗头，于是新古典主义理论认为“劳动开始雇佣资本”到来了。特别是人类进入了智慧经济时代，在非现场经济环境条件下，智慧劳动在就业过程中将充分享受到信息、ICT 技术和智慧共享体系带来的便利。劳动者就业岗位，不一定严格依赖于就业场所的改变，劳动力在就业时间和空间上将呈现出分散化趋势，劳动力已经在一定程度上摆脱了工业化就业模式的束缚，反而物质资本在与这一要素的结合中居于从属地位，这些特征在智慧经济时代的非现场经济领域已表现得非常显著。智慧劳动开始分享单一资本的经济主导权，似乎是“劳动雇佣资本”的加剧，特别是智慧劳动似乎正在替代资本的作用。

可是，我们必须清晰地认识到：虽然智慧劳动的力量和占比大幅提升，“按资本分配”的实际态势得到了一些部分的遏制。但这里的提升仅仅是分配比例中按劳动分配份额中的智慧劳动份额的增加，不是整个劳动在社会财富分配占比的提升，智慧劳动无法改变按资本分配份额增大的恶性趋势。

我们仔细观察会发现：资本的力量还是非常强大的，且非常狡猾。资本不仅继续直接“雇佣劳动”，而且还开始大量转向虚拟资本领域，更广泛地间接“雇佣和绑架劳动”，使得劳动无法抗衡资本而实现雇佣资本或取代资本的幻想，“按资分配”不但没削弱，反而更强了，新古典主义理论又被新时代的新现象所破灭。

由于资本仍然是市场经济的主导者之一，且资本总量还在日益膨胀，依照约尔·思腾恩创立的经济增加值理论，导致的现实状况是：朴素的“按劳分配原则”正逐步被资本主导的“变异”市场规则所取代，“按劳分配”越来越演变成“按资分配”。这时，问题就出现了：

(1)“按需分配”不切合实际。

(2)“按资分配”，特别是资本优先，剥夺了广大无资本阶层平等参与社会财富创造和分配的平等权，显失公平。

(3)“按劳分配”的实际功能正在被弱化。

“按需分配”不切合实际，“按资分配”显失公平，“按劳分配”又不能包含所有的群体。这个才是新时代里，我们要解决的问题。

长久以来，学术界也始终围绕按劳分配在市场经济下的实现形式和按劳分配的“劳”到底是什么含义这两个方面进行不懈的探索和研究。

传统的“按劳分配”实际是以劳动能力为基础的劳动价值量分配原则，“按劳分配”原则就其创造社会财富义务(劳动或劳动增加值)的落实受到劳动年龄段和劳动机会的制约。同时，依照普遍权利主张原则，地球上的所有人均享有社会财富分配权，从受孕的那刻到生命结束之时；遵循权利义务对等原则，所有的人又均负有创造社会财富的义务。于是，依照传统的“按劳分配”原则，就有部分人群由于无法承担直接创造社会财富的义务，无法实现真正意义上的义务全民化，尤其是无法实现落实从受孕的那刻到生命结束整个过程中的所有人群(如：人体胚胎、婴儿和老弱病残等)。

这种劳动能力、劳动机会和劳动年龄段的限制，某种意义上讲：等于剥夺了该群体直接的社会财富分配资格，也就是剥夺了另一部分人的分配权。显然传统的“按劳分配原则”或“劳动概念”也已经无法满足这个时代的发展需求。

非现场经济时代，智慧劳动在整个劳动中的占比增加外，还主要出现了市场主导因素的变革。这种变革导致了“按劳”与“按需”、“按资”的日益融合趋势已成必然。事实上已经存在着：“按劳分配”整体的实际分配话语权在下降，只有其中的智慧劳动话语权在上升；“按资分配”的部分现象加剧，如：食利阶层和虚拟资本市场套利占比提升等的客观现象；“按需分配”的特定对象也日趋普及，如：义务制教育、失业救济、贫困线、养老保险、慈善事业等。智慧经济时代的非现场经济现象将会进一步推动“按劳分配、按资本分配、按需分配”的混合态势。传统的劳动概念此时就显的过窄，无法包含实质已经成为社会财富分配参照物的其他要素，特别是生命行动几乎不直接地包含其中，且资本行动也已不再是简单地靠投入量的大小了，而是资本投入量与机会效应的叠加。

显然在这个时代，“按劳分配”原则的弱化和“按资本分配”的实质性加剧，加之“按劳分配”实际的特定群体属性的缺陷，这才是当今社会贫富差距不断被拉大的根本原因。

面对这样的困境和混合式体制共存的现实情况，我们又该拿什么来作为社会财富创造和分配的基准参照物？如何来找到这三种分配形态的新平衡点？

这又是一个“A QUESTION OF THE BALANCE.”！

笔者认为：作为就业理论的基础，我们的社会财富分配原则理论，需要进行适时的调整了，该是放弃传统的“按劳分配”原则的时代了。

我们只要解决了人类社会活动中的创造财富义务落实问题，那么依据权利义务对等原则，就不难解决社会财富再创造和社会财富的分配问题。

根据时代的实际发展态势，该是进而改传统的“按劳分配”为“按行动力”分配，并以此理论为出发点，来解决所有的基础性社会经济综合问题，以及指导就业理论体系在新时代下的修正。

我们知道人们获取社会财富的途径，不论是依靠需要，还是劳动或资本都是人类社会活动行为表现的结果。人类社会的一切活动是推动人类历史进步的基础力量，这种具有目标的行为，我们可称为行动。这里的行动是指人类积极的正向行动，不包括反社会的负向行动，行动力则是行动的量化指标。

对应社会财富创造和财富获取的行为，我们可将其分为：生命行动、劳动行动、资本行动。而其中的劳动行动我们又可分为：一般劳动、智慧劳动。

(1)生命行动。这种行动是贯穿从受孕体诞生到生命体死亡的整个过程。是由生命力趋势的生命体自觉或不自觉成长行动。这里的成长指的不仅仅是生物性质的体态长大和消亡，还包含适应自然环境和适应人类社会的能力成长。

只要有人类生命迹象就有该种行动，是人类从胚胎开始的生命权。

这种生命权力就对应着生存最基本的物质基础，也就是对应着社会财富分配的基本权力，任何人无权剥夺这种人类最最基础的生存权利。

(2)劳动行动。人们创造社会财富的直接行动，按劳动行动量直接参与分配社会财富具有普遍接受的合理性。

可是，直接的按劳动分配将受到特定人群直接受益的限制，其公平性还是存在着缺陷(特别是对应人们最基础的生存权时)。

(3)资本行动。资本行动有人称它为另类劳动或间接劳动,笔者认为这种观点太牵强,资本的实质就是资本的直接使用者剥削其他人的劳动。

生命行动、劳动行动、资本行动三者都是客观存在的人类行为,同时对应着"按需分配"、"按劳分配"、"按资分配"的实际社会财富分配需要。

在非现场经济新环境下,我们必须正视三者的客观存在,并找到三者的新平衡点。由此,笔者进一步认为这个新平衡点:这就是人们的行动力。

只有"行动力"提法才能包含三者;也只有包含三者,才能平衡三者。按"行动力"分配原则新提法的确立,进而替代传统的按劳分配原则,是顺应了新时代的社会财富分配混合体制加剧的现实需要。

行动力是劳动概念的扩展,它诠释了劳动概念在新时代下的新内涵和新外延,"按行动力分配"真正实现了"按劳分配"原则的最高境界,也将动摇我们现行传统就业理论的基础。

根据奥肯对美国经济的实证分析得出的奥肯定律,经济每增长 2 个百分点,可以降低 1 个百分点的失业率。而现实社会的实际结果大约是 1.5,也就是说,经济每增长 1.5 个百分点,就业将增加 1 个百分点。

于是,一定的就业量,成为现代经济社会稳定和发展的基础。现代的就业理论认为:现代宏观经济政策的重大目标之一,就是维持一定水平的就业。依据这样的传统理论,中国产业政策和投资结构正在发生明显变化,在这种变化的影响下,产业结构的变动可能会形成结构性失业。

可是,笔者认为:就业问题实质是人类工业文明的产物,就业的本质是增加社会财富和社会财富的分配,对于表面上的就业量扩大而实际上没有或不利于财富的增加和分配的公平的理论或做法,应该是不值得追求的。

现实的社会情况是:政府为了保全政权的稳定,在经济运行波动时段,往往人为的创造出些就业岗位。特别是在经济严重下滑期,政府多数时候会采用盲目投资等短期行为来拉动经济或创造就业岗位。长此以往,创造和增加就业岗位逐步就演变成了政府的一项基本的职责。

可是我们知道:政府只是市场经济的参与者,不是主导者,更不是上帝。创造和增加就业岗位原本是市场的功能,而不是政府的职责。也就是说社会财富分配规则由市场决定,那么就业规则也应当由市场规则决定!创造和增加就业岗位的角色不应当由政府来承担,而是由市场来承担。

因此,新就业理论就不应该是"就业等于直接劳动资格"的获取,就业的实质是"人们所有的社会正向行动"。这样,对应的失业也不是简单的直接劳动机会丧失,而是人们的社会行动停止与否,通俗地讲就是他们"有没有闲着"。

非现场经济环境下的按行动力分配思维,极大地改变了人们的就业观,只要我们的社会分配原则真正地“按行动力分配”，那么答案清晰就可见了：新就业理念的实质不是就业岗位，而是人们“不能闲着”！政府的职责是维护市场的健康，政府在现行的社会财富分配和充分就业领域中，也应当尽快转换角色、转变职能，政府在该领域的工作和责任的实质是让人们“不会闲着”。

非现场经济环境下的“按行动力分配”意识流，我们可以用下图示意来说明：

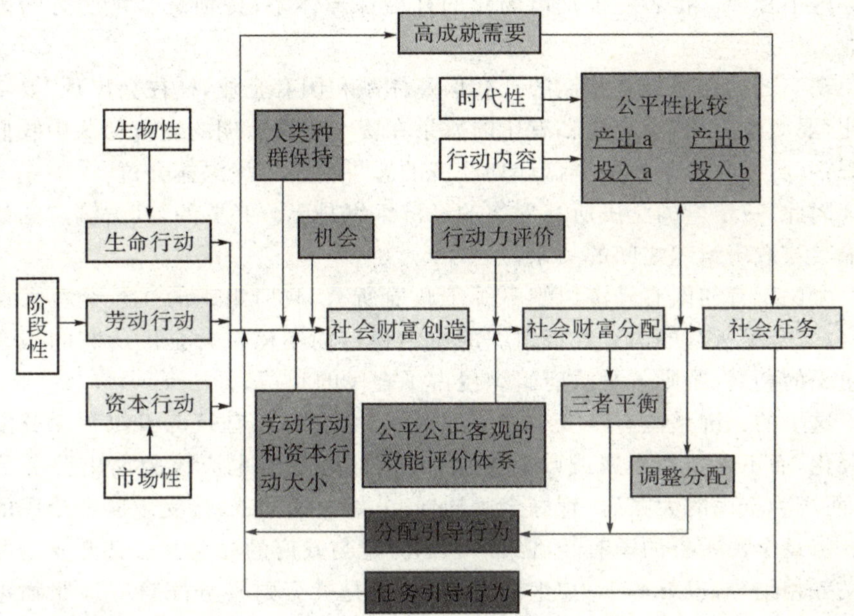

“按行动力分配”扩大了劳动的内涵和外延，不仅是确立了资本收益的合理性，更重要的是“生命行动”参与了社会财富的分配，实现了基本人权的平等性要求。我们的政府机构只要推动市场机制全面落实“按行动力分配”，特别是其中的“生命行动”分配资格的保障措施即可。

在传统的“按劳分配”原则里，实际是存在着剥夺了“生命行动”的分配资格的现象。那些暂时没有劳动能力或丧失劳动能力或丧失劳动机会的人群就变成了“闲人”。这些“闲人”由于没有社会财富分配理论和社会分配机制的支撑，通常是由家庭为主体来承担，而这些家庭绝大多数是处于社会的底层。

于是社会的“马太效应”(Matthew Effect)就出现了，正如《圣经·新约》的“马太福音”第二十五章中有这么说道：“凡有的，还要加给他叫他多余；没有的，连他所有的也要夺过来。”

“按行动力分配”就是强化了生命行动、劳动行动、资本行动的三者兼顾，特别是强化了这其中常被忽视的生命行动。强调了生命行动参与社会财富直接分配的正当性，基于这样的正当性，保障生命行动持续下去的责任，不该是由小家庭来单独承担，而是应该由社会大家庭与个人小家庭共同来承担。

现在的关键问题出来了：这个社会大家庭怎样来落实这个责任？是由政府组织来承担吗？笔者的观点：政府只是这个社会大家庭重要的一员，不能完全替代社会大家庭的全部职能，保障生命行动持续下去的责任也不可能完全由政府组织来承担。

这个社会承担者应该是市场化的社会保障体系，特别是全民所有的国有企业。

现实的社会情形是我们的社会保障体系和国有企业，往往会出现“要么私有化，要么政府化”。全盘私有化的恶果在资本主义后期的经济动荡中我们已经观察到，而政府掌控的全盘计划经济的恶果我们也深深体会过。

因此，一定量的全民所有形态的经济组织是十分必要的，其关键点是如何区隔其与政府组织之间的关系。

全民所有的国有经济组织不等于政府所有，政府组织的运行经费来自税收（包含全民所有的国有经济组织的应纳税），而不该包含全民所有的国有经济组织的利润，否则就是政府组织侵占了全民的利益。

这里的关键是国有经济组织分配形式的改变，国有经济组织利润分配的全民化，而不是企业专属或政府控制，我们的国资委也应该脱离出公务员队伍，而成为全民的大账房，管好全民的钱、分好全民的钱，接受政府和全民的监督。一旦全民所有的国有经济组织利润分配与政府的社会性公共开支以及家庭义务相结合，也就等于为“生命行动力”也是社会财富分配对应参照物理论的提供了实现支撑。

这样，局部必需的“按需分配”也能得以实现。“生命行动”、“劳动行动”、“资本行动”三者的新平衡也就建立起来了。

这种社会财富再创造和社会财富分配的新平衡建立，使得传统的就业理论和一些就业相关的概念也将随之改变或消亡。失业救济、扶贫慈善、教育慈善、农民工等名词也将从慈善事业的名单中删除，而成为了社会分配规则执行的必须。

至此，我们可以看到“按行动力分配”的思维不仅是理论层面的，也拥有了现实的社会基础，“生命行动”持续保障就有了一定可落实的物质支撑了。

前面我们提到生命行动指的不仅仅是指生物性质的体态长大和消亡，还包含适应自然环境和适应人类社会的能力成长。这种人类特有的能力成长，使得人们在任何时段里都“不会闲着”，最典型的就是适应性教育、普通教育和继续教育。一旦这些所有的教育形式脱离了商业化，各年龄段的受教育行为均被视为参与社会分配的“生命行动力”时，那么我们的人民也就永远不会“闲着”了。某一时段的部分暂时空闲人的继续教育行为就替代了直接的就业岗位劳动,也能参与基础的社会财富分配。

这样,两年前的4万亿也不用单为了直接的创造就业岗位而变成钢精混凝土了。于是,一切又真正回归到了市场智慧经济时代的“按行动力分配”其意义在于:

(1)修补了传统就业理论中劳动概念的过窄现象;

(2)婴儿、老弱病残疾都在行动,纯粹的生命行为救济不再是福利,而是权力主张下的义务;

(3)全民所有的经济组织的职能和兴办国企的出处也有了;

(4)指出了政府不是就业的造血机器,不是直接创造就业岗位数的机构,而是市场规则修正与执行的监督者和维护者;

(5)行动力对象的全民化,就业的新市场化不再有群体之分(也包括不再有农民工与城镇工之分了)。不论来源于何,均是行动力的市场提供方,就有真正平等的人格权。

劳动行动不再是生存的唯一来源,而是收益最大化和自我更大价值实现的追求体现。只有“按行动力分配”的思维,才能使得生命行动具有参与社会财富的理论依据,而不再是单靠家庭或慈善或怜悯;只有“按行动力分配”的思维,资本行动获取社会财富才具有了一定的合理性和正当性;只有“按行动力分配”的思维,劳动和资本的分配才实现了平等、公平和公正。

我们在研究非现场经济时,提出“按行动力分配”的思考,不是寄希望于我们的社会立即会去实现这种新型的社会财富分配方式,而是为了顺应非现场经济发展的规律,让大家看清这种伴随着网络无疆界特性而发展过来的社会经济发展的趋势,特别是其中的社会财富再创造和社会财富再分配的演变可能。

建立起“按行动力”思维,以便我们能在日常的非现场经济研究工作中,能结合新劳动形态的出现,而去主动推动建立或尽早过渡到这种社会财富的分配原则,并在这样的新就业理论思维的指导下,一起去探索新时代里广大平民“幸福和谐生活”的新希望所在。

第十章

实践非现场经济

第一节　非现场经济的内在逻辑

智慧是打破固有的模式、解放思想、勇于创新、突破瓶颈的根本力量。

智慧经济就是一种面对各种艰难险阻，不断超越、不断解构、不断进步、不断科学发展的最具现代型的经济。

我们用不断发展的智慧去挖掘、利用、开发、引导、激发各种资源，真正实现智慧经济的无孔不入。

我们的经济发展的每一步都带有鲜明的中华民族智慧，包括中华民族的优秀传统文化、道德观、价值观和应对方式，以及我们在世界经济、政治、文化大格局中的正确判断和应对智慧，这就突出了东方软智慧指引下的中华民族发展经济的智慧性、能动性。

我们通过智慧经济核心趋势，智慧劳动的发展，非现场经济的就业形态、劳动形态、生活形态等研究，以及关于智慧劳动成本降低分析来揭示智慧经济的核心，提出和定义非现场经济学概念，倡导安全信息经济学，实验非现场经济指标概念和东方陀螺分析工具。

这些研究和新观念的提出，仅仅是为了启发一个新的信息经济思考思维方式和一个新研究方向的尝试。以便更多的经济学专家和信息技术人员，能采用东方经济学的思维方式，去设计当代中国智慧经济所需要的各种智慧型应用方案。

智慧劳动、智慧共享平台成为了未来社会经济和谐发展的关键。

我们的出路是唯一的，我们的政府和社会也只能是通过大力培育智慧劳动和智慧共享体系来完成其公共管理的职责和维护社会财富分配的公平。

我们知道：追求的社会价值最大化的目标是不断满足人们日益增长的物质和精神的需要。出路只有一条：靠经济增长和就业增长，其他都属于临时性的或辅助性的措施。只有在保增长的同时又遏制以房产泡沫、股市泡沫为代表的资产泡沫才是可持续发展之路。

笔者认为:保增长同时又能有效遏制资产泡沫膨胀,以及从根本上解决新时代环境下的就业问题,单靠政府干预或体制改革解决不了根本性的问题,最终还必须依靠市场经济自身的内在动力来完成,这个动力就是经济主导者的改变。

也就是说我们必须创造环境尽快地促使智慧劳动与资本一起分享经济的主导地位,依靠新经济的主导者去遏制"单一的资本主导"型经济所带来的各种弊端,依靠智慧劳动成为经济新主导的动力来保增长。

至此,我们坚信:智慧劳动和智慧共享体系最终将主导和创造一个让人们更自由主张地去品质生活的和谐社会环境。

A Question of the Balance!

这更是一个大平衡的问题,是人类社会不断进步进程中的新平衡维系。

经济规律(economic laws)是社会经济发展过程中不以人们的意志为转移的客观的内在的本质的必然的联系。

我们知道伴随着人类历史的发展和进步,社会经济的发展呈现出来的是不同阶段的各种各样的经济现象。

在这些社会经济现象的各种联系中间,既有外在的非本质的联系,又有内在的本质的联系。

这种内在的本质的联系,就是经济规律。

只有那些内在的本质的联系才对经济现象的发展和变化起着决定的作用。经济规律发生作用具有必然性,马克思将这种必然性描绘为:"强制地为自己开辟道路。"[①]

经济规律同自然规律一样,都是客观过程的内在联系,具有客观必然性,是不依赖人的意志为转移的。不管人们主观上是否认识经济规律,它总是客观存在和必然发生作用的。列宁说:"马克思把社会运动看做服从于一定规律的自然历史过程,这些规律不仅不以人们的意志、意识和愿望为转移,反而决定人们的意志、意识和愿望。"[②]有什么样的经济条件,就会相应地产生什么样的经济规律。人们只能够发现、认识和利用经济规律,但是不能创造、改造和消灭经济规律。例如,生产关系一定要适合生产力状况的经济规律的作用,当它同腐朽的剥削阶级的狭隘的阶级利益相冲突的,腐朽的剥削阶级会用一切办法来抗拒先进阶级对这一经济规律的利用,但是不管他们的主观意志如何,

---

① 《马克思恩格斯全集》第 23 卷,第 92 页。

② 《列宁选集》第 1 卷,第 33 页。

这一经济规律毕竟存在和发生作用，并且终究是要实现自己的要求的。

经济规律具有客观性，并不等于人们在经济规律面前是消极的，无能为力的。相反，人们是可以认识和利用经济规律，并用来为整个社会谋利益的。如果把经济规律偶像化，让自己去做经济规律的奴隶，是十分错误的。F.恩格斯说："社会力量完全像自然力一样，在我们还没有认识和考虑到它们的时候，起着盲目的、强制的和破坏的作用。但是，一旦我们认识了它们，理解了它们的活动、方向和影响，那么，要使它们愈来愈服从我们的意志并利用它们来达到我们的目的，这就完全取决于我们了。"

"这里的区别正像雷电中的电的破坏力同电报机和弧光灯的被驯服的电之间的区别一样，正像火灾同供人使用的火之间的区别一样。当人们按照今天的生产力终于被认识了的本性来对待这种生产力的时候，社会的生产无政府状态就让位于按照全社会和每个成员的需要对生产进行的社会的有计划的调节。"①

对经济规律的认识和利用与对自然规律的认识和利用有着不同的特点。对自然规律的认识和利用或多或少是顺利的。

这时，人们在经济规律面前才不是无能为力的，人们能够认识它们和依靠它们，驾驭它们，并给其他正在为自己开辟道路。

"人们自己的社会行动的规律，这些直到现在都如同异己的、统治着人们的自然规律一样而与人们相对立的规律，那时就将被人们熟练地运用起来，因而将服从他们的统治。"②

至此，我们可以清晰地认识到：非现场经济的内在规律同自然规律一样，都是客观过程的内在联系，具有客观必然性，是不依赖人的意志为转移的。我们也只能够是发现、认识和利用非现场经济的内在规律，但是不能创造、改造和消灭这一经济规律。

非现场经济学的研究就是通过分析观察非现场经济现象，通过智慧经济的核心表现形式的非现场经济的内在逻辑分析，去发现、认识和利用整个智慧经济的内在运行规律。

非现场经济学研究的是新时代智慧经济的内在规律，最终实践的非现场经济的内在逻辑演绎。

通过学习贺金社的《经济学——回归亚当·斯密》，我们知道经济学内容之间的逻辑联系如下：从终极目标上讲，因为"幸福＝财富/需要"而把财富的获取方式、财富的有效利用和财富的充分增长逻辑地统一起来；从内部联系上

---

① 《马克思恩格斯全集》第 20 卷，第 304 页。

② 《马克思恩格斯选集》第 3 卷，第 323 页。以上部分资料摘自百度百科。

讲,因为整体产品市场上财富(收入)的加总,因而局部经济到整体经济也逻辑地统一了起来;从评价方法上讲,帕累托最优标准把财富的获取方式、财富的充分增长与财富的有效利用逻辑的统一了起来,同时,帕累托最优可以就收入性财富(商品)与非收入财富(商品)对人类幸福的贡献进行评价,从而把幸福经济学整合到主流经济学之中,也使经济学回归到亚当·斯密。

于是,我们可以结合经济学的基本理论,结合非现场经济的特征,以及新就业理论思考,将其修改为非现场经济学理论的内在逻辑示意图。

用新的非现场经济内在逻辑示意来表示非现场经济的实现路径,它是非现场经济的外部力量与评价标准以及过程的说明。

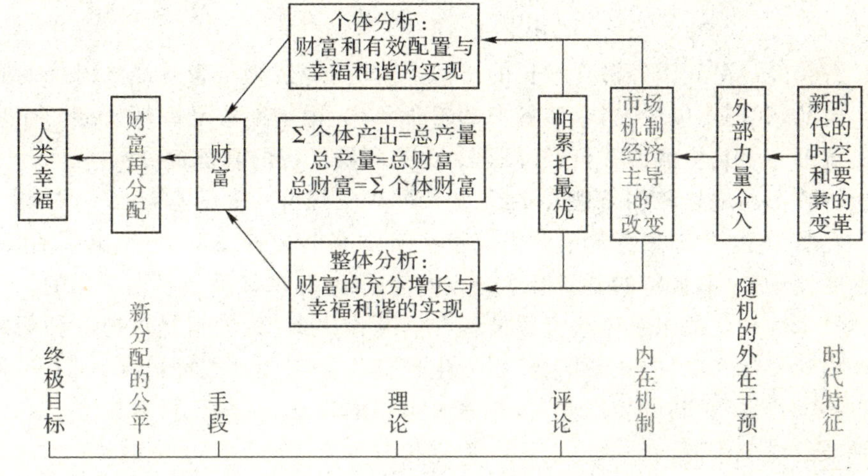

图 10-1 非现场经济内在逻辑示意

我们从非现场经济的内在逻辑示意图 10-1 可以看出:非现场经济的内在逻辑核心是,新时代的智慧环境导致了非现场经济外部介入力的变化,引发了智慧劳动属性和市场内在机制的改变,决定了新的就业思维理论和财富再分配规则的变动。

非现场经济学和非现场经济指数的提出,在市场行业层面回答了:为什么在社会整体经济运行环境恶化时,智慧经济(特别是非现场经济)还是存在着竞争性的商机,能逆势而上的内在原因。

非现场经济学和非现场经济指数的提出,意图释放"社会经济大变革已经来临"的信息:资本将不再独享单一主导经济的资格,智慧劳动将担负起与资本共同主导这个社会经济的责任!

同时也希望能给公权力机构提供一个新的决策权衡参考工具,这个新指数、新工具和新就业理论,在本书中还只是提出一个概念,有待于日后完善和分析模型的再设计。

通过本文的初步观察、分析和研究，我们清晰地意识到：意图要解决目前的社会经济的各种弊端，只有改变单一资本主导经济的形态和确立“按行为动”分配原则，才能压制恶性的虚拟资本的泛滥，从而实现人类社会的和谐经济架构。

非现场经济现象的出现和深入，将借助于智慧劳动的新经济主导作用，最终实现在特定历史时段下的人类幸福！

第二节　营造创新氛围

智慧经济是我国经济再增长的必需，非现场经济则是智慧经济时代的必然。至此，我们可以说：当今和未来的若干年内，由智能移动终端支撑的非现场经济形态将是主流的社会经济形态，也是和谐经济的真正希望所在。

持续不断地培养创新型人才，是我们非现场经济壮大的基础。

经济学上，创新概念的起源为美籍经济学家熊彼特在 1912 年出版的《经济发展概论》。熊彼特的创新概念包含的范围很广，如涉及技术性变化的创新及非技术性变化的组织创新。熊彼特在其著作中提出：创新是指把一种新的生产要素和生产条件的“新结合”引入生产体系。它包括五种情况：引入一种新产品，引入一种新的生产方法，开辟一个新的市场，获得原材料或半成品的一种新的供应来源。

著名学者弗里曼(c Freeman)把创新对象基本上限定为规范化的重要创新。他在 1982 年的《工业创新经济学》修订本中明确指出，技术创新就是指新产品、新过程、新系统和新服务的首次商业性转化。

进入 21 世纪，信息技术推动下知识社会的形成及其对技术创新的影响进一步被认识，科学界进一步反思对创新的认识：技术创新是一个科技、经济一体化的过程，是技术进步与应用创新共同作用催生的产物。

智慧经济时代正是技术创新的结果，也是一个科技、经济一体化的过程。非现场经济和移动互联不再是停留在“中国制造”上，需要的是不断涌现“中国创造”的应用创新。

它们是建立在以“中国创造”为基础之上的“一个追求全新的创新的时代”。

不久前笔者在求是理论网上看到《积淀创新的土壤求解“钱学森之问”》一文，其中有这样一段话：鲁迅先生曾经说过这样一句话：“在要求天才的产生之前，应该先要求可以使天才生长的民众。譬如想有乔木，想看好花，一定要有好土；没有土，便没有花木了；所以土实在较花木还重要。”这句话对于创新型人才的培养也同样适用，我们在要求创新型人才产生之前，应该先要求可以使创新型人才生长的民众，先要积淀创新的土壤也许才有可能解决这一难题。

非现场经济是创新的产物，非现场经济的健康发展需要创新的土壤，改善和建立创新机制成为重中之重。

笔者认为：非现场经济创新的土壤主要是营养供给，这是市场机制和激励机制所应解决的利益获取和再分配，我们可以用智慧共享体系和“按行动力分配”制度的建立来逐步完善性地去解决这个问题。然而，我们的创新之树还需要空气的养分，需要适宜生长的温度和湿度的空气环境。这犹如一棵巨大茂盛的榕树，不仅靠土壤的养分，更需要“气根效应”一起来支撑起这棵“枝繁叶茂”的参天大树。（见图 10-2）

图 10-2　自然环境中的气根应效意

这个适宜的温度和湿度的空气环境就是我们抚育创新的社会环境氛围，我们的智慧劳动一天都离不开这个创新氛围，离开一天就将因窒息而亡。

因此，这一切就是要求我们的创新机制首先需要的有一个能“培养想象力和创造力的社会氛围”，一个能生长创新之树的最基本的空气环境，整个社会氛围必须是与创新土壤相匹配的要求。

中国智慧经济和公平社会实现的保障将首先取决于中国创新氛围的优劣，优质的创新氛围才是中国智慧经济可持续发展的基础。

招商局董事长秦晓于 2010 年 5 月 9 日在剑桥大学中国同学会论坛上的演讲提到：“对‘经济增长模式’的判定，即优与劣、好与坏不是经济增长的速度，而是经济增长的效率和质量、财富分配的公平与公正、对私有财产和个人自由选择权利的保护。只有具备了这些特征，这种模式（制度）才能充满活力、才可持续、才具有竞争性、才真正反映了现代社会的核心价值。”

笔者个人认为：“中国模式”能否成为“反映现代社会的核心价值”，首先要看它是否具有时代特征，是否始终与时代同步。

在智慧经济已经到来的今天，“中国制造”模式（制度）是否还将是“充满活力、可持续、具有竞争性、真正反映现代社会的核心价值”？

这种由初级制造业支撑起的改革开放前 30 年带来的“中国模式”是否就能代表中国未来的“中国创造”模式？答案显然是否定的。

在由移动互联和智能移动终端支撑下的非现场经济为主要表现形式的中国经济发展模式的内容，再也不是简单初级的“中国制造”所能全部包含的。而是直接涉及社会财富再创造与再分配规则改变的经济模式。

总结和探讨中国经验、中国模式是必要的，学术的百家争鸣同样也是必要的。

但在探讨“中国模式”时，我们必须注意实际可能造成的社会氛围效果，必须清楚地认识到：

（1）学术层面探讨不等于成熟理论的大众传播，特别是在公众传播平台上我们需要慎重。

这是两个层面的问题，学术层面探讨的百花齐放是各种思维的碰撞，属于只对学说负责的探讨层面；而大众传播层面不仅是对学说负责，还有一个更重要的是向社会负责的义务。

（2）我们为什么要探讨“中国模式”。是为了夜郎自大？还是真正为了探询中国可持续的发展之路？

如果我们的社会各界不充分认识、并时刻审慎地注意到以上这两点，那么就是对中国创新氛围培育的破坏。

辩证唯物主义的“世界观决定方法论”，提示着我们：这种中国模式的探讨行为，首先将会涉及国人的某些文化意识和经济观念的调整。

这一点，笔者个人非常赞赏成忠英、阎雨两位教授所倡导的：用“东方的软智慧与西方的硬技术”的结合起步，来探询现今的中国经济和中国管理新模式，及其未来的发展方向。

这里，我们必须提出：现今的中国模式谈论出现了一些探讨令人担忧的倾向，有些人在我国整体经济取得了一些初步成绩就沾沾自喜，甚至还出现了个别的纯粹的民族主义和夜郎自大，误导国人。

一些专家学者在各种公开场合上探讨中国模式话题时，不时地表现出了浓重的“民族主义倾向”和“排斥西方文明和西方硬技术”的情绪，甚至个别还出现了借小题而嘲讽打压向外学习或“海归”的不良现象。

中国经济还刚起步，虽然GDP总量已经超日本，但人均GDP还十分低，很多核心科技、创新应用、管理体制等还远远落后于一些发达国家，特别是我们的信息经济的基础领域的核心技术和产品几乎是被人掌控着。

如果我们再不注重这些，不注意紧盯世界先进并自主创新的话，那么我们在智慧经济阶段里能跟得上别人的脚步就不错了。

笔者不仅要问：难道我们这些“儒生”们忘记我们的先知孔圣人的“三人行必有我师”的教诲了吗?!

哪怕是在非洲的某个部落中，也总有一点点是值得我们中国人学习的。

更何况时代是进步的，全世界都在变化运动之中，我们必须保持时刻清醒的头脑，谦逊并与时俱进，这是我们中华民族的美德所在。

古训：君子慎言。在此，笔者呼吁名人、专家学者们“慎言”，特别是在公开课堂或公众媒体上“慎言”。

一年内发生的方舟子与唐骏、方舟子与肖传国的事件给了我们怎样的启示？原本是关于诚信监督和一个真伪学术的学术界的争论的好事，可是实际的演变结果呢？

一个演变成了虚伪的正统论，试问：唐骏以自己的学习方式和实践成绩难道还够不到一个普通博士的水准？我们反对的是虚假文凭，而不是反对自觉的继续教育学习者。难道我们的现代中国人还是在膜拜鲁迅笔下“不肯脱长衫的孔乙己”？

我们是鼓励创新的学习型人才？还是鼓励“穿着长袍的废物”？

另一个更糟糕，一个学术与伪学术的争论演变成了凶杀案。

这两个个案，充分暴露了我国知识界、学术界普遍存在着封建残余意识，严重破坏了我国创新力培养氛围的营造。

2010年11月24日《重庆晚报》：“在全球21个受调查国家中，中国孩子的计算能力排名第一，想象力排名倒数第一，创造力排名倒数第五。”

这是2009年教育进展国际评估组织对全球21个国家进行的调查结果。此外，在中国的中小学生中，认为自己有好奇心和想象力的只占4.7%，而希望培养想象力和创造力的只占 14.9%。

著名教育家、武汉大学原校长刘道玉此前曾表示，中国孩子的想象力状况令科学界忧虑，他拿世界上两个最重视家庭教育的国家——中国和以色列做比较。以色列家长教育奉行狮子育儿法：母狮让小狮子离开独自学会生存。中国的家庭教育则走向两个极端：要么娇宠，要么棒喝。结果是，以色列的诺贝尔奖获得者有近 10 位，而中国却一个人也没有。

这个痛苦的事实固然是我国教育界和教育制度的耻辱，可是游历世界的感受让笔者深深体会到：这绝不是单单一个教育改革就能完成的了的，而是包含教育界在内的整体社会氛围决定了的，这是一个需要我们全体社会共同承担的责任。

我们的大众名人、媒体，不论出于何种目的，也不论谁对谁错，别忘了在公众面前实际可能产生的社会责任，我们共同在给我们的普通国人和我们的下一代传输的是什么信息？

名人、权威人士不经意的信息传导将会对社会产生什么的实际精神结果？

千万不要所谓的“好心”却造成了“破坏社会创新力氛围培育”的实际恶果！

事实上我们实际营造了是怎样的一个“培养想象力和创造力的社会氛围”呢?！这是我们每个中国人，特别是名人、公众媒体和我们的权威人士值得深思的问题。

这里我不得不提到一个让我钦佩的人物——陈光标。我钦佩他的不单是他捐出的真金白银，而是他勇于脱掉破旧的长衫，反传统的高调行善思维。

其看似莽撞的行为将在我们和我们的下一代，甚至两岸三地的后代中产生极及地持续影响，其反思维惯性的深远意义不尽在一时片刻的言语之中。

因此，中国的希望在于智慧劳动，智慧劳动的希望则在于社会的创新氛围营造，而创新氛围的营造则在于我们敢不敢脱掉那件鲁迅笔下的破长衫！

只要我们团结一致，抛开封建残余思维的束缚，以老一辈开创的“两弹一星”精神为支柱。共同致力于中国的“培养想象力和创造力的社会氛围”营造。

那么，在中国已经取得的经济成就基础和创新机制深化的共同作用下，我们坚信：勤劳智慧的中国人通过创新氛围的培养和智慧劳动的推动，终将用自己的双手托起我们中国人自己的：“智能移动终端支撑下的非现场经济”，进而构建起真正和谐幸福的社会典范形象。

不论是为了振兴我国的 ICT 产业，还是为企业单位的创利；不论是为了引入教育事业的新内容，还是创新人才的自我培育；不论是为了平民的共同致富，还是成就个人事业的成功。就让我们一起参与到“非现场经济”实践和探索的行动之中吧。

第三节　致　谢

由于笔者不是经济学家，也不是ITC的专业人才，笔者的经济学素养存在缺陷和不足，同时也缺乏信息技术研究的深度，加之系业余时间的观察和匆忙写作。因此，本书存在着许多不当之处，特别是关于"非现场经济"的内容分析工具的设计仅仅是个开头，缺乏时间性和各种状况的比对分析，笔者在后续的研究活动中加以改正，也将继续完成海量比对和调整工具和公式，以便持续地完善此工具，为经济学分析增添一个可选择的辅助分析工具。

笔者希望得到是：首先提出非现场经济学概念和揭示智慧劳动与资本共同主导经济的发展趋势；其次是本书出版后能得到更多的社会力量扶持，能继续深入研究智能移动终端支撑的非现场经济现象，意图得出：非现场经济指数每提升1个百分点能带来多少在整个国民经济中的占比；非现场经济在整个国民经济中的占比每提升一个百分点能给社会贡献什么(GDP提升的贡献和其他经济指标的提升贡献)；如何完善非现场经济学科和非现场安全经济学等等。

在此，笔者由衷地感谢所有在我编写本书时曾给的帮助、支持鼓励和启发的人，非常感激我的家人和同学们对我的体贴、支持和理解，特别感谢中央财经大学中国发展个改革研究院的邹东涛院长、曹元副院长、北大的阎雨、成中英老师，中国工程院潘云鹤常务副院长，浙江大学褚建副校长，浙江大学圆正控股公司胡征宇总裁、杨其和书记，浙江大学经济学院的汪炜副院长、浙江大学出版社傅强社长。国信证券的廖亚滨总工程师，中国电信浙江公司的张新建总裁、寿永飞经理、张信阳经理、江军经理以及中国电信的其他领导和各位专家。

本书只是笔者先行抛出"非现场经济学"这个新学科研究的概念性话题，仅仅是为后续的正式研究起个头。

该书出版后，欢迎广大读者提出批评和建议，并关注后续《非现场经济系列丛书》的出版，更希望能有更多的有识之士、各专家学者，参与后续专著的编写，特别是《非现场经济导论》一书，更是期盼专家的联合完成，希望我们一起再来完善和补充这个新的学科体系。

附录

非现场经济实践案例

1　茵缌特科技实践非现场经济的方案简介

未来的经济一定是线上线下结合的“非现场经济”和“局部无人化经济”趋势，这是智慧劳动的“成本极低”和“速率极高”这两个要素决定的，谁也阻挡不了的。而这些基本上都将反应在智能终端的应用开发上（包括物联网终应用也要反应在智能移动终端上）。作为企业或个人越早涉入这个行业，开展相关的技术储备和新产品方案储备，将引领这个行业并可持续获利。

茵缌特科技已经开始着手实践非现场经济，茵缌特科技立足于“非现场经济的安全不仅仅是必需的措施，更是应用的前提，其本身也是一种有偿的应用服务”这一原理。

由于智慧经济发展的趋势国民经济越来越依赖于 ICT 技术和无线电技术，也就是说随着非常现象经济的渗透（如超级网银推动的非现场交易加剧），在某个时段，当国家实施无线电管制的行为，这将越来越大地影响国民生活和国民经济，甚至可能造成大规模全方位地影响到国民的日常生活和国民经济的整体滑坡。

如：2009 年“7.5 新疆动乱”时期国家有关部门临时关闭了当地的互联网，该区域范围内新兴的非现场办公和非现场交易基本瘫痪。

好在时间短、区域小，加之非现场经济还只是起步阶段，还未形成和发展到当地经济的主导地位。

不久前国家颁布中华人民共和国国务院令、中华人民共和国中央军事委员会第 579 号命令，公布了《中华人民共和国无线电管制规定》，自 2010 年 11 月 1 日起施行。

依据该行政法规，必要时国家可实施无线电管制。

在特定条件下，这种国家的管制行为将是无法避免的。

问题的关键是临时性的管制范围的确定，这里既有地域性的范围，更有网络适用群体和网络使用性质的范围。

在分不清网络适用群体和网络使用性质界限或技术上无法隔离网络体系的情况下，当国家需要作出管制决定时，有关部门也只能一刀切地对所有无线电设施实行关闭或其他管制行为。

所以，在当代信息经济快速发展的今天，我们非常有必要对特定的网络适用群体和特定使用性质的网络系统实施分割。

茵缌特科技从终端到通道，通道到平台的整体性安全问题作全面考虑，从作为基础载体和窗口的终端开始，结合网络安全、应用环境安全、终端安全一起来综合设计方案。该方案将在跨区域的金融业、准金融业、非现场交易（如新型的数字外贸）或涉密需求高的行业应用需求中体现出来。

我们可以拿一个简单的框架图示来说明这一思维的路径。

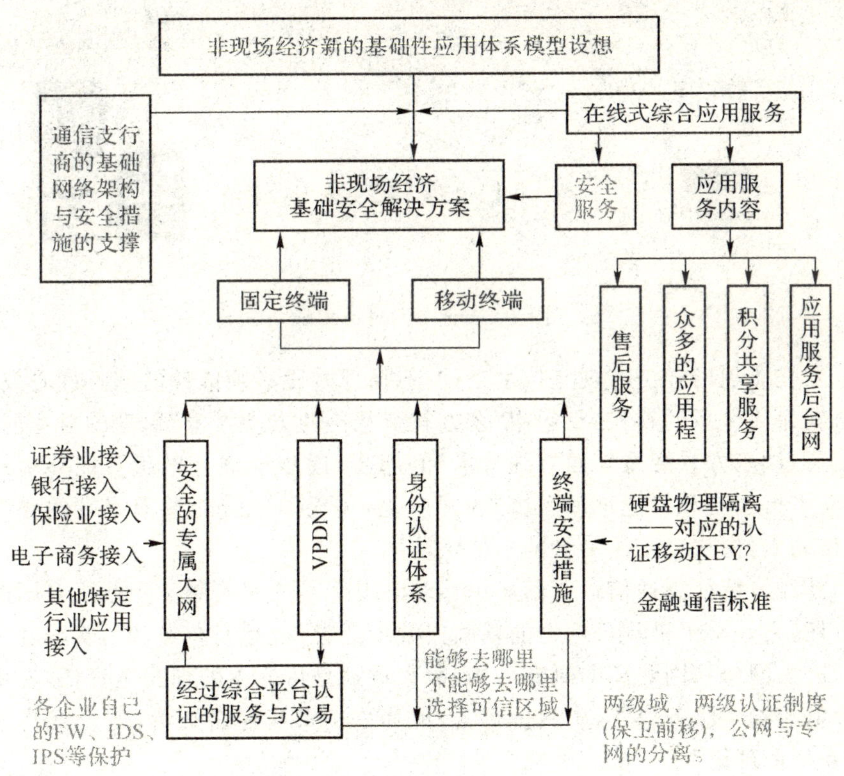

图 1　非现场经济应用环节整体框架示意

这个框架结构图给出的是在确保应用丰富性和便捷性前提下的安全措施设想。主要采用金融标准的身份识别和从自带 UKEY 双系统隔离的金融版终端(智能手机和智能平板电脑 MID)到安全专用网络的联动来实现安全的隔离,属于运用物理和软件同步的方式,对专网与公网实行有效的隔离来阻断“吊鱼网站”。该方案设计阐述了“移动金融”路径的要点:“移动 Ukey”加“VPN 通道”加“专网”加“金融密钥”。

茵缌特科技实践的是结合通信运营商力量的是“安全前移”概念,是在这样公众安全环境的基础上,再行展开各领域的系列应用服务(参见示意图,此图由中国电信浙江公司提供)。

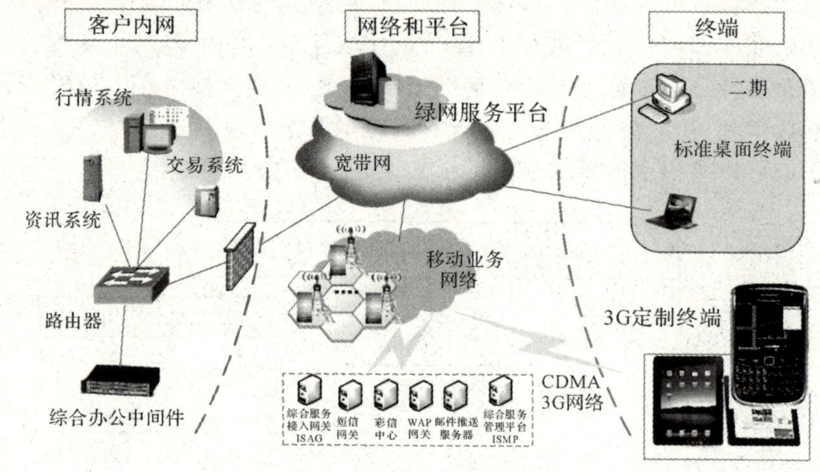

图 2 安全专网搭速示意

它是非现场经济在现有技术条件(包括现阶段必须依赖的国外核心技术)下自我保障体系的补充,是运用“东方软智慧与西方硬技术”原理的自主创新。

通过“东方软智慧与西方硬技术”的起步,逐步推进金融版智能移动终端(移动平板电脑和智能移动手机)的国产化,实现国产智能移动终端的移动交易、移动支付、移动工作平台的一体化功能。

其经济特征是通信运营商运用移动终端开号的实名制承担起了专网的安全责任,它是一个极具公信力的基础安全责任者,也是安全经济的实践者。

以公网与私网隔离的研究为例,最大贡献是将原本的纯安全责任,转化为有价值的安全服务,是一个有价行为,成为一个市场经济行为,符合经济学的“公允价值理论”。

茵缌特科技秉承“安全前移”和“线上线下结合”的总设计思路,努力实践金融终端以及应用体系的国产化之路。

当美国苹果公司已经在智能终端的应用程序每年获利数十亿、上百亿美元的今天,我们的通信运行却还在为争夺国外终端的青睐而内斗,还停留在基础通信费的商战之中。

运营商的短期利益驱动代替了应用服务驱动，一味降低资费仅是被动之举，最终将失去用户的信任和社会的公信力，该是重视和扶持国产智能终端和国产应用程序开发的时候了。

茵缌特科技期盼能得到社会各界的认同、扶持和一起参与到实践中国式“智能移动终端支撑下的非现场经济”。

茵缌特科技实践非现场经济的主要路径是：运用安全前移理念，在实践非现场安全经济的基础上，开展自主化的智能移动终端及其综合应用平台、智能移动交易、智能移动支付的应用和服务。

该实践分三阶段来实施：第一阶段金融制版移动智能终端应用开发；第二阶段智能终端自主品牌的产品化；第三阶段智能终端应用芯片的研发和生产。

茵缌特科技将结合社会各界力量，选择适当时机参与智能移动终端的应用芯片和操作系统的国产化的实践。

最终实现非现场经济安全将是建立在我国自主的核心技术基础上，期盼的是走出一条“东方软智慧与东方硬技术”结合的中国人自己做主的智慧经济安全之路。这不仅是特定体系的应用安全需要，也是我国智慧经济的庞大市场和特定体系，在全球性运行环境中独立自主地可持续性发展的需要。

2　第六届全球数字图书馆国际学术研讨会论文转载

Fang et al. / The sixth International Conference
on Universal Digital Library, ICUDL 2010　1

Solutions of Identity Identification and Security Environment In the Application of Digital Library

Zhang Weizhi

(Yuanzheng Mobile Intelligence Technological Applications Research Center, Zhejiang University, Hangzhou 310027, China)

E-mail: fangvv@gmail. com

Abstract: The modern information economy has undergone the initial stage of market development and progressed to an intelligent style of living where off-site activities are slowly replacing of on-site activities. Our Digital Library system is founded upon this kind of overall environment and has the following final goals: the application should have social or economic value; the objective of an application is to produce benefits. As the most active off-site activity in the economic system, it is the combination of utility and service, both of which are access built upon a foundation of security. That is to say, application is tightly bound to security. The Digital Library database and Application service platform are two mutually independent but closely related aspects. Identity distinction and verification need to be completely simultaneous on two different platforms to prevent key members' misuse. To ensure a high quality secure environment, the public network and private network are to be separated and a professional vendor (i. e. China Telecom, China Mobile) will be responsible for the firewall settings between the two networks, and VPDN channels are used now. Also, the security of the Digital Library application touches upon matter such as the security of the information economy and the economic development of the Digital Library. The path of development of applications' security plans in an information economy often reflects that country's or industry's development path of information economy and further acts as a mark of the degree of development of that country's or industry's information economy.

Key words: off-site economy, Digital Library, application, security, public network, private network, VPDN

1　Introduction

In this information economy age, the correlation between productivity and work time and work efficiency is getting weaker and weaker. Initial technological innovations liberated people from strenuous physical work and created the first industrial revolution. The current intelligence revolution, however, liberates people from fixed environmental limitations. It is an un-organized revolution advocated by indivi-duality. The change from a direct correlation to an indirect one results in the solidification of the foundation of various off-site activities, which enables activities like off-site office work, off-site trading, and off-site law enforcement.

On the one hand, the application of hitechnology and high-intelligence established a secure technological and societal support for off-site activities and off-site trading.

On the other hand, the inevitable result of social progress needs invigorated off-site work. The penetrability of information technology and the concept of aggregate cost play a leading role in social activities' transition to off-site alternatives. The penetrability of off-site economy is directly embodied in the trends of real-life application de-mands; moreover, off-site economy has not only enhanced work efficiency, but also lowered the costs of general office work. The most typical example is the worsening trend of the "two difficulties" of city life: driving and parking. People must face combined costs of urban city life and office work reaching two recursive extremes: the costs of peak hours and the costs of office location. Off-site life and work provides the fitting solution to this daily worsening vicious cycle, since it lowers the costs of living, working, and trading, and reduces the turn volume of frequently visited locations, thereby relaxing the pressure of commuting on streets within condensed regions of the urban city. The age of information economy presents a new feature—the phenomenon of off-site economy.

1.2 "Application and Safety" of Off-site Activities

Modern information economy undergone the preliminary testing stage of fostering its market, and has progressed to create an intelligence lifestyle where off-site activities are slowly replacing fixed-site activities.

Our Digital Library system is also built in this macro-environmental background. The final objective of building our Digital Library system is: to be truly practical; this type of application should also have social or economic value; and the final application should produce benefits.

Take Guosen Securities as an example. In 2009, the number of its registered clients' successful stock transactions at the fixed business locations is only around 20% of their total number of transactions. That is to say, as many as approximately 80% of transactions were completed on off-site locations.

Online stock-trading has become a mainstream activity, but this is also slowly changing. Trends clearly show that more and more transactions are being completed through mobile applications. Of the 80% of Guosen Securities's off-site trading in 2009, 9% were completed through mobile devices, increasing from just 3% in 2008. In 2010, that number is expected to reach approximately 25%.

Through our initial experimental data, we can see that intelligent terminals will directly affect the proportion of off-site activities, and form a positive correlation with it.

Because of this, what we can directly sense is: mobile intelligence terminals will be the pillars of off-site life, thereby supporting our intelligence life-style with off-site life as its core concept (including the off-site reading and utility of books).

With the internetwork, the internet of things (IOT), Cloud Computing, and other new technologi-cal advancements' continuous applications as the support system, off-site activities are mainly mani-fested through the window of intelligence terminals.

Therefore, information economy has developed to the age of seizing application clients; various large international suppliers are shifting from purely sup-plying universal products to supplying made-to-order applications.

The advancement of China's information economy (including the application of the Digital Library) is at the center of the globalization of the economic circle; its trend of advancement is inevita-ble.

Because terminals are direct incarnation carriers and command transceivers, their own degree of intelligence (especially of mobile intelligence terminals) will directly affect the degree to which the intelligence lifestyle can be realized, and also reflect the influence ratios of off-site activities.

The substance of off-site activities, the most dynamic aspect of economy, is integrating utility and service, and we consider the object of utility and ser-vice to be the access based upon security.

That is to say, utility and security are closely linked to each other; utility is built on the foundation of secure operation. Security is the foundation of utility, but is also a part of the contents of utility. If generalized, it again is mainly reflected through the two aspects of, i. e. access and security.

Access: is related to the level of perfection of the entire operation system's application and scheme of new technology, and to the continuous enrichment and perfection of various application programs; Security can be defined as the reliability and guarantees necessary for the achievement of off-site economy's orderly advancement, for the sake of taking off-site traders' human needs into consideration.

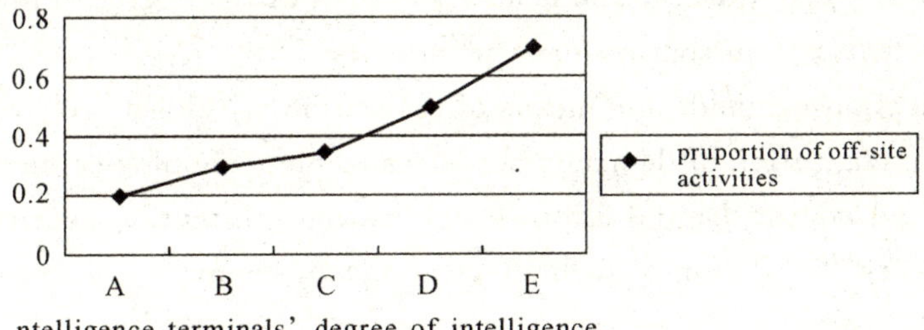

In other words, the Digital Library application, as an off-site activity, should also have two features: access and security.

The Digital Library in itself is a reflection of access demands of the intelligence lifestyle, and the level of access will in turn decide the vitality of our Digital Library's applicability. This is closely related to our technical design and platform building plan and corresponding market demands, so we will not dis-cuss this subject today, what is to be discussed in-depth is not

ACCESS, but the other feature of the Digital Library application: that is, security.

Utility is built upon the foundation of secure operation. As the trend of the Digital Library application is the same as the trend of off-site activities, and digital Library resources are economic goods that have levels, the users being the general population with diverse identities, and therefore, we must pay special attention to various aspects of the Digital Library application concerning issues of identity distinction and security of the entire system operation.

Only if we solve these issues, can our Digital Library possess actual utility and realistic value.

When designing a security project and methods of identity distinction, the following aspects should be taken into consideration: 1. security of the ma-cro-environment where the entire Digital Library usage takes place, so that it can be free of malicious attacks; 2. guard against malicious downloading or improper usage; 3. A system to distinguish the iden-tities of multi-level users; 4. the after-the-event tra-ceability of each incident and conservation of evi-dence; 5. the decentralization system of the applica-tion and calculability of the application's value.

Within the information economy, applications and their security plans' track of evolution often reflects information economy's track of advancement in that country or industry, and is also a symbol of the degree of information economy's maturity in that country or industry.

Application demands and means of realization are closely related, that is to say, the realization of demands needs realizable technological means as its support, and so the Digital Library application's integral security plan is built upon the foundation of technological advancement.

2　Integral Solutions to Basic Security Issues of Off-site Activities

2.1　Integral Security Measures of the Digital Library Application

Application terminals within off-site economical activities are changing bit by bit to mobile terminals. Therefore, when designing the application scheme, we must take into consideration the integrity of the terminal, the channel and the platform.

We must start from terminals, the foundation support of and window to off-site information economy, and research into and reflect upon applications, terminals, and the Internet as a whole.

A simple frame diagram can be used to illustrate the solution to the integral security environment of the Digital Library, one type of the off-site information economy activities:

What we need to clarify here is:

A. The Digital Library's data bank and the Digital Library application's service system are two mutually independent but closely related platforms;

B. Setting and verifying status level needs to be completed on two synchronized platforms, in order to prevent key players' excess reliance;

C. It's necessary to forward-lead environmental security, separate the public network from the private network, and enable professional vendors (such as China Telecom, China Mobile) to be in charge of the private network of shielding the private network with strong firewall settings.

D. This frame diagram represents assumed safety measures under the premise that the application's richness and accessibility is guaranteed. It mainly uses two ideas, identity distinction and private network from terminal to internet connection, to achieve secure shielding, and synchronized physical and software methods to effectively shield the private network from the public network.

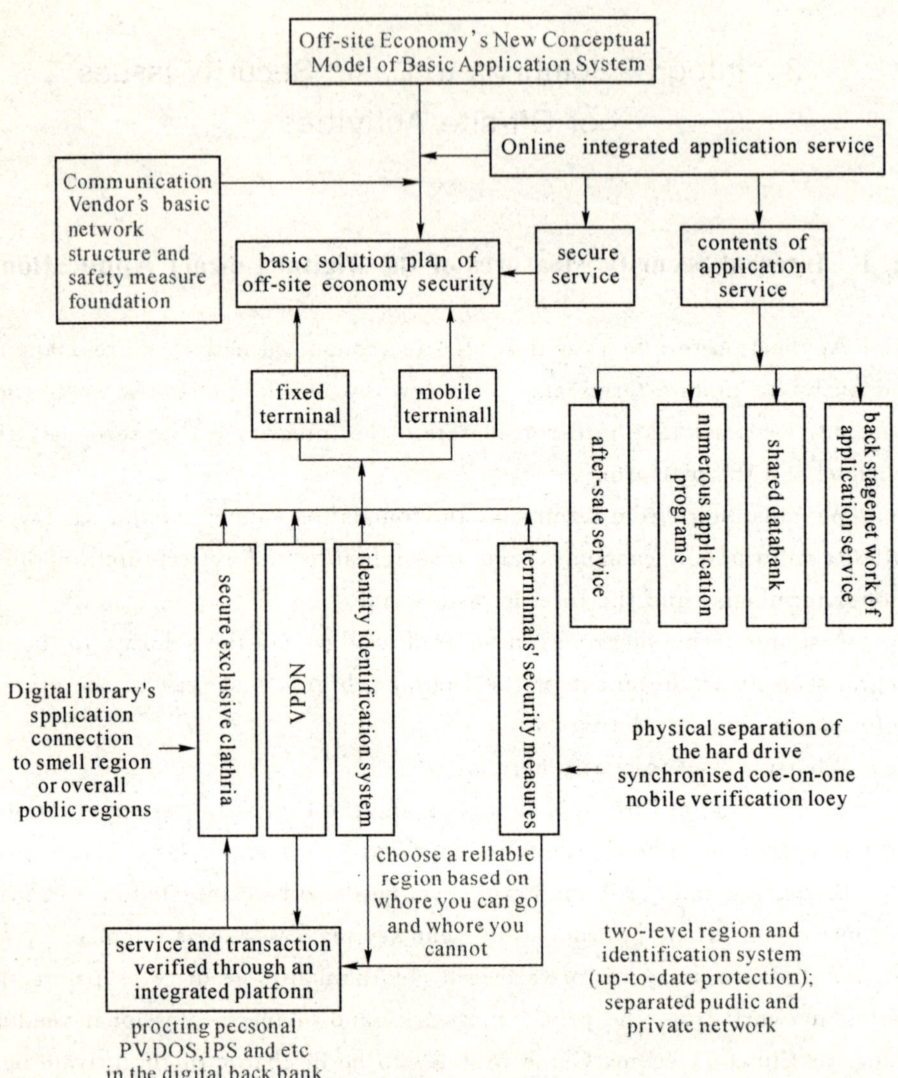
Off-site Economy's New Conceptual Model of Basic Application System
Online integrated application service
Communication Vendor's basic network structure and safety measure foundation
basic solution plan of off-site economy security
secure service
contents of application service
fixed terrninal
mobile terrninall
after-sale service
numerous application programs
shared databank
back stagenet work of application service
secure exclusive clathria
VPDN
identity identification system
terrninnals' security measures
Digital library's spplication connection to smell region or overall poblic regions
physical separation of the hard drive synchronised coe-on-one nobile verification loey
choose a rellable region based on whore you can go and whore you cannot
service and transaction verified through an integrated platfonn
two-level region and identification system (up-to-date protection); separated pudlic and private network
procting pecsonal PV,DOS,IPS and etc in the digital back bank

2.2 Environmental Security Measures of the Dig-ital Library Application

Not long ago, the government promulgated People's Republic of China Decree of State Council, People's Republic of China Central Military Commission No. 579 Order, and announced "People's Republic of China Regulations on Radio Control", which will be executed starting November 1st, 2010. According to this administrative regulation, the gov-ernment can implement radio control when necessary.

Because of modern information economy's trend of development, the national economy is relying more and more on radio technology, which is to say with abnormal economic infiltration (such as the Su-per-Internet-Bank increasing off-site trading), in a certain time interval, governmental radio regulation will increasingly affect citizens' life and economic activities, and could even affect citizens' daily life and their overall economic situation on a large scale and in all dimensions. For example, during the "7/5 Xinjiang Riot" of 2009, the government and relevant parties temporarily shut down the local internet, the-reby basically paralyzing developing off-site office work and off-site trading within that region.

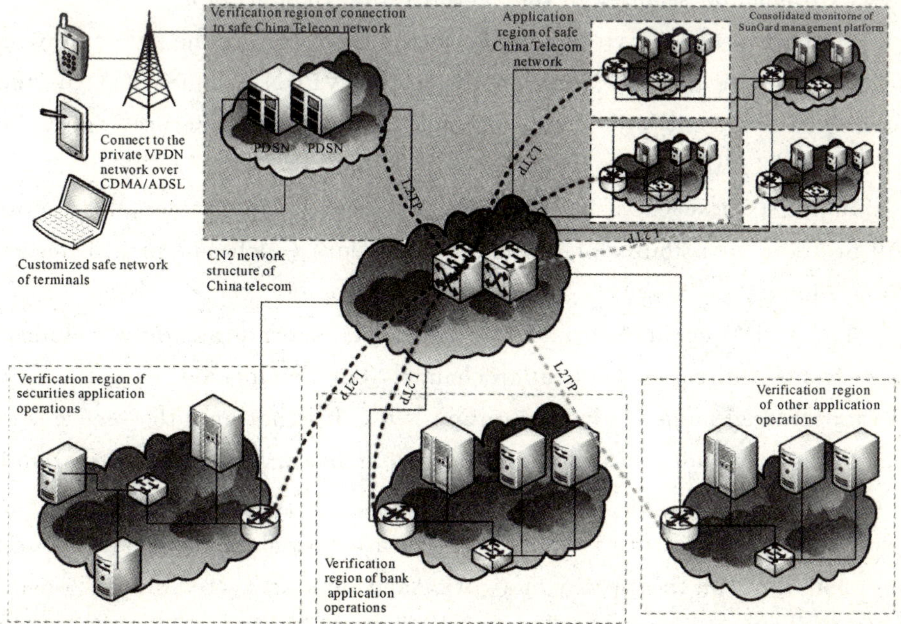

Under specific conditions, such governmental acts of regulation are unavoidable. The key point of the situation is defining the limits of such temporary regulations, of which there are geological limits, and also network-suitable groups and network usage limits. Under situations when network-suitable groups and network usage cannot be distinguished from one another or the network system cannot be separated technologically, and the government needs to make a decision to regulate, relevant parties can only completely shut down or otherwise regulate all radio establishments.

Therefore, in today's rapidly developing age of information economy, we definitely have the need to separate the network into a specific network for suitable groups and a network for general usage.

This is not only a demand of application security under a particular system, but is also a demand by this particular system in order to achieve continual, stabi-lized operation within the entire operating environment.

Our Digital Library application possesses the essential elements of the network-suitable group and network usage. In order to guarantee this system's continual stability within the entire operating environment, we now envisage the concept of a secure private network built upon the foundation of a communication vendor's network architecture, and realizing forward-leading environmental security in the Digital Library application.

Forward-leading environmental security is separating the public network from the private network through the use of VPDN channels (at the moment, point-to-point VPDN channel mode technology is mature, and is beginning to be utilized in reality).

Building these exclusive channels and overall environmental structure will be the responsibility of professional vendors (such as China Telecom, China Mobile).

The VPDN channel format for which we advocate not only includes a point-to-point direct authentication channel, but also includes a joint authentication channel mode at the application level. It is not only the secure service, but also includes various application content services under the premise of security.

Its economic feature is that communication vendors undertake security responsibilities of the private network, and acts as a credible responsible party for basic security. At the same time, the vendor is a practitioner of safety economics. From the initial responsibility for security only, it can evolve into the valuable action of "safety economics", and abide by economics' "fair value theory".

From this component diagram, we can see that appropriate shielding of the client (various types of terminals) is necessary from its starting point. This includes separating the operation system, separating the hard drive's physical properties, moving an iden-tity authentication system in the mobile terminal, etc.. . This VPDN channel format includes not only a point-to-point direct authentication channel, but also a joint authentication channel mode at the application level. It is not only the secure service, but also includes various application content services under the premise of security.

3 Conclusion

The security of the Digital Library application not only involves managing the Digital Library's information and utilizing the Digital Library's resources, but also involves the security of information economy and the economic potential of the Digital Library.

To conclude, application demand and methods of realization are closely related. That is to say demand realization needs realizable technological means as its support.

However, utility and security are closely linked to each other; utility is built upon the foundation of secure operation. Security is the foundation of utility, but also is a part of the contents of utility.

Only upon such a foundation can we truly satisfy teachers', students', and education's demands, thus to launch the terminals of specialty design and application service platforms, such as: identity distinction, electronic book database, electronic textbooks, homework system, screen capture and screenshot, drag-to-download, and online electronic shops, translation engines, quotation check, exclusive web browsers, and so on.

In this way, "Digital Library Applications" re-search becomes valuable because of its realistic utility.

Nowadays, security within the domain of in-formation economy is not only a necessary measure, but also an onerous application service, and has become a new economic phenomenon. It is safe to conclude that the idea of security in information economy has already surpassed the domain of safeguarding and has become an essential feature of information economy. It has become "information se-curity economics", a branch and part of information economics.

What we advocate is that security measures are also a kind of service, and an important part of information economics.

As an application of off-site information economics, the industry of digital books is grounded upon the trends of off-site economic activities of mobile terminals. Its technological plan for security is especially important. Will it stop at simply copying its predecessors, or will it utilize the principles of "the east's wisdom and the west's technology" to achieve independent innovation and create its own "self-decisive application scheme of security technology of the information economy"?

The author thinks: to start from terminals, the foundation support of and window to off-site information economy, integrate private network's exclusive established environment, and move towards integration of application service's "concept of a secure private network built upon the foundation of a communication vendor's network architecture." This plan, being very high in operability under the Digital Library's established environment, is the best plan.

Reference

1. Wu, Jiapei, Xie, Kang, and Wang, Mingming. Study of Information Economics [M]. Beijing: Higher Education Press.
2. Shen, Jiangying. The Dialogue on the Trend of Development of China's Telecommunications Industry [M]. Beijing: Beijing Telecommunications University Press, 2010.
3. Yan, Yu. Management China in C Mode [M]. Beijing: Xinhua Press, 2010.
4. Lou, Cequn and Gui, Xuewen. General Information Economics [M]. Beijing: China Archives Press, 1998.
5. Tao, Changqi. Study of Information Economics [M]. Beijing: Economics Science Press, 2001.
6. He, Jinshe. Economics—Back to Adam: The Happy and Harmonious Frame of Smith (Vol. 1 and 2) [M]. Shanghai: People's Press, 2010.

7. Zhu, Weihua. Digital Mobile Communications Technology [M]. Tianjin: University of Tianjin Press, 2010.

8. Huang, Dongwei. 3G Final Terminal Technology [M]. Beijing: Engineering Industry Press, 2009.

Chen, Yongjun. Electronic Business Applications and Technology [M]. Beijing: Qinghua University Press, 2010.

参考文献

文选类

[1]乌家培,谢康,王明明.信息经济学[M].北京:高等教育出版社,2002
[2]申江婴.中国通信信息业发展趋势对话[M].北京:北京邮电大学出版社,2010
[3]阎雨.中国管理C模式[M].北京:新华出版社,2010
[4]阎雨.思想的碎片[M].北京:研究出版社,2008
[5]阎雨.心灵的河流[M].北京:新华出版社,2010
[6]邹东涛.中国道路与中国模式[M].北京:社会科学文献出版社,2009
[7]娄策群.桂学文.信息经济学通论[M].北京:中国档案出版社,1998
[8]陶长琪.信息经济学[M].北京:经济科学出版社,2001
[9]边一民,徐力.组织行为学[M].杭州:浙江大学出版社,2006
[10]贺金社.经济学——回归亚当·斯密的幸福和谐框架(上)[M].上海:上海世纪股份有限公司格致出版社,2010
[11]贺金社.经济学——回归亚当·斯密的幸福和谐框架(下)[M].上海:上海世纪股份有限公司格致出版社,2010
[12]朱伟华.数字移动通信技术[M].天津.天津大学出版社,2010
[13]黄东巍.3G终端及业务技术[M].北京.机械工业出版社,2009
[14]陈拥军.电子商务应用与技术[M].北京.清华大学出版社,2010
[15]王育琨.答案永远在现场[M].北京.中信出版社,2009
[16]刘亚荣.从双轨到和谐[M].杭州.浙江大学出版社,2010

课件类

[17]Planning and conteol [M]. UMT.
[18]Project Management [M]. UMT.
[19]方振邦.战略性人力资源管理.中国人民大学教授
[20]吕廷杰.决策论与行为科学概论.北京邮电大学教授
[21]杜丽萍.市场营销学.北京邮电大学教授
[22]谢明.公共政策分析.中国人民大学

[23]刘慧勇.货币与投资.中国人民大学教授
[24]王国成.博弈论与企业决策.中国社会科学院数量经济与技术经济研究所
[25]王胜.新开放经济宏观经济学.武汉大学

其他

[26]刘国钧,郑如斯.中国书的故事[M].北京:中国青年出版社,1979
[27]昂温 G.外国出版史[M].陈生铮译.北京:中国书籍出版社,1988
[28]辛希孟.信息技术与信息服务国际研讨会论文集:A集[C].北京:中国社会科学出版社,1979
[29]中共中央马克思恩格斯列宁斯大林著作编译局.资本论[M].北京:人民出版社,2004
[30]全国文献工作标准化技术委员会第七分委员会.中国标准书号 GB/T 5795－1986[S].北京:中国标准出版社,1986
[31]罗云.安全科学理论体系的发展及趋势探讨[M].见:白春华,何学秋,吴宗之.21世纪安全科学与技术的发展趋势.北京:科学出版社,2000.
[32]Papworth A, Fox P, Zeng GT, et al. Ability of aluminum alloy to wet alumina fibres by addition of bismuth[J]. Mater Sci & Technol, 1999, 15(4): 419-428
[33]丁文祥.数字革命与竞争国际化[N].中国青年报,2000-11-20(15)
[34]Koseki A, Momose H, Kawahito M, et al. Complier: US, 828402[P/OL]. 2002-05-25 [2002-05-28]. http://FF&p
[35]Online Computer Library Center, Inc. History of OCLC[EB/OL]. [2000-01-08]. http://www. clc. org/ about/history/default. htm
[36]江向东.互联网环境下的信息处理与图书管理系统解决方案[J/OL].情报学报,1999,18(2):4[2000-01-18]. http://www. chinainfo. gov. cn/periodical/qbxb
[37]Scitor C. Project scheduler[CP/DK]. Sunnyvale, Calif: Scitor Corp, 1983
[38]Metcalf SW. The Tort Hall air emission study[COL]The International Congress June 5-8, 1995

后 记

本书交付出版社之际，正值老父亲 99 岁仙驾之时，本书敬献给与我父亲一样平凡地生活在中国大地上的平民百姓。

为一个平凡的“99 岁中国平民”送行

爸爸，今天有这么多的领导和亲朋好友为你送行，你感到欣慰了吗？

这表明了您平凡而“与人为善”的精神永存。

爸爸，今天正值“感恩节”，我们该拿什么来感谢那些曾经关心和帮助过我们的人呢？

我想：我还是把您的长寿秘诀，拿来给大家分享吧。

父亲长寿和平静生活的秘诀是良好的生活习惯和良好生活态度。

父亲良好的生活习惯在于“自然的和谐”。

父亲无不良嗜好，起居时间合乎天伦；粗茶淡饭、五谷杂粮的均衡；时而蘸盐漱口；每日黄酒小酢，却从不贪杯；常与姜蒜为伴。

父亲的长寿还在于他良好的生活态度，这种生活态度就在于“感恩之心”。

父亲常常说起：“儿孙自有儿孙的福”何必强求。

父亲从不给儿女的成长施加压力，却时常对儿女的进步和稍稍的孝顺，就致以诚挚的谢意。

父亲经历了民国时期、抗战时期、国民政府和新中国四个时期，经历了各种艰辛和困难，可是他要的不多，要的仅仅是劳动的权利，他感恩于社会给予了他劳动的资格。

他时常跟我们讲要珍惜工作，要热爱社会，感恩社会。

正是父亲这种“和谐自然”和“豁达的心胸”，造就了他的长寿和平静的今天。

爸，今天你的子女各个自食其力，也把你的长寿秘诀分享给了大家，你可以安息了。

愿逝者安息，生者长寿！

爱您的小儿子：志

2010 年 11 月 26 日于中国杭州